东北大学百年校庆丛书
1923 - 2023

实干 报国 创新 卓越
——东北大学文化探析

东北大学文化探析编委会　编

东北大学出版社

ⓒ 东北大学文化探析编委会　2023

图书在版编目（CIP）数据

实干　报国　创新　卓越：东北大学文化探析 / 东
北大学文化探析编委会编 . -- 沈阳：东北大学出版社，
2023.8

ISBN 978-7-5517-3338-0

Ⅰ . ①实… Ⅱ . ①东… Ⅲ . ①东北大学—校园文化—
研究 Ⅳ . ① G649.283.11

中国国家版本馆 CIP 数据核字（2023）第 140333 号

───────────────────────────────

出　版　者：东北大学出版社
　　　　　　地址：沈阳市和平区文化路三号巷 11 号
　　　　　　邮编：110819
　　　　　　电话：024-83687331（市场部）　83680267（社务部）
　　　　　　传真：024-83680180（市场部）　83687332（社务部）
　　　　　　网址：http://www.neupress.com
　　　　　　E-mail:neuph@ neupress.com
印　刷　者：辽宁新华印务有限公司
发　行　者：东北大学出版社
幅面尺寸：170 mm×240 mm
印　　张：19.5
字　　数：329 千字
出版时间：2023 年 8 月第 1 版
印刷时间：2023 年 8 月第 1 次印刷
责任编辑：高艳君　孙　锋
责任校对：孙德海
封面设计：解晓娜　潘正一
责任出版：初　茗

───────────────────────────────

ISBN 978-7-5517-3338-0　　　　　　　定　价：80.00 元

总序

习近平总书记在文化传承发展座谈会上强调，在新的起点上继续推动文化繁荣、建设文化强国、建设中华民族现代文明，是我们在新时代新的文化使命。要坚定文化自信、担当使命、奋发有为，共同努力创造属于我们这个时代的新文化，建设中华民族现代文明。

大学文化，是大学在长期的办学实践中，经过代代学人的不懈追求、沧桑历史的传承积淀，涵育出的一种独特的文化形式，体现着一所大学的发展历程和学术传统，凸显着一所大学的思想理念和精神气质，它是大学的血脉根基，是大学的灵魂所在。古今中外的一流学府，无一不是在其所处的时代背景下塑造并形成自身的精神文化，以探索未来新知，引领文明之进步、社会之发展。在全面推进中国特色、世界一流大学建设，全面建设社会主义文化强国，实现中华民族伟大复兴的大背景下，中国大学应有做文化引领者的担当，中华文明呼唤有灵魂的大学。

东北大学创建于 1923 年，至今已有一百年的历史。一百年来，一代代东大人书写了坚守初心使命、矢志育才报国的奋斗史创业史，形成了"爱国爱校、严谨治学"的光荣传统、"献身、求实、团结、创新"的优良校风、"自强不息、知行合一"的校训精神和"实干、报国、创新、卓越"的文化品格。这是百年东大砥砺奋进的"精神密码"，是全体东大人接续奋斗的"价值坐标"，是东大历百年而常新的力量之源。正是凭借着这种强大的文化和精神力量，百年东大在上下求索中回答时代之问、勇担时代之责，谱写了与国家同呼吸、与民族共命运、与时代相偕行的壮丽篇章。

"求木之长者，必固其根本。"东北大学一百年波澜壮阔的历史，是一座宝贵的精神和文化宝库，学校发展、变革的文化脉络和历史进程，既是东大自身记录历史、面向未来的宝贵参照，也是中国近现代史中的教育缩影。为此，我们满怀珍重与敬意开展东北大学百年校庆系列丛书编写工作，以期将一个真实、鲜活、厚重、坚韧的东大用文字与图像的形式呈现在读者面前。

在关心和支持东北大学发展的师生、校友共同努力下，在为丛书编辑出版过程中发挥重要作用、作出积极贡献的专家学者指导帮助下，东北大学百年校庆系列丛书共计10本出版发行。这套丛书文脉清晰、内容丰富、事例翔实、图文并茂，既有对东北大学文化内涵的系统阐释，又有百年办学实践中具有典型性、代表性的人物故事；既有东大早期办学救国的珍贵史料，又有新时代东大立德树人、科技报国的生动纪实；既有校园中东大师生的活跃风采，又有海内外校友对母校的深情眷恋；既有对楼馆风物的抒情描摹，又有今日校园的如画风景。这套丛书的出版，是对东大百年文化的挖掘凝练，是对东大百年办学实践的梳理总结，是将作为思想结晶的文化藏于器、寓于形的实践创造，具有深远的历史意义和文化价值。

人类伟大的精神之花，必将结出丰硕的文明之果。一所大学之精神文化，在缔造辉煌成就的同时，也必定成为支撑其前行的不竭动力。站在建校百年的历史节点，我们回望过去，将历史化身纸书，将文化刊刻梓行，旨在继承和吸纳中进步，在传承和创新中发展。唯有如此，才能使东北大学的精神与文化超越时空，展现出永恒的魅力和风采；才能肩负起一所大学的时代责任和历史使命，在新时代新征程上，为建设教育强国、为以中国式现代化全面推进中华民族伟大复兴作出新的更大贡献。

百年东大，风华正茂；百年东大，文化日新。东北大学再上征程，朝着下一个百年的宏图愿景砥砺前行。

丛书编委会
2023 年 7 月

东北大学文化引领战略的构建

（代前言）

习近平总书记在党的二十大报告中强调，必须坚持中国特色社会主义文化发展道路，增强文化自信，围绕举旗帜、聚民心、育新人、兴文化、展形象建设社会主义文化强国，发展面向现代化、面向世界、面向未来的，民族的科学的大众的社会主义文化。这既为发展中国特色社会主义文化指明了方向，也为大学文化建设提供了根本遵循。东北大学坚持以习近平新时代中国特色社会主义思想为指导，深入贯彻落实党的二十大精神和全国宣传思想工作会议、全国高校思想政治工作会议、全国教育大会精神，发展社会主义先进文化，弘扬革命文化，传承中华优秀传统文化，坚持以文化人、文化育人，坚持"见人、见物、见精神"，深入实施文化引领战略，形成"一套机制＋四大工程"的文化建设格局，不断提升文化软实力，实现东北大学文化繁荣发展。

一、东北大学文化凝练

文化是大学软实力的象征，一所大学失去了文化也就失去了"大学之为大学"的内在动力。走过波澜壮阔的百年岁月，东北大学弘扬爱国主义光荣传统，赓续红色血脉，始终与国家发展和民族复兴同频共振、同向同行，形成了"爱国爱校、严谨治学"的光荣传统、"献身、求实、团结、创新"的优良校风、"自强不息、知行合一"的校训精神和"实干、报国、创新、卓越"的文化品格，这已经成为一代代东大人共同的精神追求和价值坐标，成为弘扬中华民族精神，推动人类文化发展的实践典范。2016 年以来，东北大学启动"东北大学文化表述语凝练工作"，在深度挖掘、梳理、阐释百年校史和一代代东大人形成的精神谱系的基础上，以内容和形式要素确定凝练原则：在内容要素上，以"根植历史、突出个性、立足当代、前瞻未来"为基本原则；在形式要素上，以"简明洗练、易听易记"为基本原则。通过广泛征集、问卷调查、集中讨论，将东北大学文化确定为"实干、报国、创新、卓越"。

"实干、报国、创新、卓越"内涵丰富、寓意深刻，是东北大学一百年波澜壮阔发展历程的文化表达，是东北大学一百年为学为民为国的初心本色，是东北大学一百年发扬爱国传统、赓续红色血脉而积淀淬炼出的精神品格，是东北大学在新时代新征程奋勇投身强国建设、民族复兴的力量源泉，充分体现了大学文化共性与东大文化个性的相互融合、历史底蕴与未来取向的有机统一、价值取向和文化选择的兼容渗透，反映了东北大学的文化品位和文化使命。

（一）实干是东北大学的品格

实事求是、严谨求实是东北大学的优良传统，基础扎实、工作务实、为人朴实、作风踏实是东大人的突出特色。在历史的长河中，一代代东大人将实干内化于心、外化于行，以想干事的信念、敢干事的胆识、会干事的智慧、干成事的作为，坚持实思、实说、实做、实效"四位一体"，不断书写东北大学事业发展的新篇章。

（二）报国是东北大学的情怀

东北大学自建校之日起，就确立了抗日救国的初心，倡导"爱校、爱乡、爱国、爱人类"的大爱思想，鼓励每个东大人关注国家、关注社会、关注世界，自觉承担起报效祖国的社会责任。在百年办学历程中，东北大学以国家强盛、民族自强和人类进步为使命，不断践行为国筑梦的理想信念，为全面建成社会主义现代化强国、实现第二个百年奋斗目标，为以中国式现代化全面推进中华民族伟大复兴贡献东大力量。

（三）创新是东北大学的气质

创新强调东北大学具有与时俱进、革故鼎新的内在力量。一百年来，东北大学时刻以高度的责任感、使命感，始终站在时代前列、瞄准时代前沿，坚持创新驱动发展，不断激发创新活力，提升创新能力，厚植创新沃土，大力推进理论创新、科技创新、制度创新，走出一条独具特色的创新之路。

（四）卓越是东北大学的追求

东北大学从诞生之日起就以"卓尔不群，超越自我"为追求，始终胸怀远大的理想抱负，保持奋勇向前的状态，拥有不断超越的奋进心态，为国家和民族贡献东大智慧。在东北大学诞生了数十个"第一"：创建了中国第一个建筑系，研制了中国第一台模拟电子计算机，建立了中国第一个以大学名称命名的科学园，研制了中国第一台国产 CT 机……十秩峥嵘，东北大学步履铿锵、行稳致远。

正是"实干、报国、创新、卓越"的文化让东北大学"历百年而常新"，克服了一个又一个困难、攀上了一个又一个高峰；正是"实干、报国、创新、卓越"的文化让东北大学具有不怕输、不服输的坚强意志；正是"实干、报国、创新、卓越"的文化坚定了东大人"没有办不成的事儿"的豪迈情怀。历史证明，东北大学和全体东大人是想干事、肯干事、敢干事、会干事和能干成事的，是有追求、有担当、有情怀、有作为的。

二、东北大学文化引领战略的实施路径

（一）东北大学文化引领战略的愿景目标

紧紧围绕一流大学建设目标，遵循"品位高雅、底蕴厚重、特色鲜明、体系完备"的导向，大力传承弘扬"实干、报国、创新、卓越"的东大文化，构建系统完备、科学规范、运行有效的文化制度体系，形成整体性、教育性、特色性、美观性相统一的物质文化建构，建设支持国家发展进步的融人才库、

智囊库、思想库于一体的文化辐射体系，打造繁荣向上、开放活跃、互促互融的文化传播体系，树立国内国际具有知名度和美誉度的文化品牌，实现文化凝聚力、内驱力、影响力、辐射力"四力合一"，为一流大学建设塑造精神内核，最终建设形成主流价值深入人心、文化传统根基深厚、学术创新氛围浓郁、文化服务影响深远的东北大学特色文化体系，使学校成为弘扬中华优秀传统文化、革命文化和社会主义先进文化的重要阵地，为建设"在中国新型工业化进程中起引领作用的'中国特色、世界一流'大学"、为实现中华民族伟大复兴的中国梦、为促进人类文明进步提供强大的精神动力、思想源流和文化支撑。

（二）东北大学文化引领战略的实践基础

近年来，东北大学将"实干、报国、创新、卓越"文化深度融入学校发展建设特别是文化建设工作的全过程和各环节，不断提升文化育人功效。

1. 以"实干、报国、创新、卓越"文化理念集聚磅礴力量

传承优良传统，固化文化核心。东北大学具有光荣的爱国主义传统，长期以来，东北大学不忘"爱国报国"的崇高理想和"与国家民族同向同行"的政治追求，不忘在社会进程中"先锋引领"的责任担当和服务党、服务人民、服务国家的使命召唤，不忘"实事求是、艰苦奋斗"的优良作风和"自强不息、知行合一"的校训精神，发展形成了以"实干、报国、创新、卓越"为核心的东大文化。多年来，这种因独特、艰苦的发展历程而长期固化下来的优秀品质，已经逐步转化为东北大学独有的、生生不息的内在力量，更成为学校改革发展的动力源泉。

将东大文化贯穿发展全局。东北大学将"实干、报国、创新、卓越"作为办好中国特色社会主义大学的核心推动力，贯穿于一流大学建设和改革发展进程，更贯穿在文化建设工作的全过程。紧紧围绕这条精神主线，学校将其精神实质充分体现在学习贯彻习近平新时代中国特色社会主义思想和贯彻落实党的二十大精神的制度设计中，体现在"东北大学章程"、"综合改革方案"、"十四五"规划和"双一流"建设方案等顶层设计中，体现在"知识传授、能力培养、素质养成、价值塑造"的全员、全程、全方位人才培养链条和推进

"专业素养、职业素养、政治素养、人格素养"的教师一体化发展的根本任务中。通过学思践悟，引领师生的责任自律、奋斗自觉和发展自信，凝聚并形成迎难而上、奋发有为的良好软环境。

2. 以"实干、报国、创新、卓越"文化引领思想政治教育创新发展

科学构建思想政治工作体系。东北大学深入贯彻落实教育部"时代新人铸魂工程"，着力构建高质量思想政治工作体系，持续巩固深化全国首批"三全育人"试点建设成效，制定《全面推进"大思政课"建设的工作方案》《领导干部上讲台开展思想政治教育工作的实施意见》，打造富有东大特色的"大思政"工作格局。深化思政课教学改革，将"习近平新时代中国特色社会主义思想概论""改革开放史"等课程纳入培养方案，成立习近平新时代中国特色社会主义思想研究所，加强以习近平新时代中国特色社会主义思想为核心内容的课程群建设，建设沉浸式教学中心。加强课程思政建设，实施"思业融合燎原计划"，建设一批高水平示范专业和示范课程，获批教育部首批课程思政教学研究示范中心，持续推进课程思政"东大方案"优化升级。

做实做好教师思想政治教育。以提高教职工思想政治教育的针对性、有效性为目标，逐步构建加强和改进教职工思想政治教育工作的理论教育体系、品牌活动体系和正向激励体系。制定《教职工思想政治教育实施方案》，巩固教职工政治理论学习制度，组织开展教职工思想状况调查，明确教职工思想政治教育的着力点和努力方向。创新设计教职工思政工作内容，不断锤炼塑造"引领·提升·共进"、"1+1"专项活动、教工学堂、理论武装宣讲团、"尊师四敬·为师四爱"、"四送"（送温暖、送健康、送文化、送技能）等特色思想政治教育品牌，切实增强教职工思想政治教育吸引力、感染力和有效性。

开辟大学生思想政治教育新境界。坚持为党育人、为国育才，统筹推进本科生"一五一十"思政文化育人一体化平台建设，推进学生思政与思政课程、课程思政相融合，与学生党建相融合，与人才培养和学科建设相融合。成立"大学生思想政治工作创新发展中心"，全面推进"一站式"学生社区建设。再造"五育并举"人才培养新体系，强化第二课堂功能，将德智体美劳贯穿人才培养全过程，创新德智体美劳过程性评价办法，完善综合素质评价体系，促进学生全面发展；构建以"青马工程"为龙头的"知行"团校培养体系，按月设计主题、按年级分层次的主题团日活动推进体系，以"六项能力"为核心的大学生能力素质拓展体系。实施研究生"党建引领＋学术提升"双跃升精品工程，提升育人质量和实效，优化研究生思想政治教育工作方式，夯实导师和培养单位责任，加强研究生科研育人，切实让"实干、报国、创新、卓越"烙印在学生的思想深处，转化为学生成才报国的生动实践。

3. 以"实干、报国、创新、卓越"的闪亮底色激发强大的文化驱动力

弘扬爱国报国的价值追求。学校以社会主义核心价值观为引领，深入挖掘凝练百年东大红色基因和精神谱系，以"爱国"为神，以"报国"为形，形神一体，倾力打造全体东大人共有的"精神高地"和"价值坐标"。开展东大文化的研究整理和理论阐释，出版《漫游东大》《情缘东大》《印象东大》《讲述·东大人的故事》等系列文化图书，建立东北大学校史馆、张学良业绩展、梁思成纪念馆等爱国主义教育基地；创新校园景观的东大文化表达，先后建成一二·九运动群雕、张学良铜像等景观，形成独具特色的文化景观带；举办"家国·传承·筑梦"校史诗歌咏诵会、"妙笔流声"诗歌散文大赛、校园文化艺术节、"我的中国梦"主题教育活动等文化品牌百余项，打造《同行》《离离原上草》《能不奋勉乎吾曹》等校园原创话剧；建设"网上校史馆"、校园视觉识别系统、三维数字校园地图，出版百年校庆系列丛书，摄制《百年东大》专题片，打造系列文化产品，以"实干报国"的精神塑造灵魂、润养心灵、力行拓新。

汇聚向上向善的精神动力。学校坚持以文化育人、以文化聚人，全力构建学生、教师、学校发展共同体，引导广大师生共画爱国报国、实干担当的"同心圆"，共聚勇于创新、追求卓越的"精气神"，形成人人参与、人人尽力、人人享有的生动局面。通过开展青年教职工"四个一"（一次技能竞赛或观摩活动、一次青年教职工成长成才讲座或报告会、一次教职工沙龙或研讨会、一次成才主题文化活动）、文化午餐等系列活动，构建普惠化思想提升模式，为师生的全面发展和幸福人生奠定基础；通过开展"院士话师德"、"讲述·东大人的故事"典型推介会、"五四青春故事会"等文化活动以及"自强之星""校长奖章""最具影响力毕业生""我最喜爱的老师""我心中的好导师""师德标兵""优秀辅导员"等评选，以典型树立旗帜，以旗帜引领方向，激发广大师生见贤思齐、改革创新、苦干实干、追求卓越的正能量。

（三）东北大学文化引领战略的实践探索

东北大学文化引领战略由"一套机制＋四大工程"（即构建文化建设长效机制，深入实施文化核心铸魂、文化品牌培育、文化产品繁荣、文化阵地建设"四大工程"）构成，努力建设"品位高雅、底蕴厚重、特色鲜明、体系完备"的东大文化。

1. 构建文化建设长效机制

完善现代大学制度建设，制定以大学章程为核心、符合高等教育发展要求、体现学校特色的现代大学制度体系。健全文化建设体制机制，理顺文化建设管理体制与工作机制，充分调动各部门和广大师生参与文化建设的积极性、主动性，形成全员、全方位、全过程文化育人格局；完善文化建设与发展相关规章制度，制定出台《东北大学一流大学文化建设规划》《"十四五"文化传承与创新工作规划》《东北大学校园文化设施建设管理办法》等，全面推进学校文化的规范化建设。

2. 实施文化引领"四大工程"

实施文化核心铸魂工程。让"实干、报国、创新、卓越"的东大文化和"自强不息、知行合一"的校训精神全过程、全方位融入师生的世界观、人生观、价值观。深入挖掘文化传统，对东大文化进行理论阐释，充分彰显百年东大文化内涵。坚持以师生为中心的工作导向，坚持立德树人根本任务，将思想政治教育贯穿教育教学全过程，树校风、抓教风、严学风。建立起广大师生共同参与的多元化、多层次教育体系，创新教职工思想政治教育，引导广大教职工潜心育人、静心治学；实施"育心铸才"工程，坚持以师生为中心，把"三全育人"工作贯穿办学治校全过程和各环节，构建课程育人、科研育人、实践育人、文化育人、网络育人、心理育人、管理育人、服务育人、资助育人、组织育人的"十大育人体系",打通"三全育人""最后一公里";推动人文社会科学和自然科学、世界先进文化和优秀传统文化的交叉融合,实现文理渗透、中西兼容、相得益彰。

实施文化品牌培育工程。加强哲学社会科学建设,加强理论创新及面向应用的资政研究,着力打造学术精品;扎实推进新型智库建设,打造"国内一流、国际知名"的高端智库,为国家发展提供理论支撑、精神动力、智力支持。深化与世界一流大学文化交流的规模、层次和效益,在世界舞台上讲好东大故事,传播好东大声音,提升学校的国际影响力和话语权。加强校园文化的项目化运作和品牌化建设,选拔支持培育一批富有文化含量、彰显文化品位的活动品牌。加强基层文化建设工作,构建基层单位文化内核,凝练院风、院训,编撰学科发展史、院史等,形成各具特色的基层文化;拓展校友文化,加强校友会建设,充分利用校友的文化信息资源,提升学校文化影响力。

实施文化产品繁荣工程。进一步完善和加强与东大文化相匹配的文化景观、文化设施,构建物质文化立体格局。做好南湖校区、浑南校区、沈河校区等校园环境与景观的整体设计,规划建设与校园环境相融合、体现文化传统、彰显学校精神与办学理念的重点景观,实现校区文化传承与互动,形成环境育人有机整体;加强校园的绿化、美化、净化、亮化和综合治理、安全稳定工作,建设生态、书香、文明、平安的和谐校园;完善文化设施建设,加强各类文化设施的规范管理和日常维护,推进公共文化教育和活动场所的建设。加强平面文化产品、影像文化产品、微文化产品、创意文化产品的设计和开发,增强产品用户的文化属性体验,进一步提升东大文化形象。

实施文化阵地建设工程。深入挖掘各类课程中蕴含的思想政治教育资源,推动中华优秀传统文化、革命文化和社会主义先进文化融入教育教学。建立科学发布机制,进一步规范哲学社会科学报告会、研讨会、讲座、论坛等审批发布流程,落实监管责任。以教育融媒体试点建设为契机,高质量推进媒体融合。深化"中央厨房"模式的"策、采、编、发、运"一体化工作机制,打造

"一体策划、集中采集、多种生成、多元传播"融媒工作范式，壮大"报、网、端、微、屏"全媒体方阵，着力打造一批有思想深度、内容广度、时代亮度的融媒体精品佳作，提升学校知名度与美誉度。建立健全科学、规范、有效的网络舆情工作长效管理机制，实现实时监控、迅速反应、精准预测、有效掌控、科学处置、平稳化解。加强校园数字资源建设和网络管理系统建设，提升集成化、智能化、人性化水平。

三、东北大学文化引领战略的未来展望

立足新百年，实施东北大学文化引领战略，为一流大学建设提供精神动力和文化支撑，建设形成主流价值深入人心、文化传统根基深厚、学术创新氛围浓郁、文化服务影响深远的东北大学特色文化体系，深入拓展提炼爱国文化的时代内涵、挖掘梳理红色基因和红色资源的育人功能，弘扬学术文化、打造学科文化、涵育丰富多样的东大特色文化生态。

传承爱国文化。爱国主义是东北大学永远鲜明的精神底色，在决定国家民族发展走向的一个个关键节点，东北大学师生以深植血脉的报国信仰一次次挺身而出、为国担当，铸就了不朽的红色丰碑。爱国文化不仅是一种文化形态，更是培育时代新人的宝贵资源，对于学校发扬光荣传统、赓续红色血脉、传承红色基因、全面贯彻党的教育方针，落实立德树人根本任务具有重要意义。要着力挖掘百年校史中蕴含的爱国文化元素和红色基因，传承学校精神文脉，厚植师生家国情怀；要积极统筹协调校内外爱国主义教育资源，形成共同推动爱国文化传承发展的良好氛围；要将爱国主义教育和百年校史中的红色育人资源贯穿学校教育教学全过程，充分发挥课堂教学的主渠道主阵地作用，将课堂教学与师生日常思想政治教育融通互促，构建爱国主义教育与知识体系教育相统一的育人机制。

弘扬学术文化。学术文化是大学文化的核心内涵之一，是师生在长期治学过程中形成的特殊文化场域。在学术文化的熏陶下，教师与学生秉持着相同的学术思想理念，遵循着共同的学术规范投入学术研究。学术文化对于学术研究

过程中的价值追求和价值判断具有直接的影响，良好的学术文化能够引导师生自觉以辩证唯物主义、历史唯物主义的哲学理论来指导自身的科研实践活动。百年东大培养了 40 余万名学子、70 余位中外院士，有着坚实、深厚的学术文化积淀，站在新的发展起点，要大力弘扬科学家精神、坚持学术立校、倡导学术诚信、遏制学术不端，塑造守正创新、敢为人先、开放包容、交叉融合的东大特色学术文化。

打造学科文化。拥有独特的学科文化是学科发展与成熟的重要标志，学科文化涵盖一个学科知识体系、组织建设、学科制度和学科观念等多个范畴，彰显着学科发展的精神底蕴和价值向度。立足学校一流大学建设，打造具有东大风格、学科特色的学院、学科文化，对于提高学科软实力和核心竞争力，促进学院、学科内涵式发展具有重要意义。要梳理学院、学科独有的精神谱系，深入挖掘蕴含在学院、学科发展史中的治学理念、育人经验，并转化为丰富多彩的学科文化表达，不断增强学院、学科文化的影响力和辐射力，使其在学科文化传承中形成的宝贵经验持续发挥效能，推动传统学科更具特色，前瞻性交叉学科和战略性新兴学科蓬勃发展。

涵育文化生态。"实干、报国、创新、卓越"的东大文化是东北大学文化生态的精神内核，涵育推动了校园文化的蓬勃发展。如体现东北大学优秀办学传统和精神追求的师生文化，体现东北大学报国情怀和办学成就的校友文化，体现学校内部管理效能和发展科学性、规范性、内涵性的制度文化，体现向上向善、清朗和谐的网络文化……这些多维度、多内涵的特色文化共同构成了丰富多样的东北大学文化生态，使东北大学特色文化体系更具时代性和生命力，使东北大学真正成为影响社会文化的重要"辐射源"和思想高地。

编　者

2023 年 5 月

目录

第一章
总论：文化与大学文化

习近平总书记在党的二十大报告中指出："全面建设社会主义现代化国家，必须坚持中国特色社会主义文化发展道路"。文化兴则国运兴，文化强则民族强，全面建设社会主义现代化国家，比以往任何时候都更加需要思想的引领、文化的滋养、精神的支撑。文化对于国家和民族如此，对于大学也如此。大学文化无所不包、无所不在，它凝聚着一所大学的思想灵魂，代表着一所大学的整体形象，彰显着一所大学的特色风貌，引领着一所大学的未来发展。

一、大学文化的内涵

大学文化是文化的重要组成部分，探讨大学文化要先从文化开始。人们对文化再熟悉不过，一日三餐体现的是"饮食文化"，穿着打扮体现的是"服饰文化"，网上聊天购物体现的是"网络文化"……文化渗透到人们学习、工作、生活的方方面面。但人们对于文化又是"熟知非真知"，究竟什么是文化？

（一）何谓文化

文化的概念，可谓众说纷纭。有人统计，世界上文化的定义超过 500 种，美国文化人类学家 A. L. 克罗伯与克莱德·克拉克洪在《文化——关于概念和定义的评论》中罗列出 160 多种文化定义。在众多文化定义中，古今中外不计其数的学者尝试揭开文化的神秘面纱，追寻文化的本质内涵。下面，我们在中西方两个语境下梳理人类对文化的认知。

1. 中国语境下的文化界定

"文"和"化"两个字在中国语言系统中古已有之。先来看"文"字，《说文解字》："文，错画也，象交文。"《周易·系辞下》："物相杂，故曰文。""文"的本义指各色交错的纹理。关于"化"的本义，《说文解字》："化，教行也。""化"指改易、生成、教化。《周易·贲卦》："观乎人文，以化成天下。"唐代孔颖达认为，"人文化成"，既指《诗》《书》《礼》等典籍，也指礼仪风俗。现存文献中，第一次将"文"与"化"合用的是西汉的刘向，刘向在《说苑·指武》中指出："圣人之治天下也，先文德而后武力。凡武之兴，为不服也。文化不改，然后加诛。"这里"文化"与"武力"相对，指一种与军事手段相对应的社会治理方法。由此可见，在我国古典文献中，"文化"主要指文治教化。

五四运动之后，我国学者对文化内涵进行了不同的界说。梁启超在《什么是文化》中指出："文化者，人类心能所开释出来之有价值的共业也。"钱穆在《文化学大义》中指出："文化指的是时空凝合的某一大群的生活之各部门各方面的整一全体。"这些定义一方面强调了文化的属人性，人创造了文化；另一方面强调了文化的广泛性，文化是"整一全体"，包罗万象、博大精深。改革开放以来，文化研究更是方兴未艾。《中国大百科全书·社会科学卷》指出："文化是一定社会经济、政治的集中反映，是人类创造的一切物质财富和精神财富的总和。"《辞海》（第七版）指出："狭义指人类的精神生产能力和精神创造成果，包括一切社会意识形式：自然科学、技术科学、社会意识形态。"这两个定义是新时期我国对文化的权威定义。

我们党高度重视文化建设，历届领导人针对文化建设都发表了一系列重要论述。毛泽东对文化建设进行了积极探索，形成了新民主主义文化思想和社会主义文化建设思想。毛泽东在《新民主主义论》中指出：一定的文化（当作观念形态的文化）是一定社会的政治和经济的反映，又给予伟大影响和作用于一定社会的政治和经济。阐明了政治、经济与文化的辩证关系：文化既受制于一定时期的经济、政治，也对经济、政治产生作用。毛泽东将马克思主义作为文化建设的指导思想，将"民族的科学的大众的文化"作为中国新文化建设的纲领，提出"百花齐放、百家争鸣"的"双百"方针和"古为今用，洋为中用"的"两用"方针，为社会主义文化建设提供了指导和借鉴。

改革开放之后，邓小平秉承物质文明和精神文明两手抓、两手都要硬的发展方针，确定了物质文明和精神文明"两位一体"的总体布局，初步建立了具有中国特色的现代文化思想体系。江泽民提出了"中国共产党代表先进文化的前进方向""建设有中国特色社会主义的文化""提高国家文化实力"等重要论述，用"三个代表"重要思想统领社会主义文化建设，标志着社会主义文化建设理论走向更加成熟的阶段。胡锦涛提出了"建设社会主义核心价值体系""建设社会主义和谐文化""提高国家文化软实力"等重要论述，体现了当代中国特色社会主义文化科学发展的基本要求。

党的十八大以来，以习近平同志为核心的党中央高度重视文化建设，发表了一系列关于文化建设的重要论述。文化发展的根本保证是坚持党的领导，文化建设关乎党和国家事业发展的全局，文化建设要坚持走中国特色社会主义文化发展道路，文化建设的途径是做好文化的传承、互鉴和创新，文化建设的落脚点是"以文化人、以文育人、以文培元"，等等。

习近平总书记围绕"什么是中国特色社会主义文化，怎样发展中国特色社会主义文化"这一重大命题，形成了习近平关于社会主义文化建设重要论述。习近平总书记在党的十九大报告中对中国特色社会主义文化进行了科学界定："中国特色社会主义文化，源自于中华民族五千多年文明历史所孕育的中华优秀传统文化，熔铸于党领导人民在革命、建设、改革中创造的革命文化和社会主义先进文化，植根于中国特色社会主义伟大实践。"习近平总书记将我国文化建设的战略目标确立为"坚定文化自信，建设社会主义文化强国"，将"培育和践行社会主义核心价值观"作为建设文化强国的灵魂。与此同时，习近平总书记在党的十九大报告中提出发展中国特色社会主义文化的总体要求："以马克思主义为指导，坚守中华文化立场，立足当代中国现实，结合当今时代条件，发展面向现代化、面向世界、面向未来的，民族的科学的大众的社会主义文化，推动社会主义精神文明和物质文明协调发展。"提出发展中国特色社会主义文化的原则："要坚持为人民服务、为社会主义服务，坚持百花齐放、百家争鸣，坚持创造性转化、创新性发展，不断铸就中华文化新辉煌。"这些重要论述是我们党对新时代中国特色社会主义文化的新认识、新概括，为中国特色社会主义文化建设提供了基本思路与根本遵循。

2. 西方语境下的文化界定

西方"文化"一词源于拉丁文"cultura",意为对土地的耕种和植物的培养。英国人类学家、被誉为"人类学之父"的泰勒在《原始文化》中对文化下了一个经典定义:"所谓文化或文明,乃是包括知识、信仰、艺术、道德、法律、习俗以及人类作为社会成员而获得的种种能力、习性在内的一种复合整体。"这个定义强调了文化的社会性,是人超越先天遗传本能而作为"社会成员"所获得的。另外,这个定义是从文化要素的角度来界定文化,强调文化是"包罗万象的复合体"。此后,西方学者以自身不同的理论背景,从历史学、哲学、社会学等不同角度来界定文化,可谓"仁者见仁,智者见智"。

进入 20 世纪后,具有代表性的文化定义是 A. L. 克罗伯与克莱德·克拉克洪提出的。克罗伯在《文化——概念和定义的批评考察》中提出:文化由外显和内隐的行为模式构成,这种行为通过象征符号而获致和传递,文化代表了人类群体的显著成就,包括它们在人造器物中的体现;文化的核心部分是传统的(即历史的获致和选择的)观念,尤其是它们所带的价值,文化体系一方面可以看作活动的产物,另一方面则是进一步活动的决定因素。这个定义综合各家之长,强调了文化的整体性、历史性、系统性和结构性,基本抓住了文化的内在规定性和主要特征。

通过对中西语境下文化内涵的梳理,我们发现,文化具有多义性,学者从不同层面、不同视角界定文化,呈现出描述性的、价值论的、符号学的、功能性的、规范性的、结构性的、遗传性的、心理性的、历史性的、发生论的、观念论的等不同的文化定义。概而言之,文化有广义和狭义之分。广义的文化指人类创造的一切物质产品和精神产品的总和,这是将文化理解为"人化",即自然世界以外的一切均为文化;狭义的文化专指语言、文学、艺术及一切意识形态在内的精神产品,这是将文化理解为观念形态的精神文化。

今天,重新审视文化概念,我们会发现,人类对文化的界定虽然不胜枚举,但还不能尽善尽美。从广义看,作为"人类创造的一切物质产品和精神产品的总和"的文化强调了文化的广泛性,但并没有真正找到文化的"质"的内在规定性。从狭义看,作为"精神产品"的文化似乎又不能穷尽人类文化存在形态的全部,有以偏概全之嫌。文化是多义的、模糊的,总让人"言不尽意"。文化似乎是一种"不可说",但人们却乐此不疲地说这个"不可说",或许这就是文化的魅力。只要文化存在，人们对于文化的讨论、争论就不会停歇，文化定义永远在路上……

（二）何谓大学文化

大学文化与大学如影随形，是大学的阳光和空气，是"大学"与"文化"结合而形成的既体现大学本质又体现文化特质的独特文化形态。因此，探讨大学文化首先要准确把握它赖以存在的载体——大学。

1. 大学的概念

何谓大学？关于大学的概念同样众说纷纭。从我国来看，大学的概念经历了两个过程：一个是在古代时期，大学具有了本土性概念；另一个是在近现代时期，大学具有了世界性概念。

在中国古代，大学是一种教育机构及其制度的统称。《礼记·王制》："天子命之教，然后为学。小学在公宫南之左，大学在郊。"意为小学设在王宫南方左侧，大学设在近郊。最早将"大学"与英文 University 对译的是明代来华的耶稣会传教士、意大利人艾儒略，其 1623 年所撰《职方外纪》记载："欧逻巴诸国，皆尚文学，国王广设学校，一国一郡有大学、中学，一邑一乡有小学。"其中"大学"就是对 University 的翻译。从此，"大学"一词蕴含了西方近代大学教育机构及其制度的含义，已远超出其原有的本土之义。

中国古代的教育机构有"太学""国子监""书院"等，我们可以说中国古代存在过一种本土古代大学教育机构及其制度，后人或可称为古典的中国大学模式，但必须承认我国古代从来没有存在过一所被冠名为"大学"的具体教育机构。直到 20 世纪初，清政府下令科举考试废除八股文，将各省的书院改为大学堂，中国传统官办教育体系才被全国性的现代学校系统所取代，才产生了现代意义上的大学。

现代大学起源于中世纪的欧洲，西方关于大学概念的主要观点如下。

大学是学者的社团。德国教育家雅斯贝尔斯指出："大学是一个由学者和学生共同组成的追求真理的社团。"在这个社团中，探索学问、追求真理是唯一目标；教师之间、教师与学生之间建立平等而密切的关系，进行广泛深入的思想交流，进而发展个性、完善人格。"学者的社团"使大学与社会的喧闹之间保持一段冷静思考的距离，使大学成为一个独立研究学问的场所，一群以探索传播科学真理为职业的人联合在一起，共同追求真理。

大学是探索和传播学问的场所。英国教育家纽曼在《大学的理念》中指出，大学是探索普遍学问的场所。知识既是大学形成的根本动力，也是高等教育的逻辑起点。大学应吸纳人类所有科学、艺术、哲学、历史等方面的知识并进行有效传递，传播知识是大学的首要职能。还有一种观点，大学是探索和传播高深学问的机构。德国教育家洪堡指出，大学是高等学术机构，是学术机构的顶峰。一方面，大学不同于中小学和其他进行普通教育的学校，而是以高深学问为核心的；另一方面，大学通过高深学问促进人的全面发展。

大学是社会服务站。大学具有服务生活世界和引导社会的特性，大学是一种公共服务机构。大学存在于国家社会之中，社会为大学的发展提供了条件，大学促进了社会的发展。同时，大学作为人类生活世界的产物，在服务社会、国家的同时，必须引导社会和国家，使它们的发展向人类生活的整体进步。

2. 大学文化的概念

大学文化是文化的下位概念，属于社会亚文化。由于文化概念的多义性，大学文化也具有多义性。当前，关于大学文化的定义，有文化氛围说、意识形态说、文化要素复合说、精神体系说、文化潮流说、文化指令说、启蒙说、活动说等多种说法。

按照文化广义与狭义的划分，大学文化也有广义和狭义之说。广义的大学文化是指以大学为载体，由所有师生共同创造形成的一切物质和精神财富的总和。这个定义是按照马克思"人化自然"的观点来界定的，大学是由大学人所创造的世界，那么大学人通过实践所创造的"大学"就是大学文化。所以，有学者指出："在一定意义上可以说，大学即文化。"就是从广义上界定文化。狭义的大学文化是指"一种主观的，由思想、情感、信仰和价值构成的价值观念、精神思想"。这里，大学文化指大学的精神文化。

通过对大学文化的深入分析，在综合学术界关于大学文化各种解读的基础上，我们对大学文化作出如下界定：大学文化是以大学为载体、以大学人为主体的一种特殊的文化形态，是大学人在大学里的一切活动方式、活动过程和活动结果，是在大学长期办学的实践基础上所积累、传承和创造的物质文化、精神文化、行为文化和制度文化的总和。这个定义是从广义上界定大学文化。首先，明确了大学文化的载体是大学；其次，明确了大学文化的主体是大学人，即学者、学生和管理者；再次，强调了大学文化的全程性，其贯穿于大学产生发展的始终，既是由大学人创立的，又是不以人的意志为转移的客观存在；最后，明确了大学文化的构成，是由物质文化、精神文化、行为文化和制度文化构成的统一体。

3. 大学文化的主体结构和层次结构

根据对大学文化的界定，我们进一步探讨大学文化的结构，因为只有明确大学文化的结构要素，才能更进一步探讨大学文化的特征和功能。大学文化的结构因标准不同而划分各异，我们仅从大学文化主体和大学文化层次两个维度进行划分，探讨大学文化的主体结构和层次结构。

首先，大学文化的主体结构。大学文化是大学人的生活和生存形态，是大学人造就的文化。作为大学文化主体的大学人由学者、学生和管理者组成。因此，大学文化主体结构是由学者、学生、管理者等不同主体相互作用而形成的关系和格局，由学者文化、学生文化和管理者文化构成。学者文化是以大学中从事教学、科研工作的教师为主体所创造的文化，学术性是其本质特征；学生文化是以大学中学生为主体所创造的文化，时代性是其本质特征；管理者文化是以大学领导、中层干部和一般管理者、服务者为主体所创造的文化，服务性、效率性是其本质特征。

其次，大学文化的层次结构。根据文化的层次结构理论，任何文化体系都可以划分为不同的层次。对于大学文化层次结构的划分观点不一，产生了"物质文化和精神文化"两层次说，"物质文化、制度文化、精神文化"三层次说，"物质文化、制度文化、风俗习惯、思想与价值文化"四层次说，"物质文化、关系文化、精神文化、艺术文化、语言符号文化、风俗习惯文化"六层次说等多种理论观点。这里，我们将大学文化的层次结构分为物质文化、精神文化、行为文化和制度文化。

物质文化指大学文化的物质外壳和物化形态。物质文化是大学文化的基础，具有传递精神文化、外化精神文化的功效，是大学物质品位的集中体现和精神文化的物态表达。物质文化主要包括地理环境、建筑人文景观、教学科研生活设施、文化传播载体等。

精神文化指一所大学独有的、在长期发展中积淀而成的、为数代师生员工认同并不断对后来者产生重要影响的价值观念、信仰追求、道德情操等思想和心理环境，作用于教学、科研、管理、校园生活各环节。精神文化是大学文化的核心，决定着大学的理念意向、价值指向与发展走向，是不同大学的文化相互区别的最重要元素。精神文化分为两个层面：一是价值层面，包括大学精神、办学理念等；二是形式层面，包括校训、校歌等。

关于精神文化价值层面的构成要素，本书后文将进行论述。下面重点讨论精神文化形式层面的构成要素——校训、校歌。

周涛在《大学校训研究》一文中指出：校训是大学针对组织内部全体成员制定的具有导向、激励作用的词语，是大学培养高级专门人才、探索高深知识和进行社会服务的过程中的基本准则和要求。大学校训是办学目标和办学原则的集中概括，它既凝练了一所大学的办学宗旨和办学特色，又承载了与时俱进的大学精神和价值取向。哈佛大学校训为"让真理与你为友"，揭示了哈佛大学求是崇真的办学宗旨，精准地概括了哈佛人对人与自然、人与社会、人与人关系的深刻认识和辩证处理方法。北京师范大学将校训确定为"学为人师、行为世范"，既反映了百年师大的办学历程、办学传统，又与学校发展要求相适应，成为师生立身之本。

校歌是反映大学精神、大学理念、大学办学思想的一种独特形式，是学校形象展示的听觉系统，承载着学校深厚的文化底蕴，具有独特内涵。南开大学校歌："渤海之滨，白河之津，巍巍我南开精神，汲汲骎骎，月异日新，发煌我前途无垠……"赞颂了日新月异的南开精神，展现了南开学子的精神风貌。东北大学校歌是1928年时任东北大学校长的张学良请刘半农作词、赵元任谱曲而成的。校歌语词典雅、旋律雄浑，"爱校、爱乡、爱国、爱人类，期终达于世界大同之目标。啊！使命如此其重大，能不奋勉乎吾曹"，充分体现了东北大学勇于担当历史责任的爱国精神和保家卫国的民族精神，时刻激励感召着每一个东大人。

行为文化是在大学发展进程中形成并通过各类大学人的行为活动而表现出的文化形态总和，展现为师生员工在学习工作和其他行为中表现出的精神态度、行为方式，是大学主体自觉的行为、由大学人直接开展。行为文化是学校精神在大学人身上的具体体现与动态折射，分为学生行为文化、教师行为文化、管理人员行为文化。行为文化包括校风、教风、学风等。

校风是指一所大学里全部大学人共同具有的行为作风，是大学人在教学、科研、管理、服务等行为活动中形成的集体性的行为风尚。教风即教师风范，是教师的德行与才能的统一性表现，是指教师在教学和科研活动中所表现出的思想作风和工作作风。学风是指师生员工在治学精神、治学态度和治学方法等方面的风格，通过学习立场、学习秩序、学习路径、学习成效等具体地反映出来。从三者的关系来看，校风包括了教风、学风；而教风、学风奠定了校风的基础；教风影响学风，而学风又影响校风。校风、教风、学风是大学文化在实践层面的反映，直接影响着大学精神的传承和发扬。

制度文化指大学管理者制定的道德标准、价值取向、理念原则等一系列观念体系所产生的制度规则和行动程序。制度文化是大学文化的重要依托，主要包括三个方面：一是国家有关高等教育的法律、法规和政策，例如《中华人民共和国教育法》《中华人民共和国高等教育法》等；二是地方教育法规；三是学校内部的各项规章制度，例如教学制度、科研制度、学生管理制度等。

在大学文化的层次结构中，精神文化处于内层，指引和影响物质文化、行为文化和制度文化。制度文化处于幔层，是物质文化、精神文化和行为文化的保障。物质文化和行为文化处于表层，其中，物质文化是精神文化、行为文化和制度文化的载体和基础；行为文化是精神文化与物质文化、制度文化的中介和途径，促进精神文化与物质文化、制度文化的互通互动。大学文化层次结构如图 1-1 所示。

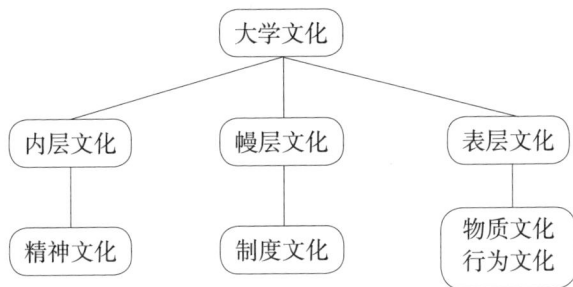

图 1-1　大学文化层次结构

4. 大学文化与校园文化、大学理念、大学精神的关系

关于大学文化的讨论，形成了大学文化、校园文化、大学理念、大学精神等大学文化的概念群，那么，这些相关概念之间究竟有怎样的关系呢？

关于校园文化的定义存在多种表述，有学者从活动视角将校园文化界定为"以大学生为主体，以校园为活动空间，大学生为丰富课余生活、满足兴趣爱好、展示才华专长而主要通过自发开展的多样化的群众性文化活动"[①]。通过这个定义可以看出，校园文化的文化主体是大学生，文化空间是校园，文化内容是校园文化活动，与大学文化相比，校园文化对主体、空间、内容都进行了限定。有学者从广义文化视角将校园文化界定为"校园物质文化与校园精神文化的总和"。这个定义中，校园文化与大学文化在文化空间存在差异，大学文化没有"校园"二字，相比之下，其人文地理区域特征不够明显。综合来看，校园文化是大学文化的下位概念，决不能将校园文化等同于大学文化，校园文化只是大学文化的一部分，隶属于大学文化范畴。

理念是指"人们对于某一事物或现象的理性认识、理想追求及其所形成的观念体系"[②]。王冀生在《大学理念在中国》中提到：大学理念是人们对大学的本质及其办学规律的一种哲学思考体系，核心是回答"大学是做什么的""什么是大学""怎样办大学""办什么样的大学"这样几个基本理论和实践问题，是一种大学哲学观。由此可见，大学理念是大学人对大学的认知和办学主张，是办学的指导思想。大学理念是大学在不同的历史时期和发展阶段，根据时代需求和自身发展规律而形成的。以中国大学理念为例，从 19 世纪末、20 世纪初中国出现现代意义上的大学开始，中国大学理念经历了多次变迁：20 世纪 20 年代，积极传播以"注重理性，学术自由"为核心的西方近现代大学理念；抗日战争时期，高扬"刚毅坚卓"的民族精神，坚持"会通中西"的办学理念；新中国成立后，倡导"教育必须与生产劳动相结合""应该使受教育者在德育、智育、体育几方面都得到发展，成为有社会主义觉悟的有文化的劳动者"等中国特色社会主义教育理念；改革开放后，形成"教育要面向现代化，面向世界，面向未来"的教育理念。正是在对中国大学百余年办学理念的坚持、扬弃、改造基础上，党的十九大确立了"必须把教育事业放在优先位置，深化教育改革，加快教育现代化，办好人民满意的教育"的教育理念；党的二十大再次强调要"办好人民满意的教育"，并指出"育人的根本在于立德。

---

① 眭依凡、俞婷婕、李鹏虎：《大学文化发展和建设历程研究：基于改革开放 30 年来的发展脉络》，《中国高教研究》2015 年第 10 期。

② 韩延明：《理念、教育理念及大学理念探析》，《教育研究》2003 年第 9 期。

全面贯彻党的教育方针，落实立德树人根本任务，培养德智体美劳全面发展的社会主义建设者和接班人"。由此可见，大学理念具有历史阶段性和动态变化性，始终与时代相伴同行，始终根据社会发展而选择合理走向。

有学者认为，大学精神是"人们投射到大学这种社会设置上的一种精神祈望与价值建构，是大学自身存在和发展中积淀而成的具有独特气质的精神形式和文明成果，是大学发展的理想、信念和价值追求，是大学的本质特征在精神层面上的反映，是大学的灵魂和大学生命力的源泉，是大学文化的精髓和核心之所在，更是大学之为大学的确证依据"[①]。由此可见，大学精神具有历史的延续性和相对的稳定性，是历史积淀的结果，是一代代大学人共同创造的精神成果，是大学文化的核心和灵魂。

通过对相关概念的辨析，我们发现，大学理念因其阶段性、时间性的特征，是动态变化的，大学在不同历史时期具有不同的大学理念，其中能够符合时代需求和大学发展规律的大学理念被固化下来而成为大学的文化传统；而不符合时代需求和大学发展规律的大学理念被扬弃，淹没于历史的长河中。积淀固化下来的大学理念伴随着大学的发展成为大学精神的有机组成部分，充实丰富发展着大学精神。因此，大学理念是大学精神的核心，大学精神源于大学理念。由此可见，大学文化的形成过程分为三个阶段：第一阶段是优秀的大学理念固化为大学精神；第二阶段是大学精神构成大学的精神文化；第三阶段是大学的精神文化通过引领辐射大学的物质文化、行为文化、制度文化，最终形成以精神文化为内核的大学文化。

大学理念、大学精神、大学文化从不同层面揭示了大学所应有的基本品格和特性，三者既有差异性又有统一性。三者在内涵上具有差异性，大学理念、大学精神等概念均可视为大学文化的下位概念，都包含于大学文化之中。与此同时，大学理念是大学精神和大学文化的圆心和原点，大学理念是构成大学精神和大学文化的重要因素。大学理念、大学精神、大学文化紧密相联、相互影响、相互作用、相辅相成，内在地规定了大学的基本价值取向和基本发展方向，对大学的教育实践起到了根本性的引导和定向作用。

---

① 程光泉：《哲学视野下的大学理念、大学精神、大学文化》，《北京师范大学学报》2010年第 1 期。

二、大学文化的特性和功能

（一）大学文化的特性

大学文化既源于并反映着社会主体文化，又创造着独具特色的个性文化。因此，大学文化在属人性、社会性、民族性、时代性、积淀性等文化一般特征的基础上，具有自身的文化特性。大学文化是高层次、高品位的先进性文化，是追求真理、自由包容的学术性文化，是多元共生、和而不同的开放性文化，是与时俱进、超越自我的创新性文化。先进性、学术性、开放性、创新性是大学文化最为鲜明的特性。

1. 先进性

"一切先进文化，都必然是站在时代前列、合乎历史潮流、符合客观真理、有利于生产力发展、反映广大人民利益的文化，是促进社会物质和精神生活提升的文化，是促进人的全面发展的文化。"[①] 作为社会精英人群的集散地，大学以高于社会一般理性和一般智力的发展和发达程度而成为社会进步的"思想库"和引领社会文化的"风向标"。因此，"最高的文化机构、最高的精神象牙塔和凝聚最高智慧的特区"是大学存在的合法性与合理性；推动人类进步、引领未来发展是大学与生俱来的文化追求和历史使命。作为人类先进文化重要组成部分的大学文化始终是先进文化的守望者、传承者和创造者，始终具有向更高层次文化发展、跃迁的内驱力，始终"立时代之潮头，发思想之先声"，始终为社会文化的发展指明方向和提供支撑。

大学文化的先进性体现为高层次、高品位。大学文化与社会文化相比占据着人类思想、精神、道德的制高点，传承传播着人类最进步、最具引领性的思想、意识和精神。"大学之道，在明明德，在亲民，在止于至善"，大学的宗旨在于彰显美德，在真善美的追求中使人达到"至善"的境界。大学始终洋溢着高尚、正义、善良等氛围，在批判地吸纳大众文化、坚决抵制腐朽文化、大力彰显主流文化、深入学习世界先进文化的过程中，用高品质的文化塑造精神，

---

① 唐珍名、阳瑚：《大学文化：国家文化软实力建设的重要角色》，《湖南日报》2010 年 7 月 24 日，第 7 版。

以高水准的作品滋养心灵，让大学人具有健全的人格、向善的人性和高尚的人品。

2. 学术性

学术性强调大学文化是一种传承、探索、创新和应用高深知识的文化。大学是探究高深学问之地，以传播知识和研究学问为最高理想。从诞生之日起，大学始终与学术相依相随、共生共进。综观世界著名大学的崛起，从纽曼的知识传授、洪堡的科学研究，到威斯康星的社会服务，直至今日大学的卓著领先，无不得益于浓厚的学术氛围。因此，学术文化是大学文化的根基和血脉，是大学文化区别于其他文化的核心要素。

浙江大学原校长竺可桢将"求是"作为浙江大学的文化核心并进行了深刻诠释：求是就是探索真理的奋斗精神，为科学献身的牺牲精神；就是不迷信盲从，不主观武断，保持清醒的科学头脑；就是掌握正确的科学方法。首先，学术性文化是一种追求真理的文化。学者是学术的生产创造者，是人格化的学术；学术是学者思想和智慧的结晶，是学者的生存方式；追求真理、严谨求实是学者最宝贵的学术品格。世界许多著名大学都将"真理"作为自身的文化追求：哈佛大学的校训是"让真理与你为友"、耶鲁大学的校训是"光明与真理"、华盛顿大学的校训是"通过真理取得力量"，无一例外都突出了"真理"的重要价值。大学正是通过坚定学术信念、传承学术传统、打造学术人物、创造学术成果而成为学术的乐园。其次，学术性文化是一种自由包容的文化。美国教育家赫钦斯指出："大学唯一的生存理由，即在不受功利或结果的压力牵制的情况下，为追求真理提供一个天堂。"陈寅恪的《清华大学王观堂先生纪念碑铭》中有："惟此独立之精神，自由之思想，历千万祀，与天壤而同久，共三光而永光。"大学正是自觉抵制急功近利的浮躁之风和各种诱惑，倡导"自由之思想、独立之精神"的场所。在这里，每个人都可以发表自己的见解，每种见解都可能批判别人或受到批判，蔡元培在《答林琴南书》中指出：无论为何种学派，苟其言之成理，持之有故，尚不达自然淘汰之命运者，虽彼此相反，而悉听其自然发展。大学正是在这种"百花齐放、百家争鸣"的良好学术氛围中，促进每个人自由而全面发展。

3. 开放性

开放性强调大学文化是一个开放的体系，始终同各种文化进行交流融合。面对世界科技发展的迅猛态势，面对世界经济格局和秩序所发生的新变化，大学不能独立于社会存在，而要走出一条开放式发展道路，在融入文明进步、社会发展、民族振兴的浪潮中借力前行。因此，开放性文化是大学文化的时代抉择和战略选择。

开放性大学文化体现为多样化的文化。大学文化在与社会文化开展多向交流过程中，借鉴历史和现实社会大系统的各种成果不断丰富自己，实现更高层次的发展。大学文化以海纳百川的气度形成多姿多彩的文化形态。有学者统计，大学文化包括主流文化、科学文化、名师文化、思潮文化、热点文化、网络文化、流行文化、创新文化、传统文化、西方文化等多种类别，呈现出相互交织、相互激荡之势。但与此同时，开放性大学文化又是一种和而不同的文化。和而不同就是强调承认不同，在不同的基础上形成和，实现多样共生、差别共存。大学文化坚持"万物并育而不相害，道并行而不相悖"的原则，在各种思想观念的碰撞与交流、批判与反批判的交锋中不断推陈出新，实现多样文化的不断整合、不断重组和不断建构。比如，在传统文化和现代文化之间，既对中华优秀传统文化进行转型改造，使之成为与当代社会相适应、与现代文明相协调、与当代师生需要相统一的文化，又对中华优秀传统文化的内涵加以延展、提升、超越，不断赋予中华优秀传统文化新的时代内涵，使中华优秀传统文化焕发时代生命力。

4. 创新性

创新性强调大学文化是通过营造敢于冒险、开拓进取、团结协作、宽容失败的良好环境而形成的与时俱进、不断超越自我的文化。大学文化要保持创新精神，不断创新文化理念，以前瞻性的科学预见引领时代潮流，烛照社会发展之方向。无视时代精神、时代潮流的大学是不存在的。创新是大学发展的动力源泉，大学总是通过理论创新、制度创新、科技创新而不断提升人类认识自身、认识世界、认识人与世界关系的能力和水平。

创新性文化体现为与时俱进的文化。大学是时代的表征，随着时代的变化而不断发展，始终扮演着开时代之先、领时代之潮的角色。因此，大学成为国家的平衡器："当社会趋于功利时，大学应更加追求卓越文化；当社会流于空谈时，大学应更加鼓励求实创新；当社会失去规范时，大学应更加注重民主意识；当社会失去公正时，大学应力求匡扶正义。"[①] 与此同时，大学也是各种新思想新理论的发源地、各类思潮和运动的策源地，其思想理论、科技成果和其他文化成果对整个社会文化的发展具有先导性的推动作用。例如，博洛尼亚大学最早创造的人道主义文化，最终促成了文艺复兴；北京大学以"思想自由、兼容并包"的文化精神，成为五四新文化运动的中心；斯坦福大学孕育的浓郁的硅谷创新文化和独特的企业家精神，开启了"产学研一体化"的创新文化新篇章。可以说，没有创新文化与创新精神，就没有高素质人才的培养与大学自身的发展。

（二）大学文化的功能

马修·阿诺德指出："人类精神的理想在于不断地扩充自身、扩展能力、增长智慧、使自己变得更加美好。要实现这一理想，文化是不可或缺的帮手，这就是文化的真正价值。"文化既可作为名词，又可作为动词。作为名词的文化指"人化"，人是文化的创造者；作为动词的文化旨在"化人"，即教化人、塑造人、熏陶人，人又是文化的创造物。"化人"体现在两方面：一方面是影响人"怎么想"，即人的价值取向；另一方面是影响人"怎么做"，即人的行为选择。文化正是通过对人价值取向和行为选择的影响而实现"化人"的过程。

文化的核心功能是"化人"，大学文化的功能也是如此。大学文化功能指大学文化作用于大学师生、大学管理人员、大学组织以及其他社会个体、社会组织而产生的作用与效果，或大学文化在运行过程中所产生的作用和效果。大学文化功能的第一要义、根本旨归是以文化人和文化育人。大学文化功能具有双重价值：一方面，大学通过文化来武装人、塑造人、教育人和培养人，通过文化的传承、传播和创造，促进全体大学人的社会化进程，并实现大学人自身不断发展超越的过程，这是大学文化的"自身价值"；另一方面，大学所蕴含的丰富文化底蕴和文化精华、人文精神、科学精神、创新精神等优秀精神文化源源不断地传递到社会，辐射到各个领域和各类群体，从而在全社会形成优秀

---

① 《大学应抵御"功利化"和"平庸化"》，《中国高等教育》2007 年第 6 期。

的文化氛围和行为模式，这是大学文化的"社会价值"。大学文化的自身价值体现为教育导向功能、激励约束功能和价值凝聚功能，大学文化的社会价值体现为文化辐射功能。

1. 教育导向功能

如前文所述，大学文化的首要功能是"育人"，是对大学人个体和大学整体的价值取向和行为选择起教育导向作用。大学是一个教育场域，既通过课堂教学等显性方式，也通过活动、环境等隐性方式对大学人产生潜移默化的影响，塑造大学人的人格。

一方面，教育导向功能体现为软环境育人，通过教书育人、管理育人、组织育人、服务育人等将大学文化的精髓传递给大学人。在这种传递过程中，大学教师的教育作用十分重要。教师既是学生的施教者又是学术的创造者，他们的思想觉悟、政治立场、价值取向所外化出的言传身教，直接或间接地传达给学生，潜移默化地影响着学生的认知和判断。"学为人师、行为世范"的职业属性决定了教师在教育导向过程中扮演重要角色、发挥突出作用。另一方面，教育导向功能体现为硬环境育人，通过楼宇、雕塑、小品，甚至一砖一瓦、一草一木对置身其中的师生产生无形的、潜移默化的教育。从"软环境"到"硬环境"，教育在大学无处不在、无时不有，其目的就是将广大师生员工引导到大学理念和大学精神的要求上来，让师生之间呈现出"一棵树摇动另一棵树，一朵云推动另一朵云，一个灵魂唤醒另一个灵魂"的教育局面，让大学人具有文化认同、情感认同、价值认同，让大学成为大学人共有的精神家园。

2. 激励约束功能

特瑞·伊格尔顿在《文化的观念》中指出：文化意味着一种自我治疗，通过这种治疗，人们被一种更为理想形式的人性从内部改善。教育就是这种"文化治疗"，其所产生的文化认同决定着大学人的文化行动。这种文化行动就是大学人精神与行动的完善与升华，也就是大学文化的激励约束功能。

激励功能指大学文化能够激发大学人的积极性、主动性、创造性，促使大学人形成敢为人先、开拓进取、奋发有为的进取精神。这种功能，来自大学精神文化的科学目标，来自大学制度文化的赏罚分明，来自大学物质文化的潜移默化，来自大学行为文化行为主体的相互影响，来自大学文化对大学人原有物质和精神需求的满足、新的物质和精神需求的激励，来自爱心和责任心提供的强大动力等方面。

约束功能指大学文化对大学人的规范作用。一方面，通过大学的教学制度、管理制度、科研制度、学生工作制度等各项制度规范大学各个环节的运转，规范师生的思想和行为，从而塑造师生的行为和观念，这是一种"硬约束"。另一方面，大学文化价值理念内化为大学人的内在意识，使大学人在思想和行为上与大学文化的系统标准产生悖逆时自主进行调整改变，这是一种"软约束"。

3. 价值凝聚功能

价值凝聚功能指当一种价值观被大学人认可后就会成为一种黏合力，从各方面将其聚合起来，形成共同的意志，树立共同的发展目标，采取共同的行动，形成一种积极进取、开拓创新的巨大向心力和凝聚力。

大学人在文化认同的基础上，形成理解、信任、尊重、和谐的群体关系，从而具有强烈的责任感、获得感、归属感，进而汇聚起强大的文化向心力。这种凝聚力、向心力是大学战胜一切艰难险阻的强大动力和不断取得成就的重要保障。以西南联合大学为例，这所仅存在8年的大学，在"上无片瓦，下无寸土"的极端艰苦条件下，弦歌不辍、砥砺前行，培养出两位诺贝尔奖获得者、170多位两院院士和一大批著名学者。究其原因，正是广大师生始终弘扬刚毅坚卓的精神、"学生老师打成一片，一起经历苦难，一起探索学问"的团结奋斗精神，让这所饱经磨难的大学置之绝境而后生，并焕发出勃勃生机，成为中国高等教育史上的"珠穆朗玛峰"。

4. 文化辐射功能

大学文化以自身的优势深刻影响着社会文化，起到影响、辐射社会文化的作用。大学文化将大学所蕴含的丰富文化底蕴和文化精华、人文精神、科学精神、创新精神等优秀精神文化源源不断地传递给社会，辐射到各个领域和各类群体，从而在全社会形成优秀的文化氛围和行为模式。

大学作为科技库、思想库、人才库，对社会产生重要的文化辐射作用。一方面，大学的专家学者通过著作、讲座、文章、社会文化活动等将大学文化输入社会；另一方面，受到学校文化熏染陶冶的大学生毕业后走出校园，分布在社会的各个行业和领域，他们携带的大学文化传统，通过他们的专业技能、思想观念、价值取向、生活态度和处事风格等，在更广的范围和更深的层次推动着社会文化的发展、演进和变迁。比如，世界科学中心的转移轨迹与大学的功能扩展及繁荣轨迹基本一致。在19世纪以前的数百年间，诞生在意大利、法国、英国等国家最古老的大学，使欧洲成为世界的文化中心、教育发达之地。进入19世纪后，德国的柏林大学因赋予了科学研究的功能，强调"研究教学合一"而获得新生。柏林大学在第二次世界大战前便成为世界学术中心，产生了29位化学、生理学或医学、物理学和文学等领域的诺贝尔奖得主。德国也因为大学重视教学科研相结合，以及学术自由、大学自治、教授治校成为现代大学制度思想的滥觞。到20世纪，美国的大学赋予了大学新的历史使命——社会服务功能，从而使美国一跃成为世界高等教育最发达的国家，在"大科学"时代独领风骚。

三、中国大学文化建设的基本原则

加强中国大学文化建设，要遵循世界大学发展规律的理论逻辑和中国大学自身发展的历史逻辑，坚持主体性与人本性、主流性与多样性、传承性与超越性、整体性与协调性、共性与个性的"五个统一"。

（一）坚持主体性与人本性相统一

"为了谁"的问题是大学文化建设的根本问题。"大学文化首先应是一种以人为中心，突出人的发展，人的尊严、自由、幸福、终极价值，体现人文关怀和道德情感的文化；是一种能体现人性自觉、唤起对人性的尊重，能充分发挥人的主观能动性的文化。"[①] 大学文化建设工作归根结底是人的工作，基于人也为了人。这就需要大学坚持以师生为中心的发展思想，将促进人的全面发展作为出发点和落脚点，充分发挥教师的主导作用和学生的主体作用，构建学生、教师、学校发展共同体，让大学文化建设成为学校全体成员共同参与、共同体验、共同创造和共同分享的精神生活过程。

---

① 大学教师践行与弘扬大学精神和大学文化的思考［EB/OL］.（2023-06-19）[2023-07-10]. https://www.whcibe.com/info/1029/5226.htm.

大学文化建设的主体是广大师生员工，他们既是文化建设的参与者、实现者，又是传播者、共享者。离开广大师生员工，文化建设就成了无本之木、无源之水。要充分尊重师生的主体地位和个性发展，不断满足广大师生的文化诉求，端正广大师生的文化追求，提升广大师生的文化品位，提高文化建设工作的针对性、科学性、有效性，增强大学发展的向心力、凝聚力和创造力。

坚持大学文化建设主体性的根本在于人本性。人本性强调大学文化建设要坚持以人为本的理念，注重人文关怀，肯定人的价值，满足师生的生存与发展需求。大学要秉持人本性的文化观、价值观，满足高校师生的多元化体验需求和文化接受习惯，为广大师生营造良好的文化环境，提供丰富的文化资源，用先进文化培养人、用主流文化引领人、用经典文化熏陶人，使他们具备高水平的文化素养、健康向上的文化心理、有容乃大的文化情怀，实现精神的充实感、生活的幸福感、个人的自由感，真正成为文化传承创新的引领者、践行者和推动者。

（二）坚持主流性与多样性相统一

中国大学务必要坚持社会主义办学方向，坚守社会主义大学文化建设的内在逻辑，成为社会主流文化、先进文化的典型代表，将社会主义先进文化、主流文化作为大学文化建设的底色。与此同时，大学文化建设要坚持一元导向与多元取向的统一，既坚守主流文化阵地，又尊重差异、包容多样，让文化"主旋律"与文化"变奏曲"相互交织，实现文化的多样共生。

任何价值都以文化形态为存在方式，文化反映价值，价值体现文化。坚持文化建设的主流性，要以习近平新时代中国特色社会主义思想为指导，用社会主义核心价值观铸大学之魂，深化对社会主义文化发展规律的认识，认真研究党和国家关于文化建设的方针政策，深刻把握"在坚持和发展中国特色社会主义新时代，什么是中国特色社会主义文化、为什么要发展中国特色社会主义文化、怎样发展中国特色社会主义文化的问题"，深刻把握发展中国特色社会主义文化的"六大"核心理念（"坚定文化自信""坚守中华文化立场""坚持中国特色社会主义文化道路""坚持为人民服务、为社会主义服务""坚持百花齐放、百家争鸣""坚持创造性转化、创新性发展"）和"五大基本方略"（"牢牢掌握意识形态工作领导权""培育和践行社会主义核心价值观""加强思想道德建设""推动社会公德、职业道德、家庭美德、个人品德建设""推动文化事业和文化产业发展"），让广大师生树立崇高的理想信念，对马克思主义文化、中国特色社会主义文化真学、真信、真懂、真用，实现思想认同、理论认同、情感认同，树立远大的、崇高的、整体的世界观、人生观、价值观，实现师生同心同向、同频共振。

多样性强调文化内容和文化展现形式的多样化。就文化内容而言，大学是多样文化汇聚的中心，既以有社会主义核心价值观为代表的主流文化，也有日常化、娱乐化的大众文化；既有博大精深的中华传统文化，也有反映时代潮流、时代精神的时尚文化；既有彰显民族精神的本土文化，也有色彩斑斓的世界文化。大学正是在多样文化不断聚合、交流、碰撞、冲突和融合中不断发展的。但值得注意的是，大学文化要"在多元开放的全球化复合进程中，进行多重互动并对话……各个文化主体既是独立的主体又互为对象，我们既不能完全接受某一中心主义，也不可坚执自我文化本质主义"①。这就要求大学文化建设不能盲目接受、全盘接纳，要在批判中保持方向性、在批判中坚守主流性，巩固主流文化的领导权、话语权，构建起一元主导与多元交融的大学文化，实现大学自我文化生命的延续和成长，达到更高层次的跃迁。

就文化形式而言，要不断丰富文化建设的载体，拓展文化建设的空间。随着新媒体的蓬勃发展，大学人具有既是现实世界自然人又是虚拟世界虚拟人的双重身份，大学人的生存空间成为既在现实空间又在虚拟空间的二度空间。随之而来，大学文化建设也处于现实与虚拟相互交织的大环境中。大学文化建设要坚持"师生在哪里，就将文化阵地建到哪里"的理念，既要依托文体活动、课堂教学、社会实践、传统校园媒体等现实空间展开，也要依托微博、微信等网络虚拟空间展开，实现文化建设空间从现实空间到虚拟空间的全覆盖。要坚持媒体融合发展，在保持传统载体优势基础上，不断探索以新媒体为代表的新载体，净化新媒体环境，让新媒体传播主流声音、传递主流文化，实现传统媒体时空界限性与新媒体超越时空性的完美结合，让大学文化建设无时不在、无处不有。

---

① 何海翔：《地方高校应主动融入区域文化传承创新》，《中国高等教育》2015 年第 6 期。

（三）坚持传承性与超越性相统一

由于文化始终处于动态发展的过程中，传承与超越是文化的两翼，是历史感与时代感、信服力与生命力的完美结合。没有传承，超越就丧失了内在动力；没有超越，传承就势必僵化教条。只有将传承与超越有机统一，文化才有动力和活力。因此，大学文化建设也是一个新陈代谢、传承和超越相结合的过程，要在继承中创新、在创新中发展，切实履行文化传承创新的历史使命。

坚持传承性就是要继承文化传统。大学文化传统一方面指中华民族形成的优秀传统文化，这是中华民族的文化之根，对中华民族的思维方式、价值取向、审美情趣等产生着潜移默化的影响；另一方面指大学精神，即办学过程中凝练的文化积淀、人文精神和传统血脉，这是大学安身立命的根本遵循。继承传统要在文化理性下进行文化选择，既不能以民族虚无主义态度对传统文化全盘否定，也不能以民族中心主义立场对传统文化顶礼膜拜；既要深入把握传统根脉，挖掘精髓，形成文化自觉和文化自信，也要科学扬弃取舍，择善而从，为我所用，形成具有中国特色、大学特点、学校风格的文化体系。

坚持超越性就是在继承传统基础上的文化创新，文化创新是文化超越性的本质。文化传承是文化超越的前提，文化超越是文化传承的追求，文化超越要以文化传承为旨归。任何传统文化都具有历史的局限性，因此，始终处于文化前沿地带的大学文化总是随着国家、社会、时代的变化而变化，将传统文化置于时代大背景中去重新整合优化。一方面，要坚持创造性转化，就是按照时代要求，系统梳理中华传统文化资源，认真挖掘其中的精华，对那些至今仍有借鉴价值的内容加以改造，使之与社会主义市场经济、民主政治、先进文化、和谐社会等相适应、相协调；另一方面，要坚持创新性发展，就是按照新时代的新要求，对中华优秀传统文化的内涵加以补充、拓展、完善，促进优秀传统文化与时代精神相结合，赋予优秀传统文化新的时代内涵。大学是文化创新的主要策源地，通过创造新知识、新思想、新文化，不断让大学精神再生，让大学文化与时偕行。

（四）坚持整体性与协调性相统一

物质文化、精神文化、行为文化和制度文化构成大学整体文化系统。大学文化建设要推进这四个维度共同发展，构建完备的文化体系，确保结构完整性和合理性。与此同时，四个维度之间要打破各司其职、各执其能的状态，全面构建协调机制，探索协调方法，实现大学文化建设的科学化、有序化、高效化。

坚持整体性就是以物质文化、精神文化、行为文化和制度文化为大学文化建设的着力点，既不能厚此薄彼，更不能顾此失彼，应统筹兼顾、齐头并进。精神文化是物质文化、行为文化、制度文化的核心，物质文化、行为文化、制度文化是精神文化的载体和平台，制度文化是物质文化、精神文化、行为文化的保障。要通过体系化的顶层设计，宏观上构建文化建设整体布局和实施方向，微观上对每个子系统的建设内容进行详细规划，让四大文化建设内化于心、外化于行、固化于制。大学文化建设要纳入学校发展的顶层设计，在校党委统一领导下，有组织、有计划、有措施、有成效地开展，要成立文化建设领导小组等专门机构，制定全面、系统、长远的文化建设和发展规划以及年度工作计划，负责研究、统筹、协调高校日常的文化建设工作，真正构建起文化建设长效机制。

坚持协调性，就是让大学文化各要素科学健康、和谐有序地发展。在多元文化碰撞交融的背景下，大学文化建设要寻求文化普遍原则，促进文化和谐发展，要将文化继承与文化创新相结合、科学精神与人文精神相结合，使大学文化各要素处于一种相互协调、相互促进的状态。要做好文化顶层设计，统一规划、分步实施、突出重点、打造亮点，形成文化品牌，占领文化高地，释放文化发展活力，构建文化建设新格局。

（五）坚持共性与个性相统一

文化既具有普遍性又具有特殊性，文化普遍性是由"全体成员"共同选择的文化特征，文化特殊性是由"某些成员"共同选择的文化特征。正是文化的普遍性和特殊性使大学文化具备了共性和个性，大学文化是共性和个性的统一体。

坚持文化共性，就是要"遵循大学文化发展和建设的普遍规律，体现大学文化的共同特征，努力建设富有社会主义特点、时代特征和科学民主开放的大学文化"。中国特色社会主义大学文化建设在文化属性上是中国特色社会主义文化的重要组成部分；在指导思想上必须坚持马克思主义；在价值追求上必须以社会主义核心价值观为重要遵循；在文化目标上必须坚持以文化人、文化育人，培养社会主义的合格建设者和可靠接班人；在文化选择上必须坚持科学精神与人文精神相统一等。这些都是中国特色社会主义大学文化建设的普遍规定性和共同遵循的文化共性。

坚持文化个性，指大学系统内部作为个体存在的大学，其文化内涵和表现形式与其他大学相比较所体现的区别与差异。概而言之，大学文化特色就是大学特色。每所大学的文化都要植根于自身文化土壤之中，每所大学的文化都是独一无二的存在，都具有自身的文化特质。历史证明，越是著名的大学，个性越鲜明，普林斯顿大学原校长伍德罗·威尔逊曾说："普林斯顿不像哈佛，也不希望变成哈佛那样；反之，也不希望哈佛变成普林斯顿。我们相信民主的活力在于多样化，在于各种思想的相互补充，相互竞争。"文化个性是一所大学赖以生存与发展的生命力，是一所大学的优势所在，是大学之为大学的存在基础。

坚持文化个性就要形成独具特色的办学定位和办学理念。办学理念是构建大学文化的基本元素，决定了大学文化的基本架构。具有鲜明文化特色的大学都具有独到的办学理念。德国的柏林大学以浓厚的重科研气息一度成为"世界现代大学的楷模"，也使世界高等教育中心转移到德国；美国的威斯康星大学则以面向实际、注重实用的办学思想与模式，形成了风靡世界的"威斯康星理念"，创造出现代大学发展的一种崭新模式；清华大学更是提出"一个根本、两个中心、三项职能"的办学理念，即以人才培养为根本，既是办教育的中心，也是办科研的中心，践行教学、科研和社会服务职能，成为中国高等教育的一面旗帜。

然而，不可否认的是，多年来，我国一些大学办学定位趋同、办学理念雷同，导致大学文化建设缺乏个性，存在着同质化的倾向。因此，要将特色文化摆在重要位置，在文化建设中突破文化共性的制约，在尊重自身历史与传统基础上，科学定位自己的办学理念、办学目标，而不是"人云亦云"、复制照搬，真正走出一条适合自己的发展道路。

第二章
实干：东北大学的品格

　　实干是中华优秀传统文化的精髓，在长期的革命、建设和改革实践中，实干逐渐从简单的意识、方法论范畴升华为一种伟大的精神。实干有着丰富、科学的内涵，它是攻坚克难的创业魄力、脚踏实地的真知笃行、爱岗敬业的无私奉献和励志图强的锐意进取的有机统一。传统文化中的知行思想是实干精神形成的历史文化根基，马克思主义实践观是实干精神的理论来源，实现中华民族伟大复兴的中国梦则是实干精神的现实诉求。

　　毛泽东同志大力倡导"实事求是，力戒空谈"；邓小平同志多次强调"世界上的事情都是干出来的，不干，半点马克思主义都没有"；习近平总书记强调的最多的词就包括"实干"。在国家博物馆参观《复兴之路》展览时，习近平总书记强调，"实现中华民族伟大复兴是一项光荣而艰巨的事业，需要一代又一代中国人共同为之努力。空谈误国，实干兴邦。"之后到深圳视察时，他又连续强调三个"实干"："全面建成小康社会要靠实干，基本实现现代化要靠实干，实现中华民族伟大复兴要靠实干。"党的二十大报告在结尾处也提出，全党全军全国各族人民要紧密团结在党中央周围，牢记空谈误国、实干兴邦，坚定信心、同心同德，埋头苦干、奋勇前进，为全面建设社会主义现代化国家、全面推进中华民族伟大复兴而团结奋斗！实干是中国共产党人带领中国人民从一个胜利走向另一个胜利的法宝。

　　在东北大学百年来跌宕起伏的坎坷发展历程中，实干发挥过并正在发挥着巨大的作用。实事求是、严谨求实是东北大学的优良传统，基础扎实、工作务实、为人朴实、作风踏实是东北大学的突出品格。在历史的长河中，一代代东大人将实干内化于心、外化于行，以想干事的信念、敢干事的胆识、会干事的智慧、干成事的作为，坚持实思、实说、实做、实效"四位一体"，不断书写东北大学事业发展的新篇章。

一、艰苦创业，以大无畏的勇气攻坚克难，开拓前行

艰苦创业是人类根本的生存方式，是中华民族几千年来形成的优秀品格和传统美德，是推进建设中国特色社会主义伟大事业的强大精神力量。"创"意味着闯字当头，实字当前，干字当先，艰苦奋斗；"业"就是每个人干出的大小业绩，汇聚在一起，成为国家和民族的宏伟事业。历史的发展是由无数创业史累积而成的。一串串积功兴业的足迹、一个个改天换地的壮举，开拓出历史前行的宽阔航道，演绎出社会变迁的恢宏旋律。

习近平总书记指出，中国人民是具有伟大奋斗精神的人民。在几千年历史长河中，中国人民始终革故鼎新、自强不息，开发和建设了祖国辽阔秀丽的大好河山，开拓了波涛万顷的辽阔海疆，开垦了物产丰富的广袤粮田，治理了桀骜不驯的千百条大江大河，战胜了数不清的自然灾害，建设了星罗棋布的城镇乡村，发展了门类齐全的产业，形成了多姿多彩的生活。中国人民自古就明白，世界上没有坐享其成的好事，要幸福就要奋斗。

习近平总书记的这段论述，正是对中华民族创业史和伟大创业精神的全面回顾和准确概括。中华民族在漫长的历史进程中，在艰苦的自然条件下和残酷的社会斗争中，培育出一种不畏艰险、勇往直前、战天斗地、开拓进取的创业精神。这种埋头苦干、艰苦奋斗的创业精神是中华民族战胜一个又一个艰难险阻、创造辉煌物质文明和灿烂精神文明的强大动力，没有这种"有条件要上、没有条件创造条件也要上"的创业精神，就不会有伟大的中华民族。

中华民族之所以历经五千多年的漫长岁月而不衰，遭受千灾万难而不垮，面对强敌而不屈，始终保持一个伟大民族的生机与活力，一步一步地走向繁荣富强，一个重要的原因就在于苦干实干的精神追求和敢打敢拼的创业气概。这种执着的追求，为中华民族发展壮大提供了丰厚滋养，成为中国文化不可或缺的精神因子。

艰苦创业是中国共产党人的实践品质和先进本色，是党的优良传统和宝贵财富。中国共产党的光辉历程、社会主义在中国的凯歌行进，就是一部开天辟

地的创业史、从未停歇不断再创业的奋斗史。从创业到再创业，中国共产党人一次又一次向人民交出亮丽的成绩单，也铸就了不断再创业的伟大精神。

中国共产党以矢志不渝的执着，始终坚持为人民谋幸福、为民族谋复兴；以永不止步的进取，始终带领人民闯新路、开新局；以艰苦奋斗的勇毅，始终保持大无畏的革命勇气，敢于斗争、敢于胜利；以求真务实的笃行，始终坚持实事求是、知行合一，不断为人民创造实实在在的业绩。

东北大学的历史，是一代代东大人砥砺进取、拼搏创业的发展史。东北大学成立于风雨如晦的 1923 年，从为国求索的迁徙抗争，到新中国成立初期助力现代工业体系的构建；从改革开放后产学研结合的大胆试水，到推动钢铁大国向钢铁强国、制造大国向智造强国跃升的不懈奋斗……历史见证着东北大学在民族复兴的伟大进程中艰苦创业的足迹。东北大学走过的百年历史，是全体东大人一道艰苦奋斗的历史。正是靠着一步一个脚印的实干，东大人才敢于开天辟地、从无到有、从弱到强，以巨大的勇气和智慧闯入"无人区"，成就事业、实现梦想。一点一滴的实绩积淀，成就了东北大学今天的发展盛况。

独立自主、自力更生的艰苦创业精神是东大人的光荣传统和优良作风。在极端艰苦的条件下，东大人自立自强，不惧千难万险，不怕千辛万苦，以坚韧不拔的精神，不仅在风雨飘摇的民族危难中逐步开拓了生存空间，更在国家发展、民族复兴的进程中留下了浓墨重彩的一笔。

筚路蓝缕，以启山林。东北大学发端于沈阳这块人杰地灵的宝地，肩负着御侮图强的使命和期盼，在日本不断加紧对东北进行军事和文化侵略的背景下，在白山黑水之间，撑起一面兴学育人、文化救国的大旗，这所黑土地孕育的东北第一所大学曾经舍宇壮丽、良师荟萃、学风淳穆，极一时之盛，建校仅八年就跻身国内一流学府的行列。

1931 年 9 月 18 日夜，日本关东军借口"柳条湖事件"对驻扎在北大营的东北军发动了突然袭击，这就是震惊中外的九一八事变。9 月 19 日，日军占领了沈阳城，新开河畔的东北大学也未能幸免。

九一八的炮火，把这所当时办学规模超过北京大学、清华大学的学校逼上了流亡之路，东北大学由此成为国内第一所踏上内迁之旅的大学。在极端恶劣的条件下，东大师生逢山开路、遇水架桥，先到北平，后迁开封、西安，又南下三台，一路斗争，一路建校，历时 18 年，迁徙 8 次。东北大学像一列永不停息的文化列车，冲破重重封锁、克服重重困难，开拓创业，每到一地即在当地扎根发展，把文化的火种撒播到所到之处，让东大的血脉得以保存、东大的传统得以赓续。

让文化的种子在每一个迁徙之处落地生根

读书不忘救国的北平岁月

1931年，东北大学流亡后，第一个落脚之处是北平。亲历从沈阳到北平这段历程的东北大学校友赵鸿翥教授这样描述道："大部师生见敌寇无退意，乃集团乘北宁路专车西上，仓促就道，校中印信档卷，以及公私图书衣物，均未及运出，全部损失，不可估计。车行三日始抵北平，师生中多囊空如洗，沿站乞食，有忍饥数日而未得一饱者，其颠沛情况实难罄述。"

东北大学在窘迫之中，以全体教员、学生的名义向国民政府电陈经费无着、辍学之忧的困境，但教育部仅仅电令平、津各高校收容流亡到北平的东北大学学生，准予东大学生到平、津各大学就读。在既无设备又缺资金、校址无着落的情况下，东北大学不得不送部分学生到北京大学、清华大学、南开大学等高校借读。

张学良，尽管终日忙碌于军政民事，但兼任着东北大学校长的他，时刻关注东大师生，积极与北平当局协商沟通东北大学复课事宜。同时，坚守到最后一刻才离开沈阳北陵校舍的宁恩承秘书长也辗转来到北平，主持复校事宜。

1931年10月18日，东北大学终于在北平南兵马司前税务监督公署旧址复课。经校方接洽，高年级学生分别到北京大学和清华大学借读，而农学院各系学生则全部到开封河南大学借读。因条件所限，部分科系停办，同时添加边疆政治系、家政系等实用学科。

1932年2月，东北大学又从北京师范大学借得彰仪门大街原国货陈列所旧址，收容锦州东北交通大学逃难来北平的学生，设立交通学院（后改为工学院），称为南校。此时，从沈阳迁到北平的私立冯庸大学经费困难，张学良遂派人员接管了冯庸大学，并以冯庸大学校址为东北大学校部和文、法两学院院址，称为北校。这样就成立了以东北大学为主体，合并冯庸大学、东北交通大学两校的北平东北大学。

流亡北平期间，东北大学刚刚复课之时，既无设备，又缺资金，"宿舍中既无床铺，学生以地为席，移砖为枕。饭厅则桌凳皆无，倚室而立食者，约十余月。""各级学生在宿舍上课，教员中坐讲授，学生环立静听，遇有笔记，则俯床书写……然师生精神，始终不懈。"在北平办学5年零4个月期间，有5届1000余名学生毕业于27个专业。

1933年后，东北大学在北平总校和第一、第二分校各设图书馆和阅览室，创办研究性学会26个。在北平办学的日子里，东北大学在学生中加强了军训和文体活动，学生的课外活动丰富多彩。在全面抗战初期的艰苦岁月中，国家为生产抗日前线急需的枪支弹药，修建了贵州天门河水电厂，东北大学参加了该电厂的设计。

九一八事变后，日本的侵略气焰极度嚣张，中华民族陷入了空前严重的民族危机。学生们悲愤地喊道："华北之大，已经安放不得一张平静的书桌了。"1935年12月9日，寒风凛冽，滴水成冰，参加抗日救国请愿游行的爱国学生涌上街头。由于清华大学、燕京大学等城外学生被军警阻拦，在西直门同军警发生冲突，背井离乡、身负国恨家仇的东北大学学生奋勇当先，成为学生请愿游行的先锋。在中国共产党的领导和号召下，席卷全国的一二·九运动极大地促进了中国人民的觉醒，标志着中国人民抗日民主运动新高潮的到来。

三台岁月　在战火纷飞的国土上开辟出一块文化绿洲

1938年春，日军敌机空袭西安，潼关戒严，与1935年的华北一样，此时的西安也已经无法安放下一张平静的书桌，东北大学不得不踏上内迁途中的最后一站，也是驻留时间最久的一站——四川省三台县。蒋介石的西安行营主任蒋鼎文密劝东北大学校长臧启芳将学校内迁，并派文学院院长李光忠入川选择校址，在四川省三台县借得旧试院、杜甫草堂寺一部分及潼属联立中学一角作为东北大学的安身立命之处。1938年3月，东北大学师生从川陕公路经绵阳转道潼绵路，举校迁往三台；4月开始复课，改文学院为文、理学院；6月，西安的东北大学工学院并入西北工学院。

三台古称梓州，位于四川盆地中部偏北，清代以前为潼川府，民国初年改为三台县，因县西有三台山而得名，为靠近涪江的川北重镇之一，民风朴素，风景秀丽。

在抗战的大后方，在四川三台这座川北小城，东北大学因陋就简，艰苦办学，度过了8年时光，在国破家亡的历史环境中，虽流离转徙却凛然坚守爱国气节，在缺衣少食的艰苦环境中，直面困难，笑对艰辛，追求学术发展，积极传播进步文化，开展社会教育，倡导体育运动，活跃当地文化生活。三台人民当年养育了东北大学，东北大学也为这座小城平添了万千气象，一批高素质、受过现代文明熏陶的知识分子的到来，以其时尚的思想观念给闭塞的小城带来了清新的文化空气，促使当地的国民心态亦有所变更。

当时，一批名师齐聚三台，陆侃如、冯沅君、金毓黻、高亨、杨荣国、姚雪垠等先后来到东北大学任教，编印了学术刊物《东北集刊》和《志林》，收录了师生数百万字的论文，研究课题从"大学精神"到"儒家政治思想的发展"，从"三台物价"到"东北人口发展的特点"，既有学术研究，又有对故土的关注，而"学声""黑土地"等进步社团中聚集了一大批热血青年，他们创作壁报，抨击腐朽政治，在战火纷飞的国土上开辟出一块文化绿洲。

千锤百炼，九转功成。东北大学，这所堪称中国"最苦难"大学的高等学府，这所中国流亡时间最长的大学，这所颠沛流离、创业不止的大学，终于在

1945 年 8 月 15 日和全国人民一起迎来了抗战的胜利。1946 年，东大师生从三台陆续返回沈阳；1947 年 2 月，在北陵原校址开学；1948 年 6 月，国民党在东北战场败局已定，命令东北大学再迁北平；1949 年 1 月，北平和平解放；同年 2 月，流落在北平的东北大学学生回到了沈阳，开始了东北大学新的发展时期。

新中国成立初期，东北大学在百废待兴的时代背景下，在南湖之畔再次起航。当时的院长靳树梁曾这样描绘南湖旧时的景象："风自吹襟，人争掩鼻，汩汩沟流半粪污，湖安在？指几行衰柳，一片黄泸。"东北大学南湖校区建校初期的景象，正是新中国成立后，中国共产党所面临的民生困苦、经济凋敝的缩影。

经过战火的洗礼，硝烟弥漫的中华大地满目疮痍，新中国急需建立独立完整的工业体系和国民经济体系。为适应新中国建设对人才的大量需求，沈阳工学院在东北大学工学院、理学院的基础上成立了。1950 年，东北人民政府发布命令，将沈阳工学院、抚顺矿山工业专门学校、鞍山工业专门学校合组为东北工学院。

在接下来的岁月中，东北工学院披荆斩棘再创业，为新中国的建设不遗余力。顺应时代发展而生的东北工学院以"办学强国"取代"办学救国"，在沈阳南湖从零开始，艰难起步。到 1960 年，东北工学院已成为全国 64 所重点大学之一；1986 年，经国务院批准，东北工学院成为首批试办研究生院的 33 所高校之一。

河滩上崛起的新型社会主义工科大学

1950 年 8 月，东北人民政府发布命令，将沈阳工学院、抚顺矿山工业专门学校和鞍山工业专门学校三校合组为东北工学院，由著名冶金专家靳树梁担任院长。从此，一个至今耳熟能详的名字——东工，人们叫了 43 年。伴随着共和国的成长，东北工学院始终是中国工业尤其是冶金工业科技人才的摇篮。

学校发展离不开校园建设。东北工学院建校初期，因为校舍面积小，容量有限，无法达到东北工学院创办万人大学的需求，政府决定在和平区长沼湖（南湖）畔新址建校。1950年9月，靳树梁会同有关人员到南湖地区察看新校址，这是一处杂草丛生、乱坟遍地的荒凉郊区，蚊虫肆虐，很多人身上被咬出了大包。面对恶劣的环境，靳树梁赋词一首："风自吹襟，人争掩鼻，汩汩沟流半粪污，湖安在？指几行衰柳，一片黄泸。"但荒芜的景象并没有影响东工人创办万人大学的豪情，反而更加激起了东工人建设美好校园的决心。

1951年，东北工学院的建设者带着简单的仪器开赴南湖勘察测量，拉开了东北工学院新校区建设的序幕。学校邀请我国著名建筑学家、建筑系教师刘鸿典教授负责东北工学院校园的整体设计任务。带着全校师生的重托，带着一颗回馈母校的感恩之心，刘鸿典教授带领他的学生开始了充满激情与智慧的设计工作。

1951年10月，东北人民政府工业部批准了东北工学院南湖基建工程的开工申请，开始修建建筑学馆、冶金学馆、学生宿舍、教职工住宅等，共修建了7万余平方米。沈阳工学院时期和东北工学院初期（1956年7月之前）的校园，地处沈阳市铁西区原奉天工业大学旧址，被称为铁西校园。校园里有采冶地学馆、土建楼、办公楼、风雨操场及学生第一、第二宿舍等建筑。

1952年9月，南湖校园内的建筑学馆，冶金学馆，学生第一、第二宿舍和部分教职工宿舍等第一批建筑相继竣工，学校从铁西校园开始部分迁入。到1956年，南湖校园采矿学馆，学生第三、第四宿舍等全部竣工后，东北工学院全部从铁西校园迁到南湖校园。

南湖校园建设的过程是艰苦的。一位老教授曾经回忆当时南湖校园的景象：当时的南湖校园就是一片芦苇荡，校园里没有路，每次出去就走在草丛当中，很像现在的探险和野游。无法想象，今日美丽的校园和幽雅的南湖公园能相互依傍、流洁草青。

当年第一、第二宿舍兴建时，建筑人员大多为当时的东工学子，他们激情满怀，干劲高昂，整个工地上一片热火朝天的奋战场面。而今，这些东工学子皆已耄耋，有的甚至已然作古，但站在这两座宿舍门前，抚摸着那厚重的石砖，我们仿佛依稀还能听到那些学长齐声呐喊的口号，仿佛还能看到他们鼓起的肌肉在麻绳的束压下出现一道道清晰的血痕。

建楼开路，植树开荒，经过夜以继日的建设，新校园自1951年开始勘察测量，到1956年全部完工。东工人经过5年的紧张施工、5年的艰苦奋战，使南湖校园发生了翻天覆地的变化。老东工人回忆说，第一次走在全新的东工校园时，四个教学馆，建筑学馆、采矿学馆、冶金学馆、机电学馆，围着一个大操场，每个教学馆之间的距离都在200米以上，特别宽敞，走一圈得好大一会儿。当时东工周围还都是郊区，没什么建筑，这么大一个东工站在那儿，很显眼。

建筑学馆、采矿学馆、冶金学馆、机电学馆，整齐大气，不拘一格，同中有异，各有千秋。馆内布局也是井然有序，清晰合理。一座座拔地而起的崭新楼馆，将一座现代化的理工科大学呈现在人们眼前。特色鲜明的教学场馆是见证东工人实干优良传统的丰碑。正是这些楼馆，使东北工学院这片土地萌发灵性，一代又一代青年学子从这里汲取知识的甘露，获得智慧的启迪，这里成为年轻人梦开始的地方。一代代东工人从这些教学馆里走向祖国各地，成长为各行各业的中坚和骨干。

光阴荏苒，今日的校园经过建设者们的精心维护，越发显出勃勃生机。建校以来一直使用的校园砂石路现在全部铺成了沥青路面，记忆中的路旁小树已被高大挺拔的松树、柏树所替代，往日在学馆、宿舍之间裸露的黄土地已被绿油油的草坪所覆盖，昔日黄风漫卷校园的情景也已一去不复返了。在幽静的中心花园可以听到轻轻的朗诵声，代表着青年人的进取向上和对未来的美好憧憬；校园北门音乐喷泉的水柱在美妙的音乐声中，在五光十色的灯光照耀下翩翩起舞，似乎在叙述着东北大学建校百年来的巨大变迁，描绘着东北大学的辉煌前景。

新建筑鳞次栉比，新景观赏心悦目。东北大学的校友们在返校时感慨"学校大变样，认不出来了"，即使常来母校的同学也都说，母校近几年几乎是一年一个样，变化太大了。

从河滩上开垦建成的大院到今天的魅力校园，从红色教授小楼到时尚现代的汉卿会堂，从靳树梁塑像到一二·九花园，一种精神的魅力，延续着不熄的火种。东大人始终创业实干，求真务实为学，勤勤恳恳为人，把这种实干精神的火种代代传承。

以守维成则成难继，因创兴业则业自达。《周易》云："《易》与天地准，故能弥纶天地之道。仰以观于天文，俯以察于地理，是故知幽明之故。"变是天地之常道，以守应变，终究为时势所淘汰；唯有以创迎变，方能顺天应势、精进臻善。正是从这个意义上说，任何一项事业都不能靠"守"来维系，必须靠不断再创业来发展。逆水行舟，不进则退，唯有在奋进中继承事业，在创新中光大事业。

东北大学复名——穿越时空的呼应

1990 年，张学良老校长在接见日本广播协会电视记者时，曾这样说道："我的军队没了，军衔没了，只有东北大学、老朋友和过去的事了。"一语道出张学良对东北大学刻骨铭心的感情。当时，东北大学海内外的广大校友，一直为恢复"东北大学"校名锲而不舍地奔走呼号，热切盼望着东北大学能凤凰涅槃、浴火重生。校友们多次向党中央和政府管理部门表达在东北工学院的基础上恢复东北大学校名的愿望。旅居世界各地的老东北大学校友遥相呼应，特别是旅居美国的宁恩承和张捷迁两位老学长，全力支持东北大学的复名申请。

张捷迁是东北大学工学院纺织学系学生，后留学美国。他长期从事空气动力学等方面的研究，是纽约科学院院士、中国"台湾研究院"院士、东大在美校友会董事会会长。他富有前瞻性地指出，张学良老校长恢复自由乃东北大学复名的先决条件。为恢复张学良的人身自由，他带领旅美校友会不辞辛劳地开始了一系列行动：多次致信李登辉，为老将军发表请愿文章，主办"张学良将军全面自由研讨会"……这些活动引起了台湾地区政界的高度重视和国际媒体的关注。

宁恩承曾受张学良之聘，于1931—1933年担任东北大学秘书长、代理校长，是协助张学良把东北大学办成一流学府的功臣。为了东北大学复名，他奔波于美国、中国大陆和中国台湾之间，曾多次面见张学良老校长商谈东大复名之事。

1990年6月1日，庆祝张学良九十华诞的盛大寿宴在台北市园山饭店隆重举行，标志着张学良恢复全面自由的开始。

1992年11月16日，张捷迁与张学良老校长通电话，请他为东北大学题写校名，获张学良的慨诺。同月，宁恩承去台湾具体承办此事，宁老见到张学良老校长后，先将东北大学复名的进展情况向张老校长进行了汇报，然后请他题写了校名，张学良欣然应允，毫不犹豫地挥笔写下了"东北大学"四个大字，并签上自己的名字。

写完之后，仿佛意犹未尽，张学良提笔凝思了一会儿，又自言自语地说："还写什么呢？"宁恩承在一旁赶紧提醒："写上日期吧。"张学良就又写上了当天的日期——1992年11月30日。台湾以民国纪年，署名日期不用公历，在没有任何人提醒的情况下，张学良老校长却写下了公历的日期，充分展示了老校长的政治智慧和他对恢复东北大学校名的心愿。张学良的题字一笔千钧，迅速得到了党中央的高度重视。国家教委通过了有关东北大学复名的申请，使东北工学院成为新中国成立以来唯一复名成功的高校，同时使张学良和海内外十几万东北大学校友的夙愿得以实现。

1993年3月8日，国家教委正式批文，批准东北工学院复名为东北大学。这是东北大学发展历史上的里程碑，新老东北大学终于有了穿越时空的呼应。

1993年4月，张捷迁老先生代表东北大学的全体师生员工和海内外的东大校友，赴台北向张学良老校长呈送了关于聘请老校长出任东北大学名誉校长和名誉董事长的聘书。张学良接到聘书后，露出了孩子般的笑容。他还特意拿出放大镜，逐字逐句地阅读了一番，愉快地接受了聘书，并欣然再次挥毫为学校题词："教育英才""东北大学七十周年纪念"。

1993年4月22日，春风送暖，在这个美好的日子里，辽宁省体育馆内布置得庄严喜庆，东北大学复名庆典在这里举行。当红绸从新校牌左右两侧徐徐揭起时，以张学良亲笔手迹镌刻的"东北大学"四个大字显露出来，会场上响起了经久不息的掌声。骄傲与自豪，鼓舞与振奋，如排排热浪在东大人的心中涌起。

永不停歇再出征，面向未来再创业。沐浴新时代的春风，东北大学为破解办学瓶颈，协调学科分布格局，拓展发展空间，在沈阳浑河南岸创建新校区，踏上发展新征程。开工于2012年的浑南校区，对于东大的发展具有里程碑式的意义，从根本上解决了制约学校发展的空间瓶颈问题。如今，十大学院、1.2万多名师生在这个新家园工作、学习、生活，浑南校区已成为沈城南部又一道靓丽的风景。

中国高校新校区建设，一般要经历5~7年的时间，而浑南校区建设从奠基到启用，有效建设时间仅为21个月，浑南校区建设者五年如一日，"五＋二""白＋黑"，以饱满的建设热情、昂扬的精神状态、主人翁的建设责任、东大发展高度的历史担当、干字当头的实干家精神，创造了东北大学创业史上的又一重大奇迹。

浑南校区规划设计获2012年度"辽宁省优秀工程勘察设计奖"城市规划类一等奖，各单体项目共获各类奖项10余项。以浑南校区为代表作品，东北大学参加教育部高校校园风采征集活动，获优秀案例，并在中国学校规划与建设服务网上展示。

用艰苦创业精神挺起东北大学新坐标

2012年11月8日，新校区打下了充满希望的第一根桩。

2012年11月27日，新校区开工奠基仪式隆重举行。

2012年12月25日，圣诞节的夜晚，新校区打完最后一根桩。

2013年5月27日，浑南校区主体工程开工。

2014年9月25日，东北大学首批六个学院顺利入驻。

2015年7月23日，软件学院首批学生顺利入驻。

2016年9月3日，计算机科学与工程学院搬迁工作完成，顺利入驻浑南校区。

1300多个日夜，每天4万步，6791根桩，8000名学子的守候，5万名东大师生的期盼……从一片黄土到卓然而立，浑南校区建设者用艰苦创业的精神，挺起了东北大学的新坐标。

浑南校区拔地而起的图书馆、教学楼馆、学生宿舍、生活服务中心、一号教学楼，让人心潮澎湃，更让人憧憬向往。这892170平方米土地上的变化，是东北大学跃升发展的最好诠释，更是新校区建设者辛勤付出的最好回报。

在一片旷野上白手起家

2012年，"新校区"上了东北大学热搜榜的头条。那一年，从新校区规划招标到规划竞赛，再到全校师生参与规划方案投票，东北大学上上下下聊的都是新校区规划，全校师生翘首以盼，就像自己要乔迁新家一样，不过对新校区还只是纸上的憧憬，却鲜有人去过。浑南校区的建设者是第一批到这片土地上开疆拓土的人。

那时的新校区，是众多庄稼地中的一块，没有围墙、没有大门，也没有手机信号，通信只能靠短距离对讲机。"初建伊始，我们最大的期盼就是能有一间遮风挡雨的办公室。"时任基建处处长马立晓说。彼时新校区已开始进行地质勘查和开工前的准备工作，临时指挥部就在一把遮阳伞下成立了。漫天尘土飞扬、视野内空旷无人、热浪到处流窜，裸露的地皮、丛生的杂草，新校区建设者就在这样的环境中开启了新校区建设之路。

2013年，新校区建设全面开工，新校区的建设者们进入了最繁忙的阶段。此时，新校区建设指挥部已经落成，虽然简陋，但在建设者们看来已很满足，几辆布满尘土的吉普车停在那里时刻准备着。此时的新校区建设工地里一片繁荣，各建筑单体拔地而起，工人们繁忙地施工。

东北的施工期较短，为了确保主体封顶和新校区按时启用，要把握最好的施工期进行抢工，很多基建处的工作人员都会整周不回家，时任基建处处长马立晓在工地吃住是常事。

5公里的路程，新校区建设者们四五年来每天至少要走4次，不实地看看就觉得心里不踏实。"与同事们同甘共苦，就像战友一样。以前这里还是一片荒地，而现在，已经完全变了样，未来这里会更好！"时任基建处管理科科长李久存谈到新校区的变化，眼里闪现出无限憧憬。

新校区的这片土地，曾经是城市主干道旁的农田，标高要比周围路面低2米左右，雨后就会变成一片水塘，如果建筑建在地势较低处，校园排水将面临巨大挑战。"为了解决这个问题，学校在多方努力下，以'十二运'建设为契机，充分利用市场机制，免费收存了200多万立方米的土，把整个校园平均垫起2米多高，既解决了排水问题，又为学校节省了6000多万元的资金。"李久存说。

建设期间，沙尘和毒草使很多人都患上了过敏性鼻炎，加上车辆行驶与工地施工产生的大量沙尘更加重了鼻炎。晒伤、夏天穿长袖、夜间加班已经成为新校区建设者们再普通不过的常态。

以"拼命三郎"的精神攻坚克难

学校计划于2014年10月启用新校区，此时的新校区建设已进入最后的攻坚阶段，眼看着新校区雏形已现，两年前的规划愿景即将实现。指挥部人来人往，走路都在研究着施工进度与方案。

在基建处规划科的办公室里，有一整面墙排有许多格子的木架，每个格子中放着一卷设计图纸，足有上百份。"新校区的规划设计是由国内最顶尖的八名建筑大师带领着设计团队共同完成的，未来这里将成为建筑学专业学生的教学基地。"建筑专业总工吴真洁说。

在最后的施工攻坚期内，每天大大小小的会议有十几次，部分设计院的设计师已进驻新校区，协助共同解决施工中的难题。在施工现场遇到问题，各项目负责人就会立即组织召开参建各单位联合会议，召集设计单位、施工单位、监理单位与基建处规划科、工程科、计划科共同协商解决，达成共识。每次开会的召集人、地点、与会人员都可能不同，一般都在出现问题的现场就近开会。设计好的图纸，在施工中会存在一些缺陷和不完善，甚至有些是很难实现的，这就需要建设者们在现场不断优化调整，加班加点更是常态。

"虽然辛苦，但相对于男同志，我们女同志还算幸福了，男同志需要值夜班，特别是寒冷的冬天，晚上在工地巡视，身体都冻得透透的。而建设工地是24小时连续施工的，男同志每天晚上都要巡视工地很多次，为了确保工程进度，连续多日吃住在工地更是常有的事。"吴真洁说。工期紧，建设者们就牺牲自己的时间来弥补，加班加点；质量要求高，建设者们就千方百计地创新工作、保证高水平完成。在浑南校区，每个人身上都背负着巨大的期望和压力。

求同存异，追求"和而不同"

新校区的单体建筑设计由国内八位知名大师联袂创作，每栋建筑都独具特色，每个设计亮点都是施工难点，施工难度非常大，建设者们要将大师精美绝伦的设计落到实体建筑中。大师的设计作品大都采用了最新的设计技术、最难的施工工艺和较高的造价需求。

但在实际施工中，受东北特殊气候条件的限制，很多设计是有一定偏差的。时任基建处副处长金畅带领的规划科团队担负提早发现问题、提前及时与设计院沟通协调，并提出合理的可行性施工方案的重任，在不大幅变动大师建筑设计的前提下，保证校区整体建筑风格的和谐统一。

与中国建筑设计研究院设计师崔恺讨论图书馆"堆坡"施工工艺，与清华大学建筑设计研究院设计师庄惟敏细究文管学馆的飘窗设计，与中国科学院建筑设计研究院设计师崔彤琢磨学生宿舍模块和活动室模块的组合形式，他们耐心地与各位大师和设计院沟通协调，并最终制定了《新校区规划及单体设计导则》，保证各方的建筑设计遵循统一的设计标准，真正做到了和而不同、求同存异。大大小小的方案修改和调整，金畅已记不清有多少处、多少次，但每一次，团队都提出比原方案更为合理的建议，及时解决设计难题，既缩短工期又节约造价。

"曾经高低不平、杂草覆盖的荒土地，已经建成了美丽的校园。1300多个日日夜夜，我们既是建设者，也是见证者。每一个巧妙的创意，都加速了一栋栋建筑的崛起。没有节假日，没有个人生活，没有休闲娱乐，身负重任的建设者们每天都在书写业界难以置信的神话。"金畅说。

一张办公桌，一把座椅，一张上下铺床，一沓沓厚厚的文件，挂满工程进度表的四壁，这是时任基建处副处长余祖国在新校区办公室的全部家当。对于他来说，每天处理最多的是工地现场的突发事件。在办公桌上、在工地的土堆上、在单体建筑的楼梯上，处处都有他和战友们商讨协调的身影和果断客观的决策，背后支撑他的便是对建设使命的担当。

为了完成大师们精美的建筑蓝图，余祖国亲自主持召开数十次建筑学馆多功能厅清水混凝土天棚施工会议。"对于我们这些男同志来说，这是一项在大楼上'绣花'的工程，我们就是建设工地上的'绣花师'。"余祖国说。"绣花工程"是由清水混凝土一次浇注成型的 0.2 米宽、1.4 米高的井字梁顶棚，其表面不用任何饰面材料，而直接由结构主体混凝土本身的肌理、质感组合形成一种自然状态的装饰面。在施工过程中既要准又要慢，浇注时稍有差池，整个镂空设计就会有瑕疵。经过 67 天的奋战，余祖国和战友们用实体建筑完美展现了大师们的设计。

迎接挑战，在创新中突破

破解学校发展瓶颈，解决学校办学空间问题，建设高水平研究型大学，东北大学浑南校区这块土地，承载着东北大学几代人的夙愿，一开始就被东大人寄予了太多期盼。怎样绘制新校区宏伟蓝图，传承东北大学厚重的文化底蕴和独特的精神气质？怎样让通常四年的建设工期压缩成两年，尽快满足师生们的学习生活需要？怎样让国内十大著名设计院的作品真实如期呈现，实现美感与功能的有机融合？怎样让校园建筑文化风格历经风雨仍然能禁得起检验，成为学校历史文化的传承者和缔造者？……

据金畅介绍，浑南校区建设在时任基建处处长马立晓的带领下，采用事前控制管理的方式，协调监督各环节工作，使安全、质量、进度和成本得到有效控制，但同时工作量也成倍增加。从校址的选取勘探到征地规划，从工程设计到工程手续办理，从工程招标到工程施工管理，从合同谈判到建设资金运作，从内部管理到外部协调，从单体建筑到基础设施，从破土动工直至主体工程渐至竣工，这个过程经历了多少困难，耗费了多少心血，投入了多少精力……所有这些，只有参与了新校区建设的建设者们最清楚。金畅说："作为一名基建工作者，有机会参与新校区建设，我们倍感荣幸！"

在工期紧迫的要求下，不打破常规、不突破创新是难以完成建设任务的。为了能在最短的工期内高质量地完成施工，建设者们大胆提出了并联式施工的工作方法，利用集约管理理念，各项工作并行开展、多管齐下的方式，原本四到五年的工期缩短至两年半。缩短工期不代表质量不过关，在建设者们看来，质量是工程的生命。工作中，建设者们对技术认真把关，对质量和材料造价严格控制，从机制体制保障上、从规划设计上、从施工现场管理上保证新校区建设保质保量完成。

在建设初期的桩基础施工阶段，零下几十摄氏度的恶劣环境，对机器的负荷和人的体能都是严峻的挑战。建设者们连续多天24小时轮流值守在工地，严格把关。在风雨操场桩基础施工过程中，及时发现有77根桩基施工存在问题，建设者们要求全部进行返工，以确保工程质量。"这次我们是遇到行家了，一点马虎不得，否则全部返工。"施工单位上海宝冶集团有限公司的赵师傅这样说。

除了消耗大量的体力，建设者们也无时无刻不绞尽脑汁地发挥着智慧，克服重重困难，为学校争取利益，减轻资金压力。他们创新性地建立了系统的投资控制机制。一是实行限额设计，严格控制设计方案，限定工程造价；二是开展设计优化，由设计工程师与施工工程师联合审图，使设计方案更加合理，成本得到更加有效的控制，仅学生生活服务中心单项工程就节约3000多万元；三是引入招标拦标价，率先在沈阳市推行实施建筑工程招标拦标价。科学、系统、全面、环环相扣的管理措施，为学校节约了1.5亿元的资金。

新校区的建设者还未雨绸缪，提前一年多与电力设计部门进行供电方案谈判，直接为学校节约4000多万元。建立建筑材料信息数据库，有效提高工程质量、控制工程造价，在新校区建设期间，累计为学校节约近3亿元建设资金，比国家批准的投资估算还少1.5亿元，成为全国高校基建领域造价控制的标杆，吸引了很多兄弟院校前来学习。

破解发展空间瓶颈，改善办学条件，实现协调发展的战略布局，为一流大学建设打下坚实的软硬件基础，浑南校区建设是东北大学建设史上前所未有的重大奇迹。建设者们在时间紧、任务重的困难条件下，硬是凭着坚定的信念、顽强的意志和乐观主义精神，变茫茫旷野为现代化的大学新校区，这份艰苦创业的实干精神，始终激励和鼓舞着东大人自强不息、奋发进取、迎难而上、不断前进。

二、脚踏实地，秉持严肃认真的态度做事，干在实处

荀子曰："道虽迩，不行不至；事虽小，不为不成。"晏子曰："行者常至，为者常成。"庄子曰："其作始也简，其将毕也必巨。"中华民族自古以来就崇尚脚踏实地的修为，形成了敢于担当、勇于任事的品格。一代又一代中华儿女脚踏实地接续奋斗，是中华民族薪火相传、蓬勃发展的活力之源。

中国共产主义运动的先驱、中国共产党的主要创始人之一李大钊曾说："凡事都要脚踏实地去作，不驰于空想，不骛于虚声，而惟以求真的态度作踏实的工夫。以此态度求学，则真理可明；以此态度作事，则功业可就。"马克思强调，"一个行动胜过一打纲领"。中国共产党与中华民族的前途命运紧紧联系在一起，构成当代中国最为关键的"命运共同体"，正是靠着干在实处、走在前列的扎实作风，中国共产党才带领着中国人民以攻城拔寨的昂扬斗志，将每一项工作落细落小落实，一步一个脚印地将中国梦的蓝图铺展在神州大地。

实干意味着脚踏实地、身体力行，意味着力戒空谈、注重实效，意味着善于解决实际问题，以实绩论英雄。东北大学作为一所以工科为传统优势特色学科的高校，素以严谨著称，东大的毕业生也以基础扎实、学习能力强、解决实际问题能力强、综合素质好、团队意识和适应岗位工作能力突出而受到用人单位的欢迎和社会的肯定。

东北大学重实干的传统，一方面体现了传统文化倡导的"躬行"精神，另一方面体现了工科大学以实证为基础的操作性、实践性特点，并突出表现在东北大学"献身、求实、团结、创新"的校风中。尊重科学，讲究实效，秉持严肃认真的态度做事，倡导"讷言敏行"，追求严谨扎实、脚踏实地的作风。对待学业，高标准、严要求；对待事业，当老实人、说老实话、做老实事；对待工作，有严肃的态度、严明的纪律、严格的要求。

东大人所奉行的"干在实处、走在前列"精神，蕴含着中华民族"力行近乎仁"的刚健精神，融会着知识分子谦虚谨慎、求真务实的核心气质，在学校长期的发展历程中得以逐渐丰富和发展，在立德树人的实践中不断成熟和深

化。

东北大学自创建起就有着严谨治学的务实治校方略，不唯书、不唯上、不唯他、不唯洋，只唯实，一切从实际出发，努力探索和遵循办学的客观规律。身负"应社会之需要，谋文化之发展"知识救国、人才强国的责任感，东北大学在建设初期就励精图治、从严治校，为今天这片学术繁荣的人才沃土打下坚实的根基。

以严谨务实的治校方略奠定优良校风

第一任校长王永江为从严治校的作风奠基

奉天省省长王永江于1923年4月19日出任首任校长后，坚持他一向的严谨作风，聘名师、招学生、购设备，学校顺利起步。他力主坚持高标准严要求，以优厚待遇张榜招贤。在他的支持下，东北大学不惜重金延揽学者、招聘人才。当时东北大学所聘教授都是具有较高水平的欧美留学生和国内知名教授。英文、俄文两系还聘请通晓汉语的英国和苏联学者任教。国内知名人士，文史如黄侃、吴宓，理工如冯祖恂、庄长恭等先后到校任教。东北大学后来以高薪增聘章士钊、罗文干等任文法学院教授，聘梁思成、刘华瑞等为理工学院教授。东北大学对教授要求严格，凡不善讲解、教授效果欠佳者，即使有硕士学位，也不容其滥竽充数。各科学长可根据学生意见和实际情况，及时解聘、另请老师。

1923年7月，东北大学开始招考文法理工四科学生。报考资格限于中等学校毕业生，必须以中学毕业证书为凭。学校规定的学习期限为预科两年、本科四年，学习成绩优异、名列前茅者，免交全部或一半的杂费。以前东北各省官僚富户的子弟，多到关内或海外求学深造，一般小康之家的子女无力到外地求学，只能放弃深造的机会。东北大学成立后，报考者极为踊跃，但是由于要求严格，仍然有多数人不能被录取。

东北大学第一任校长王永江一贯主张严格办学，整肃校风。在东北大学第一届招生时，经他命题的国文作文题就是"士先器识而后文艺"，即首先注重思想品格、道德修养。在开学典礼上，王永江谆谆告诫学生笃诚奋进，崇尚道德品格的砥砺，督促学生刻苦攻读。

严师出高徒：对学生的要求近乎"苛刻"

东北大学历届的入学考试和学期、学年考试都郑重其事。创办之初，校长及各学院院长均以宁缺毋滥为原则，经常举行月考，促进学生钻研。无论是月考、期考还是学年考试，学校各级具体负责人都到考场监试，严禁交头耳语、传递纸条、偷看书本。如有违犯者，轻者记过扣分，重者记大过或取消该门试卷全部成绩。成绩不及格者，一律牌示降级。如果没有相应的班级可降，即予以开除学籍。每学年开除淘汰者均不在少数。

比如，政法各系学生每班入学时60余人，但到了预科毕业时，各班只剩40余人，到本科后也有淘汰，毕业时仅剩30余人；文法各系入学时约50人，经过多次筛选，最后得以毕业者，只占半数以上；理工科各系入学时都是几十人，而能毕业者只有十几人。严师出高徒，当时，东北大学学生毕业后走向社会，无论做什么，都能受到社会重视。东北大学严肃的考试风纪一直延续到今天。

初创时期的东北大学，课堂纪律和请假制度严格到近乎苛刻，教授上课先点名，不许迟到早退。教授讲课时，严禁喧哗，不准窃窃私语。院长、系主任常到课堂巡视，发现问题及时处理。在寝室、饭厅不许大声吵闹，在图书馆更不准谈笑嬉戏。学生请假须经院长批准，住宿生临时外出，须向学监请假。有事不请假者以旷课论，在期末年考时扣分。凡未请假而私自旷课或不归宿者，都要根据情节轻重，分别予以批评、斥责、记过甚至开除。

为了保证培养人才的质量，学校不仅在招收新生时严格挑选，而且在课程设置上认真吸收欧美国家名牌大学的经验。诸如，东北大学的课程设置，是以美国麻省理工学院的标准为蓝本的。对于教材的选用，一般都是外国原版教材。课程安排很满，周学时一般高达30学时左右，学校特别重视外语教学和应用，答卷、做题、写实验和实习报告均用英语。

当时，东北大学各科学生每晚均上两小时自习。由于外语学习负担较重，又有各种考试的压力，所以学生的学业相当紧张，不少人还利用课余时间自习经史，加评注、做笔记，而后送有关教授批阅，凡愿学者均可得到指教。由于学校规定，考试名列前茅的学生可免交学杂费，毕业成绩优异者可得官费留学，在种种鼓励下，学生学习都十分勤奋刻苦。这为后来东北大学严谨求实校风的形成起到了奠基作用。东北大学的学生今天仍然以刻苦著称，每日清晨时分，春华园中书声琅琅，知行广场英语朗诵声音嘹亮，浓厚的学习气氛在校园中形成了催人奋进的气场。

学校制定了各项规章制度，如教务总则、奖学总则、惩戒总则、教室规则、宿舍规则、学生集会规则等，在制定奖励规则的同时，还制定了惩戒规则。学校加强行政管理，组成由校长、副校长、各学院院长、附属中学主任参加的校务会议，处理学校的各项事宜。

理论联系实际的学风从建校时就开始形成

东北大学培养人才特别注重实用，因此，学校在办学过程中十分看重实习环节。工学院在《教务概况》中明确指出："教学方法特别注意实习实验，除平时利用各实验场及大学工厂外，每年寒暑两假例送本科学生于各大厂矿、各铁路及其他公用机关实地研习，以为将来实际从事各项事业之准备。"例如，采冶系的实习有定量分析实习、矿物实习、岩石学实习、地质实习、水力实习、电工实习、选矿实习、冶金分析实习、工厂实习。为此，学校还花重金从欧美国家进口大批先进的教学实验仪器，建立起全国一流的设备完善的实验室。到1930年，全校共有实验室39个。

东北大学理论联系实际的教学方针，不仅在理、工院系得到实施，就是在文、法、教育院系也是如此。学生经常接触社会，为社会需要而学习。例如，俄文系的学生去哈尔滨，住在俄侨的宿舍里，以便练习俄语。文、法学院组织学生赴北平、天津、浙江等地参观，以便了解社会。这一传统一直持续至今，每年的寒暑假，校团委都会组织学生开展社会实践。让学生走进社会、了解社会、服务社会，是东北大学自建校以来就已确立并在近一个世纪的岁月中不断发扬光大的优良传统。

勤奋好学在东北大学蔚然成风

在迁校四川三台期间，虽然时势艰险，但东大学生仍能奋发不辍，在一平楼之内设煤气灯四盏，当华灯初上，人人争先恐后，座无虚席；东北工学院时期，以理工教育为主，也许是所学学科的原因，学生大多性格内敛，不苟言笑，但求知之风却日益盛行。课堂上，如果有教师授课效果不佳，学生们就会群起向校方反映，要求更换教师，学习心情之迫切，可见一斑。

在东北工学院时期，教师们高昂的工作热情也深深感染着学生，学生们勤奋好学蔚然成风，他们发扬教师们严谨治学的优良传统，以服务祖国的决心，刻苦学习，积极参与生产实践。1954年4月，东北工学院发布了《关于介绍五四煤甲、乙两班学习经验的通令》，决定授予两班"学习模范班"称号，"五四煤"的经验开始在学生中推广。"五四煤"是当时学风最好的班级，涌现出费寿林、徐小荷、林韵梅、郑雨天等一批优秀学生。

2013年4月，东北大学知名校友、昆士兰大学副校长、澳大利亚科学院和工程院院士逯高清回访母校，在谈及曾经求学东大的岁月时说："东北大学给予我最珍贵的礼物就是一种东大人特有的朴实勤奋的求学精神，对未知永远无法满足的渴求和永不止步的探索。"在谈及对30年前校园环境的记忆时说："机电学馆四楼的图书室是我最流连忘返的地方，我的晚自习和大部分的业余时间都是在那里度过的，作为一名钢铁冶金专业的学生，我在那里完成了大学时代最重要的人文素养的积累与沉淀。"

曾经担任国家载人航天工程应用系统总指挥等重要职务的张厚英校友，只要到沈阳，就迫不及待地回到校园。从1952年到1956年，他曾经在东北工学院生活了4年，见到每一条街路、走进每一个教学场馆都让他兴奋不已。他总是说："学校变化太大了，校园太美了，发展之快让人感动！在东北大学的毕业生中我并不是最突出的，在我所学的工业企业电气化专业中，我当时只是处于中游。我感觉学校给我的培养是最重要的。尽管当时教学科研条件很有限，但是老师们的敬业精神、东大的深厚文化底蕴却深深影响着我，在东大我学会了做人，学会了拼搏进取。"

今天，漫步于东大校园之内，依然可以感受到这里浓厚的学习氛围。国家重点实验室、国家工程（技术）研究中心、大学生创新创业基地……随处可见学生们忙碌的身影，或跟随导师操纵着精密仪器，或自主创新进行着软件开发……

当朝阳还未露出地平线，绿草如茵的花园里、整洁宽敞的广场上、清幽僻静的小路边，甚至喧闹的运动场旁都已回荡起琅琅书声。年轻学子，不畏秋晨寒意，舍弃舒适安逸，在晨曲飘扬的校园里，泛舟学海；松柏下，总可看见缓缓踱步之身影，使得来往行人也不由得放慢脚步，唯恐打扰；花园的长椅上，三三两两的"同椅"学友，或收听外文广播，或诵读课文，或默记单词，互相关心、互相促进，真可谓"同椅共进"。

当夕阳西下，灯光荧荧，校园内又会出现自习的同学们。从各个宿舍不断涌出青春勃勃的学子，夹着书本的、提着水杯的、拿着袋子的，更有人骑着自行车在人群里振铃开道，一时间，校园里的道路忙碌异常。大约过了半个小时，大道上人流慢慢消失。学校几座主要的楼馆里灯光闪耀，坐落于信息学馆南侧的宁恩承图书馆里更是坐满埋头苦读的学生，虽人头攒动，却鸦雀无声。

一代代东大人在这里汲取知识的营养，感受精神的力量，东北大学成为他们勤奋好学的"泡菜坛"，成为他们永远的心灵驿站。

在实干文化的引导、凝聚和激励下，东北大学怀着育才兴国、实干兴业的梦想，扎根社会，引领发展，形成了产学研用结合的鲜明办学特色。学校从初创时期就创办了占地面积约 400 亩、职工 700 余人的东北大学工厂，工厂的主要功能是供大学工科学生研究学术和实地实习。学校规定了学生的下厂劳动时间，学生下厂劳动时，穿上工作服和工人一样参加生产劳动。这个大学附属工厂虽然是工学院学生实习的地方，却承接外来的机械生意，积极生产各种机械产品。

1925 年，奉天省公署拨款 50 万元作为工厂的流动资金，工厂业务得以扩大，不仅为东北各铁路局修造车辆，还承办修理中国各铁路局机车、客车及机件零活，这在国内大学中是独有的。由此可见，东北大学特色鲜明的产学研用结合的办学传统由来已久。

从 20 世纪 50 年代起，东北工学院为适应建设现代化工业化强国的目标，满足新中国对工业建设的技术需求，在重视科学原理探索的同时，提高动手实践的能力。东北工学院第一任院长靳树梁率先倡导厂校合作，教学要面向生产，理论联系实际。他曾要求各系与厂矿建立密切合作关系。于是，有些厂矿工程技术人员来院做兼职教师，或作专题报告；学院不少专业老师也深入厂矿，熟悉生产实际，帮助解决技术问题。

靳树梁率先垂范，于 1953 年应邀带领几名青年教师去本溪钢铁公司，成功地解决了高炉结瘤问题。回校后，他向炼铁专业师生报告了详细过程，丰富和深化了师生的专业知识，增强了与厂矿合作的信心和为生产服务的意识。教师们将生产新技术和科研成果融入教材，极大地丰富了课堂教学的内容。由于这些内容联系实际、取材精练、概念清晰、语言生动，深受广大学生的欢迎。

东北大学崇尚团队合作，瞄准国家重大战略需求，服务区域经济社会发展，力促行业进步，为我国培养了大批优秀的冶金、采矿、机械等国家急需的科技人才。学校倡导将科学研究和生产一线实践无缝衔接，从厂矿车间的实践中提炼需求，破解行业关键共性难题，对企业所需科技进行靶向式攻关，让科学发现和技术创新密切衔接、融合，实现技术转移，推动科技成果迅速转化为生产力，为东北老工业基地建设提供了强有力的智力支持，特别是为冶金工业的建设和发展、为推进整个国家的工业化进程发挥了重要作用。

时至今日，校企合作已经成为东北大学的一个重要办学特色，东北大学与宝钢、首钢、鞍钢等知名企业保持密切合作，学校每年向企业提供大量先进的科研成果，企业为学校注入大量科研经费，校企双方实现了互利共赢、共同发展的良好态势。为吸引更多东大人才，很多企业还建立了东北大学就业实习基地，为东北大学学生实习提供了理想的场所。

在育人方面，东北大学特别主张学生要"接地气"。"知屋漏者在宇下，知政失者在草野"。古今中外，凡是有成就的人物，几乎都离不开"地气"的磨砺，都离不开"地气"的滋养。"两耳不闻窗外事，一心只读圣贤书"的行为已不适应当今社会的发展。大学生作为社会的一分子，有责任参与社会问题的解决，大学生要关心国家和社会存在的问题，同时要尽可能在社会中有所体验、锻炼，学校则尽可能为学生创造这方面的条件。

脚踏实地的历练、实践的磨炼，使东大学子知道了科学研究的源泉是实践，成功的希望在于实践。他们坚持实干、苦干；多观察，多思考；少说多做，事必亲手做，不当"二传手"。学生们的认识在实践中得到升华，构思变成现场的设备、工艺和产品，辛勤、智慧和汗水变成生产力，真正体会到实践的价值、学风的价值和人生的价值，这一切都使学生受益终身。

把论文写在祖国的钢铁生产线上

中国是世界钢铁生产大国，但是大而不强，尤其是近年来，在国家大力推进供给侧结构性改革、钢铁行业化解过剩产能的新形势下，东北大学积极探索加快我国由钢铁大国向钢铁强国迈进的步伐，坚持用自主创新的工艺、装备和产品抢下被国外"卡脖子"的山头；以知行合一的精神底色，秉承钢铁绿色制造、制造绿色的信念，把论文发表在热气蒸腾的钢铁生产线上，把成果转化在机器轰鸣的车间厂房里，用先进的钢铁工艺和产品强健"大国筋骨"，给出了"黑色"冶金"绿色"逆袭的东大智慧和东大方案。

瞄准国家战略需求：做全球绿色钢铁工艺的"领跑者"

热轧板带钢新一代控轧控冷技术是绿色钢铁制造的代表性工艺，这项节能减排、绿色低碳的工艺，正出自东北大学轧制技术及连轧自动化国家重点实验室。依托这套领跑世界的工艺，东北大学自主研制出首台套热轧钢材先进快速冷却装备与控制系统，这套装备已成为我国热轧钢材生产线主力机型，覆盖了鞍钢、首钢等50%以上大型钢企，实现了每年生产高品质节约型热轧钢材4000万吨的规模，所研发的产品在西气东输、海洋平台、跨海大桥、第三代核电站、大型水面舰艇等国家战略性工程中被广泛应用，为我国钢材由"中低端"向"中高端"升级换代作出了巨大贡献。

国家战略急需的重大项目，是东北大学为国担当、造福社会的舞台，更是学校与企业协同创新的着力点。

"科学研究既要追求知识和真理，也要服务于经济社会发展和广大人民群众。广大科技工作者要把论文写在祖国的大地上，把科技成果应用在实现现代化的伟大事业中。"习近平总书记在全国科技创新大会上的讲话，让一以贯之注重服务国民经济主战场、以产学研用为鲜明特色的东北大学倍感振奋、信心坚定。

如何让不易弯折的超高强钢铁具有像"橡皮泥"一样易于延伸的优点？东北大学研究团队通过简单高效的制备工艺，制造出一种拥有全新微观结构的超高强钢铁材料。该材料在加工成型过程中不仅不易发生断裂，还能随着形状的改变提高坚硬程度，在"强度""塑性"等多个方面突破了现有同类别材料的性能上限。相关研究成果在《科学》杂志全文在线发表。

"钢铁的'强度'与'塑性'往往是'鱼与熊掌不可兼得'。一般来说，同种钢铁根据处理工艺的不同，'强度'越高，'塑性'就会越低。"研究团队成员李云杰博士说，"钢极易折，超高强钢存在的这个问题是钢铁材料的普遍难题。"

"特别是在航空航天、汽车、深潜等领域，用于承重的超高强钢'强度'往往需要比普通钢铁高出几倍，这时钢铁的'塑性'

就会出现断崖式下降。"研究团队成员袁国教授表示，发生这一现象的根本原因在于，随着钢铁的不断延展变形，材料内部的微观组织结构发生改变，容易产生加工硬化不足或局部应力集中，导致钢铁发生断裂。

因此，破解超高强钢铁材料强塑性矛盾难题成为国内外学者研究的热点问题。现有的大部分生产工艺，通常采用传统的微观结构调控方式，需要添加镍、钼等贵重金属辅助或增加工艺流程来提高性能，不但成本较高，不便于大规模工业应用，而且塑性提升空间仍然非常有限。

东北大学研究团队创新提出了一种使"强度"和"塑性"同时提升的新机制，成功制备出系列低成本"碳锰合金系"新型超高强钢，打破了超高强钢对复杂制备工艺和昂贵合金成分的依赖，对推动低成本、大尺寸超高强塑性钢铁材料的制备和应用具有重大现实意义。

中国工程院院士王国栋表示，该组织结构设计新思路不仅适用于锻造，还适用于轧制等加工方法，可进行轴类、棒材、板材等生产制造，有望应用于大型工程机械装备、深海及国防安全等多个领域。接下来研究团队将围绕该类别超高强钢的工业化应用开展进一步研究。

我们要发挥工科的传统优势，以工业报国的情怀对接国家战略需求，找准创新点，加快成果转化，为社会作出实实在在的贡献。

信息学科和冶金学科是东北大学的两块金字招牌，两个学科的交叉让东北大学在推进中国钢铁行业绿色、智能发展方面大显身手。我国钢铁生产流程长，产品种类多，物流呈复杂网状结构，难以采用已有调度技术，导致物耗能耗较高的问题。针对钢铁生产物流调度这一国际公认的难题，中国工程院院士、东北大学教授唐立新带领着课题组，在国际上首次从钢铁典型生产工序中提炼出具有普适性的关键生产与物流调度理论，从调度理论、优化方法、关键技术和工程应用四个视角进行了20余年系统深入的自主研发和技术创新，研制出一系列最优化及智能优化方法和系统，能够在短时间内求出问题的最优解或高精度近似解。

"钢铁生产与物流调度关键技术及应用"项目获得国家技术发明二等奖，并以显著的经济效益和社会效益彰显着信息化带动工业化的巨大力量。这套技术与系统，解决了在现有设备基础上通过精细化调度降低物耗、能耗的难题，形成了处于国际领先水平的、具有自主知识产权的核心技术体系，已在宝钢等多家大型钢铁企业的热轧、冷轧等不同类型的生产与物流产线成功应用并稳定运行，使中国在钢铁生产的智能化物流调度方面再一次领跑全球。

"通过设备升级和新技术开发，使中国钢铁生产的质量和效益加速提升，实现绿色、智能制造，从跟跑到并行，直至领跑世界绿色钢铁工艺，东北大学责无旁贷。"中国工程院院士、东北大学教授王国栋壮志满怀。

靶向式攻关：做企业逆势崛起的发动机

2016 年 7 月，由河钢集团和东北大学联合共建、国内首家校企合作实体化运作的钢铁技术研发平台——河钢东大产业技术研究院正式成立。研究院充分发挥河钢的产业资本优势和东大的技术资源优势，共同打造产学研用高效融合的全球钢铁技术研发平台，加快推进钢铁产业升级。

东北大学大力推进科研组织模式创新，如厂校联合组建产业技术研究院、厂校融合共建中试基地等，依托重点研究基地，围绕重大科研项目，健全科研机制，开展协同创新，优化资源配置，提高科技创新能力。

2016 年，河钢东大产业技术研究院揭牌成立。作为厂校合作的组织和管理单位，研究院的重要任务之一，就是在企业与学校之间建立连接的桥梁和信息畅通的管道，促进厂校深度融合。

"仅 2017 年，我们就举行了 400 多场对接交流会，5000 多人次参加。通过对接交流会，企业的技术人员知道了学校老师谁有什么本事、能干什么绝活；学校老师知道了企业有什么问题、有哪些需求。对接会引发创新迭出、劲爆的思想碰撞，创新思路水到渠成。"担任河钢东大产业技术研究院院长的王国栋说。

通过对接，厂校首批立项课题34项，组建34支厂校深度融合的创新团队。经过两年多的融合攻关，解决了一批长期困扰企业的重大技术问题。截至2019年，据统计，创造直接经济效益5亿多元。

由于在产学研深度融合、协同创新方面的突出贡献，河钢东大产业技术研究院荣获中国钢协技术创新先进集体称号。

"河钢东大产业技术研究院为河钢转型升级、成为世界级企业提供强大的技术支撑，担当起引领和促进国家与行业技术创新的使命。"河钢集团董事长、党委书记于勇表示，研究院是企业全球技术研发平台的重要组成部分，对河钢未来的发展至关重要。

河钢东大产业技术研究院，是轧制技术及连轧自动化国家重点实验室和企业从短期"项目式"协同转向长期"平台式"协同的开拓创举。平台的搭建，就是要打破横亘在学校和企业这两个不同创新主体之间的体制机制壁垒，让东大的科技、人力资源与河钢转型升级的迫切需求有效对接，使创新要素能沿着创新链自由流动。

正如王国栋院士所说，创新性的课题是在国民经济主战场的实践中产生的，由问题转化而来，这些问题应来源于企业的需要。机器365天运转的企业，正是科技创新的源泉，也是应用型科研的用武之地。

接地气，所以有底气。东北大学在对企业"靶向式"科研攻关方面落子频频，努力做钢铁企业寒冬中逆势发力的发动机，让企业在困境中看到崛起的希望。

东北大学易红亮教授与本钢集团合作，成功开发了抗拉强度超过2 GPa的热冲压成形超高强韧钢新钢种，该钢种在本钢集团板材有限公司实现了规模工业化量产，被成功地应用于北汽新能源纯电动两座车型"LITE"。这是2 GPa级超高强钢在全球范围内首次投入批量化工业应用。

经通用汽车中国科学研究院合作评估分析，与欧日韩等国际钢铁巨头的 1.8 GPa 超高强（度）钢比较，该新材料在全球范围内首次实现了 2 GPa 以上超高强度兼具优良韧性和延伸率的技术突破，其强度和延伸率均大幅优于其他国际前沿水平。

南京钢厂，计划国际招标引进一台全球最先进的 5 m 中厚板轧机，这是国家支持大型企业转型升级的重大项目。在轧机轧后冷却系统的招标中，东北大学同西门子奥钢联、西马克等国际顶尖公司竞争，最终凭借超强的实力秒杀对手，一举中标，这一项目大大推动了南钢的绿色转型。

在南钢 5 m 宽厚板生产线，有一个场景特别引人注目：印刻着 RAL NEU（东北大学轧制技术及连轧自动化国家重点实验室）标志的超快冷装置林立在生产车间。这样的景象，也同样出现在唐钢、承钢、鞍钢、台湾中钢等企业的生产线中，东北大学用过硬的创新技术把自己的"LOGO"镌刻在一个个生产车间，用数字化、自动化的工艺助推钢铁业摘掉"傻大黑粗"的帽子。

东北大学的实践表明，只有坚持产学研用结合，才能引领中国钢铁行业走出产品严重同质化、企业间恶性竞争的困境，减掉虚胖的赘肉，实现钢铁业的精彩蝶变。

近五年来，东北大学累计为钢铁企业创造利润 500 亿元，综合减少我国钢铁行业二氧化碳总排放量的 7%。发挥自身在冶金学科方面的独特优势，解决行业重大需求，为国家分忧解难，东北大学把这当作义不容辞的责任。

科学研究的最终目的是将成果转化为生产力，为人类社会增添福祉。目前，我国科技成果转化率低、转化周期长，尤其是一些高校的科技成果"养在深闺人未识"，未能快速有效地服务于国家重大战略需求和区域经济振兴。同时，工科高校大型综合实习、实践基地的不匹配也制约了一流大学和一流学科建设。东北大学接地气、重实践的积极作为，为打破这种困局提供了独特的方案。

2017 年，东北大学成立了朝阳东大矿冶研究院，在实践中摸索出一条通过搭建准工业化研发平台实现人才培养、科学研究、学科建设三赢目标的新路径，在"新工科"建设上打开新局面，并依托平台打通科技成果转化"最后一公里"，破解辽宁省科技成果转化"墙里开花墙外香"的魔咒，为区域经济振兴提供了智力支撑。

搭建准工业化研发平台
打通科技成果转化"最后一公里"

构建成果转化研发新型实体

据统计，东北地区高校和科研院所的科技成果中，70%~80%并没有在本地转化，因此，未能给东北地区经济发展带来增益。怎样发挥东北地区高校科技和智力资源丰富的优势？怎样更好地服务东北老工业基地走两化融合的新型工业化之路？

2017 年 8 月，依托东北大学底蕴深厚、特色鲜明的矿冶学科群，由东北大学、朝阳天马集团有限公司联合成立的科技成果转化研发新型实体——朝阳东大矿冶研究院投入运营，给出了加速科技成果转化的东大新方案。

研究院位于辽宁省朝阳市朝阳县工业园区，由东北大学资源与土木工程学院韩跃新教授担任研究院院长。项目总投资 6000 余万元，占地 1.3 万多平方米，建筑面积约 2300 平方米，建有职工宿舍、会议室等，可供 70 余人同时在研究院开展试验和产品开发。

"目前，我国钢铁工业产能巨大，国内铁矿石产量却严重不足。公开数据表明，我国铁矿石的对外依存度高达 82.3%，这已成为我国钢铁工业安全运行的重大隐患。面向国家对优质铁矿资源的重大需求，研究院把复杂难选铁矿绿色开发利用确立为核心研发方向。"韩跃新表示。

研究院以企业化模式运作，实行理事会领导下的院长负责制，东北大学以专利作价入股的形式参与研究院管理。研究院致力于难选铁矿氢基矿相转化全组分清洁利用，建有完整、先进的选矿实验室、化验室和悬浮磁化焙烧、新一代节能磨矿等中试系统，涵盖了铁矿半工业化试验、新型装备研发以及矿物材料开发等研究领域。

针对我国铁矿石资源禀赋差、难利用等问题，研究院技术团队自主研发了悬浮磁化焙烧预处理等创新技术，采用该技术处理的鞍钢东鞍山铁矿、酒钢粉矿、鞍钢东部尾矿、五峰鲕状赤铁矿等矿石均取得了良好的试验指标。系列先进技术可盘活我国难选铁矿资源 100 亿吨以上，有望实现东北老工业区乃至全国大量无法利用复杂难选铁矿石的有效分选和资源化利用，掀起铁矿石分选领域的"技术革命"。

"准工业化平台可以改变长期以来知识创新体系和技术创新体系'两张皮'的问题。研究院是产学研三方在利益一致、目标一致、信息渠道畅通的条件下形成的科研成果转化实体，是基础研究、科技开发、产业运行的有机结合体。"在中国工程院院士王国栋看来，研究院的成立，是东北大学产学研协同创新从短期"项目式"合作向长期"平台式"合作迈出的重要一步。

实现高校人才培养、科学研究、学科建设三赢目标

党的二十大胜利闭幕之后，几道"新时代"考题摆在中国大学面前：如何加快一流大学和一流学科建设，加快建设高质量教育体系？如何更好地进行人才培养和科学研究，为实现第二个百年奋斗目标和中华民族伟大复兴的中国梦提供人才支撑与智力支撑？

东北大学作为一所以工科为特色的高校，建设准工业化平台型的实验与教学基地，不仅能够解决学校在大型综合试验基地投资、环境等方面遇到的难题，还有助于推进学科交叉，增强创新实力，加速科技成果转化。

研究院的成立，以平台为依托，实现高校人才培养、科学研究、学科建设三赢目标。学生可以更为便利地接触到行业最前沿的技术，从"学院派"向"实战派"转变。在东北大学博士研究生栗艳锋看来，"中试用的悬浮焙烧炉每项操作都需要严格听从中控室指挥，认真精确地调试设备和记录数据，这就要求我们每个参与试验的老师和同学默契配合。同学们经历了烈日的暴晒，体会着生产一线永远不变的灰尘和噪声，伴着夜幕降临，不仅要战胜困意、蚊虫和寒冷，更要严格完成调试任务。但令人骄傲的是，我们都适应了恶劣的环境，并完美地完成了各自的任务，把自己更好地融入了集体。"

"通过产学研协同的准工业化平台进行人才培养，不仅可以突破学校封闭的教育模式，让学生在1∶1的大平台上接触生产一线的实际问题，了解行业前沿关键共性技术，还有利于提升学生的创新精神、实践能力和社会责任感。"东北大学资源与土木工程学院教授、博士生导师朱一民说。

作为东北大学的传统优势学科，矿冶学科群的持续建设是学校一流学科建设的重要内容，对于服务国家重大战略和东北老工业基地振兴有着重要意义。研究院依托东北大学底蕴深厚、特色鲜明的矿冶学科优势，已形成了产学研用一体化发展体系，通过优质科研资源共享，减少了学校实验设施的重复建设，使学校有限的资金得到更高效的利用，更加专注于原始创新能力的提升。

以平台为加速器，着力推进科技成果转化

重大项目是科学研究出成果的关键阵地。研究院通过学科交叉和行业协同，并引入社会资本，整合了东北大学"2011钢铁共性技术协同创新中心"铁矿资源绿色开发利用方向和天马集团工程技术人员两个科研团队。两支队伍均长期从事矿产资源高效开发利用工作，对于增强行业整体科研实力具有非常重要的意义。

高校"双一流"建设以支撑创新驱动发展战略、服务经济社会发展为导向，重要任务之一就是着力推进科技成果转化。

科技成果转化是一个行业协同的过程，需要资金、人才、环境、硬件设施的支撑。朝阳东大矿冶研究院所承担的类工业化试验功能，正是科技成果转化的必由之路。

研究院科研团队充分发挥东北大学在基础研究、小试探索方面的优势，结合研究院业已建成的多条半工业、准工业生产线（悬浮磁化焙烧、短流程熔炼、新型装备研发、高效分选、选矿药剂研发及矿物材料开发），实施"基础研究、小试突破、中试验证、工程示范"一体化，努力为复杂难选矿产资源的清洁高效利用及节能降耗提供创新解决方案。

团队创造性地提出了工艺—装备—产品—服务一体化创新链，通过企业的积极参与，实现全过程的工业实施预演，能有效解决研发方案修改、实施、多学科协同等诸多成果转化所面临的而高校无力解决的实际问题，为矿冶领域多种科技成果转化搭建了直通桥梁。

研究院建成了 300~500 千克 / 小时悬浮磁化焙烧中试系统，系统优化升级后，工艺流程与工业化装置完全相同，为企业的"第一台套"决策增添了信心。据悉，由研究院技术团队研发的酒钢粉矿悬浮磁化焙烧项目已建成投产，经过半工业试验确认，酒钢集团精矿成本降至 260 元 / 吨，精矿品位提高可使炼铁成本下降 59 元 / 吨，年经济效益约为 3.1 亿元，为难选铁矿资源的高效利用提供了示范。

研究院的中试平台，还为国外矿产资源开发利用提供了技术支持。阿尔及利亚及摩洛哥高磷鲕状赤铁矿石资源丰富，但由于铁矿石组成复杂、磷含量高等原因，常规选别方法难以获得较好的技术经济指标，至今尚未获得工业化开发利用。2017 年 8 月，阿尔及利亚某企业一次性委托国内多家单位平行开展试验研究，东北大学采用悬浮磁化焙烧—磁选—浸出工艺，获得了铁精矿品位 63.90%、总回收率 93.19%、磷含量 0.17% 的技术指标。作为唯一达到磷含量小于 0.2% 的中试平台，研究院的试验成果得到阿方代表高度认可，并与研究院就签订中试及工业化生产线可行性合同进行了积极研讨。非洲一个总储量 100 亿吨以上的特大型难选矿，采用常规选矿工艺根本无法分选，采用东北大学团队的悬浮焙烧技术，获得了精矿品位 65%、回收率 95% 以上的优异指标。

据韩跃新介绍，企业在研究院中运作，得到了技术、人才、信息和资金的保障，而学校也得到了技术进入产业的"绿色通道"，两者的有机融合，促成了东北大学科技成果的快速转移落地。研究院的孵化功能是其发展的重要支撑，很多具有市场前景的技术项目进入研究院，为项目的工业化生产、市场化推广打下基础。

"从东大－朝阳模式的准工业化平台实践中，我们体会到，必须按照'政府引导、市场化运作、企业主导、系统性创新'的原则，构建新型科研组织模式，打通从知识到技术、技术到产品、产品到产业的成果转化链条。"韩跃新说。

目前，以朝阳东大矿冶研究院的运作模式为蓝本，东北大学正在努力建设一系列中试熟化对接平台。2022 年 12 月，东北大学沈抚工研院生产车间里，第一批炼制的钢锭带着红色烈焰"出炉"，标志着东北大学沈抚工业技术研究院中试基地一期项目正式投产。与此同时，辽宁东大氢冶金－零碳钢铁冶金短流程中试基地正式揭牌，这是沈抚示范区推进校地合作创新和产学研深度融合、协同发展的又一战略成果。

东北大学工业技术研究院是东北大学与沈抚示范区为开展科技研发、成果转化、人才培养而共同组建的新型研发机构，总投资 3 亿元，拥有 3900 平方米的办公区和 2.7 万平方米的中试车间。

东北大学氢冶金中试基地作为我国首家零碳钢铁生产全流程创新技术研发、科技成果转化以及高端人才培养基地，被省科技厅认定为"2022 年第二批省级科技成果转化中试基地"。

加快推进与行业企业密切合作的模式，推进与科研院所、社会团体等资源共享，东北大学为辽沈企业创新提供科技支撑和智力支持；通过为东大成果省内转化提供优质、专业服务，打通成果持有者和转化方的"最后一公里"。

三、恪尽职守，秉持崇高的职业理想，无私奉献

人类社会发展史表明，社会的发展与进步，离不开人类世代相继的奉献精神。敬业是对待生产劳动和人类生存的一种根本价值态度，敬重并且珍惜自己从事的事业，小到个人职业，大到社会主义事业，都需要专心致志、尽心尽力。

敬业精神是职业道德的集中体现，也是职业精神的重要基础。恪尽职守，不仅要求每个人专心致志、踏实肯干、任劳任怨、精益求精，做好自己应该做的事，更要求从业者恪守职业道德，树立崇高的职业理想，努力追求事业上的卓越成就和良好声誉，竭尽所能地服务社会和他人，努力提升自我价值。

恪尽职守、埋头苦干是中华民族的优良传统。《礼记·学记》中提到"三年视敬业乐群"，这里的"敬业"是指专心致志于学业。孔子认为"敬事"是为人处世最基本的道德规范，在《论语》中主张"敬事而信""敬其事，而后其食"。三国时期，诸葛亮在《出师表》中提出："鞠躬尽瘁，死而后已。""唐宋八大家"之一的韩愈也有名句："业精于勤，荒于嬉；行成于思，毁于随。"

中国历史上有关敬业精神、恪尽职守的故事不胜枚举。大禹治水三过家门而不入，玄奘历经磨难取回真经，李时珍呕心沥血完成《本草纲目》……新时代的中国更是涌现出无数敬业英雄和模范，甘当"永不生锈的螺丝钉"的雷锋就是其中一员，他虽是一名普通战士，却能在自己的岗位上放射出耀眼的光芒，成为一代又一代中国人民学习的好榜样。王进喜、焦裕禄、孔繁森、杨善洲、黄大年、毛丰美……都是中国社会敬业精神的著名典型。所有这些感人事迹，都是实现中华民族伟大复兴的宝贵精神财富。

习近平在《之江新语》中写道："敬业是一种美德，乐业是一种境界。朱熹说：'敬业者，专心致志以事其业也。'对待本职工作，应常怀敬畏之心，专心、守职、尽责，干一行、爱一行、钻一行，尽心竭力、全身心地投入。要精其术，不拘泥于以往的经验，不照搬别人的做法，力求做得更好，成为本行业的行家里手。人生不满百年，做的也就是那么些事。做一件事情，干一项工作，应该创造一流，力争优秀。要竭其力，对待事业要有愚公移山的意志，有老黄牛吃苦耐劳的精神，着眼于大局，立足于小事，真抓实干，务求实效，努

力在平凡的岗位上做出不平凡的业绩。要乐其业，对工作有热情、激情，始终保持良好的精神状态，把承受挫折、克服困难当作是对自己人生的挑战和考验，在克服困难、解决问题中提升能力和水平，在履行职责中实现自身的价值，在对事业的执着追求中享受工作带来的愉悦和乐趣。"

淡泊名利、忘我工作的无私奉献精神是东大人优秀品质和崇高精神境界的真实写照。从老东北大学到东北工学院，从复名后的东北大学到进入中国特色社会主义新时代的东北大学，一批批东大人秉持崇高的职业理想和强烈的责任感，心有大我，在平凡的工作岗位上，为了培育英才、立德树人的办学使命，任劳任怨，呕心沥血，默默奉献自己的汗水和生命。

老东北大学秘书长、代校长宁恩承在九一八事变中坚守至最后一刻，把师生全部安全送走后才撤离；控制学界大师级人物谢绪恺教授于92岁高龄出版《高数笔谈》辅导教材，捐献该书全部稿费后再次购书赠送学生，并笔耕不辍继续撰写《高数笔谈》姊妹篇《工数笔谈》《线代笔谈》；樊治平教授不忘初心、不改本色，亲任班导师，带出优秀班集体；邵新慧教授、孔庆海教授躬耕高数讲坛，成为"网红"级别数学老师；任鹏老师创新思政课教学方式方法，多次被评为"学生最喜爱的老师"……他们就是东北大学爱岗敬业、恪尽职守精神的典型代表。

"船长永守舵位"，尽力让大家先逃生

1931年9月18日夜，日本关东军向东北军北大营发动突然袭击，震惊中外的九一八事变撼动辽沈大地，日军彻夜之间占领沈阳。当时东北大学的校址就在日本火力集中点北大营附近，年轻的东北大学和校内师生受到了极大的震动与威胁。

枪声阵阵，炮火连天，一夜之间，原本书声琅琅、欢声笑语的校园被日军控制起来。一夜炮火连天，一夜兵荒马乱，如此巨大的变故，时任代校长的宁恩承看在眼里、急在心上。孤独的教

学楼，空旷的教室，校园里已经失去了往日的生机。国难当头，近十载的呕心沥血、苦心经营，东北大学将何去何从？关东的教育事业刚刚起步就要夭折在此劫吗？面对危机，宁恩承没有畏惧，没有放弃。星夜，就在东北大学的操场上，宁恩承召集了全体师生，曾在英国留学多年的他郑重地讲了这样一段话："英国人有一传统，一艘船将沉没的时候，船上的妇女小孩先下船，先上救生艇，其次是男的乘客，再次是船工水手，最后是船长。如果船沉得太快，船长来不及逃生，这船长就随船沉入海底。今天我是东北大学的'船长'，我们这条'船'处在风浪之中，不知要有什么危险。我向诸位保证，我一定遵守这一传统，筹划安全避险的办法。如果遇上危险，逃生的次序一定按我所说次序实行：妇孺先离'船'，其次是教授、学生，再次是职工，我是永守舵位，尽力让大家先逃生。"

经过几番商讨，宁恩承决定让当时在校任教的、刘长春的教练、德国籍教授步起先生，利用自己的协约国成员国国籍身份，将200多名女学生先送进沈阳城，安顿在安全之处；随后宁恩承又命令校内看守工厂的人员，立刻将学校里的易燃品，特别是理工楼化学室里的可爆炸物品，快速地转移到安全地带或封闭隔离。此外，他令会计主任把学生们的伙食费返还，铁柜空无所有，永久开着，以示存款全无，以断绝强盗抢劫之意图。

时间一天天地过，分分秒秒都像刮骨的刀，绞得人心疼。终于，在5天之后，日本人撤掉了架在校门口的机关枪。借此机会，宁恩承及时转移全校师生，并疏散职工和家属。

宁恩承在他的《百年回首》中回忆道："24日，大学校园已经十分空寂了……大学中的教授、学生都已星散，人去楼空，九平方公里的校园之中，只有两个事务处职员、两三个工友和我一人了。我令他们把各处门窗全部关上锁上。25日下午，我一个人步行入城，忧愤凄惨地离开了我的家，不知何年何月我再返还我家园。"

2017年，一本只有184页的"亲民版"《高数笔谈》让东北大学92岁的退休老教授谢绪恺成了"网红"。每天从早到晚，打到出版社及老人家里的电话不断。微博上700多条留言，有400多条是求购谢老新书的。出版社加印的图书售罄，亚马逊、当当、京东等网上书店也同时挂牌"缺货"。笑容可掬的谢老，一位国际控制学界赫赫有名的前辈，让人相信了那句话：大学精神的本质，并不是为了让我们变得深奥，而恰恰是恢复人类的天真。

为什么要写这样一本书？"从1950年我走上学校讲台，到2005年退休，我在大学教书整整55年。作为从一线退休的老教师，偶然翻阅一本高数教材，我感到十分惊诧。"谢老说，"数学应当是最好学的，因为它讲道理，但现行高数教材不仅品种单一，而且晦涩难懂，为此我决定为学生写一本通俗易懂、深入浅出的高等数学参考书。"

谢绪恺教授的学术人生： "一读就懂"的高数书是如何写就的

92岁，他创作让学生"一看就懂"的高等数学辅导书《高数笔谈》，成为"网红"教授，事迹被《人民日报》《光明日报》报道，入选"感动沈阳人物"。

94岁，他撰写的"高数三部曲"第二部——《工数笔谈》出版，化繁就简、接地气的内容像"拉家常"一样把深奥晦涩的定理娓娓道来，打消了学生对数学的畏难情绪。

97岁，他撰写的"高数三部曲"第三部——《线代笔谈》正式出版，他把这本书作为献给东北大学建校100周年的礼物。

他，就是东北大学理学院退休教授谢绪恺。这位曾在32岁就用"谢绪恺判据"惊艳了国际控制学界的科学家，并没有"隐逸江湖"，却是退而不休，笔耕不辍，坚持为学生编著"通俗易懂"的高数学习辅导教材。

"用平生所学回报社会、回报东大、回报学生，是我最大的幸福。"谢绪恺说。

32 岁提出"谢绪恺判据"

谢绪恺，1947 年毕业于中央大学电机系无线电专业。应聘来到东北后，谢绪恺曾任大连工学院电信系讲师。1952 年，高等学校院系调整，谢绪恺来到东北工学院，历任电气工程系讲师，数学系副教授、教授，是当年东北大学控制理论"第一人"，并编著有控制科学早期教材之一——《现代控制理论基础》。

据谢绪恺介绍，在自动控制科学领域，控制系统的稳定性研究是一个绕不开的课题。稳定性是控制系统最重要的特性，控制系统在实际运行过程中总是不可避免地受到一些外在和内在因素的干扰，例如运行环境的变动、控制系统参数的改变等。因而，自动控制理论的一个基本任务就是研究控制系统的稳定性问题，并且找出措施来保证控制系统的稳定运行。经过大胆假设和缜密论证，谢绪恺打破常规，给出了线性控制系统稳定性的新代数判据。此时，他刚刚 32 岁。

所谓"谢绪恺判据"，用谢老自己的话说，就是"稳定性是系统能够工作的首要条件，就好像人走路不稳就要摔跤，我就是要尝试用一个代数判据来描述系统的稳定性，分别给出稳定性的充分条件和必要条件，这样的判据较之经典判据计算量要小得多，因而使用起来更方便，工程的实用价值更大"。

1957 年早春，中国第一届力学学术会议在北京召开。谢绪恺主动提交论文，并被邀请参加。开会当日，钱学森、周培源、钱伟长等众多力学界大师悉数到会，盛况空前。提起这次半个多世纪前的会议，谢绪恺至今仍然记忆犹新："我所在的小组共 5 人，一位哈军工的老教授讲完后，我第二个发言，步入会场时不觉眼前一亮，钱学森先生在第三排正中赫然就座，其后一排偏右的是著名数学家秦元勋先生。我内心非常激动，在汇报自己在线性系统稳定性方面的探索时，渐渐进入角色。"

令年轻的谢绪恺惊喜的是，钱学森高度肯定了他另辟蹊径的创新思路，还点拨他说："可以将你判据中的常数改为随机变量，这项工作尚无人开始研究，肯定能出成果。"不久后，秦元勋先生在北京主持了一个微分方程讨论班，并邀请谢绪恺参加。其间，秦元勋先生高兴地告诉谢绪恺："我已向华罗庚先生汇报了你的成果，华老一听，马上拍桌子说：'成果太漂亮了！'"前辈的期许令谢绪恺备受鼓舞，激励着他在学术的道路上策马扬鞭。

1959年，复旦大学数学系主编的教材《一般力学》将谢绪恺在力学学术会议上所报告的成果命名为"谢绪恺判据"。10余年后，沈阳计算技术研究所研究员聂义勇改进了判据中的充分条件，于是有了"谢绪恺－聂义勇判据"。清华大学教授吴麒、王诗宓主编的教材《自动控制原理》将"谢绪恺－聂义勇判据"与世界公认的两大判据——"劳斯判据"和"赫尔维茨判据"并列，将原有的两大判据变成三大判据，从而在稳定性方面开始出现以中国人名字命名的研究成果。

投入教学工作达半个多世纪

正当谢绪恺在学术道路上意气风发时，却被错划成右派分子，到昌图农村扫马圈改造。在常人看来，这无异于命运的一次"滑铁卢"，不料却成为谢老人生的一个新起点。

"回首我的人生，应该以1958年我下放到昌图劳动为转折点。到昌图劳动之前，我每个月能领到149.5元的工资，就当时的消费水平而言，可谓高收入，可是我还不满足。到昌图农村后，我看到农民生活极度贫困，却无怨无悔，质朴善良，在自己都吃不饱的情况下，还分土豆给我吃，这对我的思想产生了极大的震撼。"谢绪恺说："人生有两条道路，一条路是追名逐利，追求物质享受。第二条就是我最终所选择的，满腔热血地为人民服务，勤勤恳恳，将自己融入人民群众。想通这些，我不再患得患失，把全身心都融入教学工作中，虽然后来也遇到过很多困难，但始终能够笑对人生。"

在接下来超过半个世纪的岁月中，谢绪恺全身心地投入到教学工作中。横跨自控系、数学系，涵盖本科生、研究生的近20门课程，他给数万名学子留下汗湿衣襟的背影。这位温和而坚定的老人说，就像大树离不开泥土，自己也离不开学校和学生。

"他为我们讲的第一堂课是拉普拉斯变换，一下就把所有学生都给镇住了。课后答疑时，不管被多少学生重重包围，不管问题有多难，谢老师都能对答如流，我们发自内心地佩服他！"沈阳市人大常委会原副主任、东北大学校友宋铁瑜是谢绪恺的学生，回忆起当年上课的情景，仍然历历在目。

1994 年，东北大学理学院组建，各项工作千头万绪。谢绪恺受校党委之托，69 岁时担任理学院首任院长。这位早可以退休在家、含饴弄孙的老人每天早早来到办公室，很晚才回到家中，认真思考并规划着理学院的未来。

学科发展离不开人才支撑，谢绪恺非常注重人才引进，方肇伦院士就是他任理学院院长期间，从中国科学院生态所引进的优秀专家，连同此后引进的 10 余位博士生导师，共同撑起了理学院的人才大厦。"站得高才看得远"，他大力倡导开展国内外学术交流，使理学院形成了用高水平科研成果反哺教学的传统……短短 3 年间，谢绪恺带着理学院逐步进入良性运转的轨道。

到 1997 年离开理学院院长岗位时，谢绪恺已经是 72 岁的老人了。可是他仍然没有"回家"，又受聘到网络学院，教了 8 年离散数学，直到 2005 年才彻底告别讲台。

"谢绪恺是我的老师。我 1980 年来校攻读硕士学位，现代控制理论课程就是谢老师教的。"中国工程院院士、东北大学教授柴天佑说。柴天佑一直把谢老师作为学习的榜样，谢老师身上有许多优秀品质，他做学问精益求精。现在很多人做研究急于发表文章，真正把学问做深的人很少。而一个老师是需要把学问做深的，这样才能把课教好、把人培养好。他对教学高度负责，把科研和教学密切结合。柴天佑院士还记得，当年上控制理论课的时候，谢老师讲的内容推导完全是用工程实例来解的，体现了他对控制理论的深入了解和掌握。谢老师对学生充满了爱。老师一定不能忘了初心，只有以身作则、认真负责，才能培养出好学生来。

长达 55 年的教学历程中，谢老教书育人两不误。他认为，学生学知识是一方面，做人更重要。"做学问要先做人，一个人要懂得学习不完全是为了自己，要想着为国家为人民作贡献，不能把个人利益放在首位，要卸下名缰利锁。"

同时，谢老也认为坚持是难能可贵的品质，"有毅力的学生总能做出成果，我总和他们说，凡事都要持之以恒，这也是我的经验。"

高数原来这么有趣

高等数学是棵大树，有多少学生挂科就挂在了这棵大树上。这虽然是一句调侃的话，却道出了许多学子共同面对的困难。

谢绪恺说："数学是有魔力的，那种魔力可以让人忘记解题过程的苦思冥想与寝食难安，当找到答案并且得出证明的那一刹那，成功的兴奋与激动战胜了所有的劳累与辛苦。"追求真理、接近真理的幸福感，让谢绪恺觉得数学是如此之美。

数学本来就来源于群众实践，本不该高居庙堂之上，谈起目前学生们普遍觉得高等数学比较难这个问题时，谢绪恺分析道："我国现行的高等数学教材品种单一，偏重演绎推理，很难兼顾工科学生的特点。如果说数学系学生要学会数学是什么，那么其他专业的学生只要会用就行了。"

为此，在编写《高数笔谈》之前，谢老对这本书的定位就是：将数学问题工程化、工程问题数学化，使工科数学通俗化、接地气，用浅显的语言来说明深奥的数学原理，为学子们写一部"用怀疑眼光探究高等数学的手边书"。

为了让学生们"一看就懂"，谢绪恺尽量将深奥的定理与日常生活、常见问题、寓言故事相结合，再深入浅出地讲述出来。谈到极限，他写道：婴儿自呱呱坠地，日复一日，吸吮乳汁，逐渐成长。但有史以来，尚未出现高过 4 m 的人，这就是极限。谈到拉格朗日定理，他说，兔子和乌龟赛跑，假设兔子的平均速度是 10 m/s，实际奔跑过程中，兔子的即时速度不可能一直大于或者小于 10 m/s，在从速度大于 10 m/s 或小于 10 m/s 的转换过程中，必然至少有一瞬间等于 10 m/s。在谢绪恺给学生出的习题中，更是包揽了哲学、文学、国学等各个学科，让人读来亲切自然而又忍俊不禁，例如习题 1.1 第 1 题是："庄子有言：一尺之棰，日取其半，万世不竭。试据此构造一数列，并求其极限。"

"数学原来可以这么有趣，"喻金同学是理学院数学与应用数学专业大三学生，是学习数学的高手，但对于谢老的书，也是赞不绝口，"看谢老的书，就像是和一位博学的长者在面对面地对话。"

在编著《高数笔谈》一年多的时间里，谢老手写了 500 多页书稿，画了 100 多张图表，进行了 10 余次面谈改稿、10 余次校稿和 30 余次电话沟通，每一处细微的修改都要经过反复推敲。

"数学最令人着迷的地方，就是它的简洁之美和逻辑力量，这给人以追求真理的勇气。复杂问题说简单，并不是水平就低了；简单问题说复杂，也不是水平就高了。"为学生解决学习数学的难题，让学生知其然更知其所以然，是谢绪恺"乘胜追击"、完成《工数笔谈》的动力源。

谢绪恺在书中把很多生产实际情况精炼成数学问题，或把数学定理还原成现实场景，努力让学生产生"柳暗花明又一村"的感觉，让他们一扫压在心头的困惑和阴霾。

据谢绪恺介绍，他在书中讲解卷积定理的时候，以吃馒头为例："馒头在胃里消化是按指数函数递减的，那么我讲卷积定理就从这里入手，很多工程实际问题同吃馒头的例子如出一辙，卷积的重要性在于为分析和解决工程问题提供了明晰的思路。"

说到概率论时，谢老举的例子是国际乒联改制，从每局 21 分制改成现在的 11 分制。"因为通过概率可以计算出来，比赛时间越长，中国选手技术好的优势就越明显，胜率也就越高。"

"清朝范西屏和施襄夏都是围棋国手，两人的棋艺均臻化境，难分伯仲，相约手谈 10 局，试问每人各胜 5 局的概率是多少？"这样妙趣横生、语言古朴的例题，就出现在《工数笔谈》的第 5

章"概率论"里。"根据史实，把中华文化的精彩通过数学的问题呈现出来，一点也不会牵强附会。"谢绪恺说，本书的写作完全出自自己55年的教学积淀，很多例题为自己亲手编制。

"且夫水之积也不厚，则其负大舟也无力。"给学生喝一杯水，自己要先准备一大桶水。谢绪恺写书时，书桌上几乎没有参考书，功夫都下在动笔之前。他说："图书馆里相关的书基本都要读一遍，弄懂吃透，装在脑子里。写书、教学都要厚积薄发。"

现在，谢绪恺《高数笔谈》的姊妹篇《工数笔谈》《线代笔谈》相继出版，在教书育人的道路上，谢老仍然"志在千里"。

谢绪恺教授对学校、对学生强烈的责任心，让他在耄耋之年仍然不忘使命，笔耕不辍，为了保证自己有足够的体力完成著作，谢绪恺专门编了一套健身操。只要身体能吃得消，他就投入到书稿的撰写中。

这些书出版后，谢绪恺教授捐献出全部稿费，用来购买此书，送给专业教师和有需要的学生。这份对教育事业的热爱、对专业的激情、对学生的大爱，正是东大人恪尽职守、无私奉献的真实写照。

"我得到的太多，付出的太少"

青春是生命的深泉在涌流。所有和谢绪恺接触过的人，都有一种如沐春风、如照暖阳的感觉。挺括的白衬衫外套一件毛背心，整洁中透着儒雅，朴素中不消风骨，谢老专注地坐在简陋的书桌前伏案写作的身影，让人感受到老一辈知识分子的风韵和气度。

对于自己在90岁以后仍然用手写的方式不停地著书立说，谢老总是笑着说："我得到的太多，付出的太少，我想利用余下的时光，把几十年的教学经验写出来，流传后世，帮到他人，作为对国家、对人民的回报。"

谢老说，自己过得很充实、很快乐，以非常享受的心态看待手中所做的事情。"我没有发愁的事，心情愉快，身体也就更健康。国家取得的成就非常了不得，我还能为国家做点事。一个人的价值得到别人的认可，就是最大的幸福。我做得越多，得到的回报也就越多，那我就更快乐，更幸福。"

与谢绪恺的交流总是很轻松的。老人家头脑清晰敏锐，讲话逻辑层次像数学定理一样明晰。"我今年94岁了，耳不聋眼不花，打电话也从来不用翻电话簿。"他能把常联系的出版社编辑的手机号全部背诵下来。

90多岁高龄仍然保持着很好的身体和精神状态，还能写出《高数笔谈》《工数笔谈》《线代笔谈》这样引人入胜的高数学习参考书，对此，谢老将其归结为持之以恒地锻炼。1963年春天，谢绪恺教授的血压高压达到了180毫米汞柱，但由于必须要教课，他就坚持每天早起慢跑，风雨无阻。谢老还坚持每天做保健按摩，早上起床后、午休后和晚上泡脚的时候都要做一遍，每次10分钟。

谢老认为，坚持锻炼除了能让身体康健之外，还会提高效率。住在养老院期间，谢老每天在写作之余，还要打台球、乒乓球，健身健脑两不误。"没有好身体，就无法完成写作。我用数学公式计算打台球的角度，已成为养老院的台球冠军！"谢绪恺幽默地说。

如果说谢绪恺教授彰显着老一代东大人对待本职工作尽心、尽力、尽责的态度和自加压力、争创一流的风范，那么以邵新慧教授为代表的中青年教师则以一流的授课水平、生动幽默的授课风格和极强的个人魅力展现着新时代东大人爱岗敬业的风采。

学生需要以百米冲刺的速度抢座

想上她的课，学生需要以百米冲刺的速度抢座，抢不到座位的学生，就把教室的窗台、过道、讲台前的空地全部坐满。这成为东北大学一道独特的风景，制造这道风景的人就是理学院邵新慧老师。

邵新慧从 2002 年开始承担研究生公共基础课"数值分析"的教学任务。不论在哪里上课，教室里都会挤入远远超过座位总数的人。

宣传部的工作人员曾亲自参与了一次学生抢座，立即被学生们的热情所感染和震撼。"我们采访的那个早晨，又黑又冷，抢座的场面，想象不出的疯狂。""当时，我们问学生为什么这么拼，学生说，没办法，蹭课的人太多，不抢座，只能站在门外听。"宣传部的工作人员说。

"邵老师的课特别受欢迎，每年选课时都很快被选满，还有些学生为没选上她的课而深感遗憾。后来，研究生院就把东北大学最大的教室安排给了邵老师，尽最大可能满足学生选上邵新慧老师课的意愿。"研究生院培养处原处长赵彩清说。

教室太大，学生太多，为了照顾两侧的学生，邵新慧有时会把重要板书写两遍；担心后面的学生看不清，就让前面的学生拍图片，发到 QQ 群中，进行网上直播。学生们都表示，听邵老师的课，思维会跟着老师的节奏跳动，不时有醍醐灌顶的感觉，枯燥的数学瞬间就神奇地生动起来。

课上时间有限，课下时间无限。邵新慧经常利用课下时间，解答学生提出的问题。时常一下课，学生就挤向讲台，将邵新慧围在中间问这问那。邵新慧总是微笑着与学生交流，耐心地解答学生的提问。"一学期下来，抢座虽然很辛苦，但能近距离听邵老师的课，值了！"这是很多学生发自内心的话语。

国家法定假日，学校规定放掉的课不用补，邵新慧却每次都把课补回来。班级较多，无法统一补课，她就分开补，一节课有时要上三四遍。为了让每一堂课都生动而精彩，让学生学懂、学透、学以致用，邵新慧一有时间就泡在图书馆翻阅图书、查找文献，并站在学生的角度反复推敲，精心准备，引导学生爱上数学、运用数学、享受数学。

已经在武汉大学读博士的薛冠宇表示，邵老师幽默风趣的教学方式让他爱上了数学。"我刚读研时，数学基础很薄弱。她就耐心地指导我读论文，帮我选择文献，每周听我汇报。两年间我阅读了近100篇论文，最终公开发表论文3篇，其中JCR一区1篇，EI检索2篇。"

5月14日，母亲节，邵新慧的手机又像往年一样忙碌起来。手机QQ提示音不停地响着。"亲妈，节日快乐！""亲妈，我想死你了！""亲妈，保重身体！"……看着学生的祝福，邵新慧的脸上满是幸福的微笑。每教一届学生，邵新慧手机里的QQ群就多几个。她表示，"学生水平参差不齐，无法保证教学质量，有了QQ群，可以及时解答学生的问题。"

一些学生开始与邵老师私聊，家庭困难、考研方向，甚至挂科、失恋等苦恼都找她。有时学生深夜打电话，她也热情接听，甘当学生最信赖的倾听者。

被京东集团高薪聘用的学生李晨表示，"大一时我是班里的前三名，大二时沉迷游戏，几门功课差点不及格。那段时间很痛苦，就通过QQ群找到邵老师。邵老师告诉我，游戏只是一种休闲方式，是学习累了之后的一种调剂，不能喧宾夺主地把大好时光都用在游戏上。她教我如何科学分配时间，并利用课余时间帮我补上了大二落下的课程。大三时我的成绩又恢复到90分以上，大四时保送本校研究生。研究生期间我成为数学系第一个获得国家奖学金的人，并在JCR一区发表了1篇SCI检索的论文。"

"很多学生虽然毕业了，但大家依旧通过QQ群交流工作，畅谈人生。看着群里的每个人都很活跃，就舍不得退出。"邵新慧说。

把深奥的数学课上成风景，把"老师"的称谓变成"亲妈"，这一切，源自她对事业朴实的热爱，对学生无私的付出。桃李不言，下自成蹊。"优秀班导师""我最喜爱的教师""我心中的好导师"……一项项荣誉是学生送给她的最好褒奖。"学生喊我'亲妈'，这是对我的信任。我能做的，只有用心上好每一节课，回报那一双双热切注视、抬头仰望的眼睛。"邵新慧说。

东大人在恪尽职守上突出表现为肯干，不挑肥拣瘦；主动干，担当、尽职；认真干，一丝不苟、精益求精；能干，水平一流、胜任本职工作；创造性地干，发挥聪明才智，把事情做出色。以高克宁教授为代表的优秀专家不忘育人初心，不改实干本色，从小事小处着眼，将事情做细做实，为广大教师树立标杆，为东大汇聚正能量。

洒向学生都是爱

高克宁，一个透着阳刚之气的名字，但在学生心里，对应的却是一位温文尔雅、和蔼可亲的母亲形象。自 1999 年到东北大学任教以来，高克宁始终坚守着立德树人的师者初心，敢为人先，勇于挑战，不断钻研专业知识、创新教学模式、完善教学方法，努力践行着传道授业的师者使命。作为奋斗在教育行业的先进个人，高克宁教授荣获"辽宁五一劳动奖章""全国五一巾帼标兵"等荣誉称号。

"如果不从事计算机领域工作，C 语言知识会过期，但学习 C 语言对我逻辑思维的培养、对我自学能力的提升永远不会过期。如果没有这门课，没有遇到高老师，或许我还是那个天天想着'60 分万岁'，遇到困难只会逃避和放弃的小屁孩儿。"这是东北大学表白墙上一个学生的留言，是对高克宁老师质朴真诚的感谢。

敢为人先 运用先进技术优化学习环境

"请大家扫描二维码，输入'雨课堂'暗号，开始上课。根据上几次测试的结果分析，程序与软件是一组比较容易混淆的概念……"精准地选择问题，恰当地解答困惑，一个模糊的知识点，瞬间变得清晰。这与众不同的课堂开启方式，是高克宁教授日常教学中最常用的方式。

C语言是一门面向过程的通用程序设计语言。对非电专业的工科学生来说，是一门很抽象化难懂的课程。如何营造学习氛围，调动学生学习积极性，让非电专业学生爱上C语言，成为高克宁从走上三尺讲台那一刻起，始终在思考的问题。借助最先进的技术手段来进行教学，成为她努力的方向。

早在21世纪初，当人们运用传统的授课方式进行教学时，高克宁就开始尝试在课堂上用最先进的技术辅助教学，激发学生的学习热情。

2003年左右，以门户网站为特征的第一次互联网浪潮兴起，高克宁就带领青年教师建立了课程学习网站，将教案、演示文稿、教学录像、录音、交互式动画课件上传到网站，方便学生利用课外时间开展自主学习。这是实现互联网技术与教育相结合的第一次尝试。

随着互联网技术的不断升级，网站又增加了知识概念图、博客、教学录像和自我组卷的在线考试系统。完善的设计、强大的功能赢得了学生的广泛好评。在线学习网站一度成为主流搜索引擎在"高级语言程序设计"关键词下排名第一的站点。

当手机成为人们日常生活的必需品后，高克宁率先开始利用手机App——"雨课堂"，为学生创造舒适的学习环境，鼓励学生利用碎片化时间，随时随地学习有意义的东西，激发学生学习的积极性，提升教学效果。

"雨课堂"的引入，使手机成为课堂的必需设备。用手机上课成为学生最喜爱的教学模式。课前，高克宁及时发布课程思维导图，指导学生提前了解课程重点和难点。课上，学生结合预习情况进行讲解并提出问题，老师再根据学生的讲解，进行高效点拨和指导。一堂普普通通的计算机基础课，就在师生角色翻转的过程中，碰撞出智慧的火花，变得生动且精彩。课后，她及时发布测试题，了解学生对课程的掌握情况，并针对具体问题，进行重点讲解，保证了教学质量。

大量学生参与线上学习，为高克宁围绕学生学习评价、行为分析和交互特征等开展教育大数据研究提供了宝贵资料。她利用大数据分析，可以准确掌握学生的学习情况，并根据学生的需求进行点对点的精确指导。

推陈出新 讲授最前沿的专业知识

"C语言是一门实践性很强的课程，教学内容更新很快，如果不及时更新教学内容，过于陈旧、脱离现实生活的教材就无法满足社会对学生的需求。"高克宁表示，"教材是教学工作的基础，教学必须从不断更新完善教材开始，这样才能避免学生一毕业就与社会脱节的残酷现实。"

从2008年开始，高克宁就带领团队成员不断修订《程序设计基础（C语言）》教材。经过一年不间断的努力，2009年10月，新版《程序设计基础（C语言）》隆重问世。此版教材相比以前教材有大幅改写。其中，最大的特点就是为学习者和教师提供丰富的在线教学资源和教学支持。高克宁带领团队成员为教材专门开发的学习网站提供了与教材相关的教学计划、中英文教学讲义、教学素材、教学视频以及250个教学案例和超过2500道测试题。

近些年，随着"互联网＋"与"人工智能＋"的快速发展，高克宁教授不断更新充实教材内容，完善教学资源，传授最前沿的专业知识。

2017年，高克宁带领团队围绕教材建设，又对配套在线资源的建设模式进行了大胆创新，利用思维导图将知识点有机地联系到一起，从高度、广度、深度三个方面立体展示了课程知识网络，并对教材内容进行了更新，重新修订出版。

目前，最新版教材已被南开大学、北京科技大学、大连理工大学等全国80多所大学使用，累计印刷超过5万册。

谈及教材未来发展，高克宁表示，"下一版，我们将在书的相应章节印上二维码，读者扫描二维码即可观看线上视频，使教材真正成为立体化教材。"

攻坚克难 为学生插上"计算思维"的翅膀

"对于非计算机专业的学生，计算机是一种工具，需要用它来解决各自专业中的问题。我们要做的就是让学生学会运用这种工具，并初步具备将专业领域问题转换为可计算问题的能力。"高克宁教授说。

近些年，"计算机+"成为新时代工科人才培养的重要举措，以计算思维为核心的课程体系建设成为教学改革重点。高克宁教授团队围绕程序设计基础课程的知识点，精心打造网上精品课，开启了面向混合式学习的程序设计基础课程体系建设与改革，通过线上线下联动的方式，努力为非电专业学生插上"计算思维"的翅膀，助力学生成长成才。

2011年，辽宁省教育厅将"着力推进优质教育资源共享""建设一批满足终身学习需要的优质教育教学资源"作为重要任务。但由于资源共享课建设在全国没有先例，因此，在建设、管理、应用等方面没有可以参照的对象。"路是人走出来的，没有参照，我们就做我们想做的东西。"高克宁如是说，也如是做。在不断摸索的进程中，高克宁和团队老师提出了以知识点组建课程资源的设想，将每一个章节的内容分成若干个知识点，化整为零，分解课程难度，缩减学习时间，提升学习效率。

2012年，高克宁带领课题组成员，总结多年来课程资源建设的经验，在分析麻省理工学院提出的在线课程的优势和不足基础上，参考凤凰卫视等媒体在视频新闻组织方面的成功经验，提出资源共享课建设的基本思想，即基于知识点和技能点的课程资源组织模式，并将教学录像放在课程资源的突出位置。2012年，高克宁主讲的"高级语言程序设计"登上辽宁省资源共享课平台，成为国内第一门资源共享课。

目前，基于知识点和技能点的课程资源组织模式已经成为省资源共享课标准，被超过500门课程采用。团队在辽宁省资源共享课的基础上，面向大规模在线学习，在学校率先建设慕课，在中国大学慕课开设 7 期，选课人数超过 2 万人。经过几年的教学实践，线上线下的混合式学习方式已经成为"高级语言程序设计"课程最大的创新。

2018 年，"高级语言程序设计"课程获评国家精品在线开放课程，高克宁教授团队凭借"面向混合式学习的程序设计基础课程体系构建与实践"获得国家级教学成果二等奖。2020 年，"高级语言程序设计"被认定为教育部首批国家级一流本科课程。

建设好一门金课后，高克宁想的是如何建设更多金课。新冠病毒感染疫情期间，高克宁在承担繁重授课任务的同时勇担重任，出任东北大学 MOOC/SPOC 教学专家指导组组长，全天候在线答疑，做了大量既艰苦卓越又富有成效的开创性工作，全力护航在线教学。

岁月带走的只是年华，而沉淀下来的，是高克宁教授对教育事业依旧年轻的情怀。"师生关系应以学生为本。在教学过程中，看见学生认可的眼神，我就很享受。爱在其中，乐在其中。"高克宁说。

东北大学轧制技术及连轧自动化国家重点实验室主任袁国：一线淬火　百炼成钢

热气蒸腾，机器轰鸣，高大宽敞的热轧车间内，生产线上无缝钢管不时奔流而过，走进宝武集团烟台鲁宝钢管厂，全球首套可实现精确控温与直接淬火工艺功能的热轧无缝钢管控制冷却工业化装备正在昼夜不停地运转中。

这一幅幅火热的画面、这一首首激昂的"乐曲"，带给东北大学轧制技术及连轧自动化国家重点实验室主任袁国教授最大的人生享受，也带给无缝钢管业界低碳生产美好的未来。

热轧无缝钢管是油气钻采、装备制造等领域不可替代的安全材料。然而，由于缺乏有效的性能调控手段，这种产品的生产能耗相当于热轧带钢的近2倍，严重制约了产品的绿色升级。

问题导向，为国担当。袁国带领康健、李振垒等东北大学青年科研骨干，和宝钢股份中央研究院、钢管条钢事业部产学研合作，协同创新，夜以继日地奋战，历经七年，终于攻克这一难题。这项成果颠覆了传统钢管的生产工艺流程，使热轧无缝钢管吨钢成本降低300～500元，企业三年增收3.2亿元，并已成为宝武集团的平台性关键共性技术。

袁国在博士研究生期间就师从我国著名的金属压力加工专家、中国工程院院士王国栋教授，深度参与实验室的多个大型科研项目，在钢厂车间安下心、扎下根，一心一意突破制约企业和行业发展的关键共性技术难题。

"从国产辊式淬火机首台套的从无到有、热连轧无缝钢管在线组织形态调控关键技术与装备的重大突破，再到电工钢薄带连铸工业化关键技术的自主创新突破，关关难过的'硬骨头'项目，都能看到袁国和他的伙伴们的身影，那百折不挠的抗击打能力、不成功决不罢休的韧劲，让我们看到了中国钢铁事业的希望！"谈起自己的学生，王国栋院士言语间充满了欣慰和自豪。

谈起突破热轧无缝钢管技术瓶颈的日子，袁国不无感慨："还记得2014年暑期，在宝钢集团烟台鲁宝钢管厂做中试实验，我和同事康健在产线设备旁连续跟生产、调参数、记录实验数据，由于车间温度高，我们穿着厚厚的工作服，几天下来我们发现后背又痛又痒，捂出了好多热痱子！"

"中试期间，为分析钢管的冷却效果，袁老师在现场多次近距离记录、观察、分析钢管冷却后的圆周温度，在高温烘烤下，工作服湿透了又烤干。针对调试过程中存在的问题，袁老师和团队成员边研讨分析，边论证计算，常常工作到后半夜。"博士生李云杰回忆道，正是团队在一线的摸爬滚打，最终揭示了无缝钢管环形断面冷却机理，为开发热轧钢管冷却技术奠定了坚实的理论基础。

2016 年 10 月 25 日深夜，袁国终生难忘的时刻到了：热轧无缝钢管在线直接淬火，冷后钢管管形和组织性能都达到了预定目标。"我们成功了！"团队成员激动得彻夜不眠，流下了喜悦的泪水！

袁国和团队一鼓作气，再接再厉，2018 年，与宝钢科技人员合作建设的世界第一条无缝钢管控轧控冷生产线在山东烟台鲁宝钢管有限责任公司建成投产，产品质量与效果得到用户高度认可，实现了绿色制造和效益提升双丰收！

自曼内斯曼兄弟 1885 年发明斜轧穿孔工艺以来，这是我国第一次在无缝钢管生产工艺技术领域占据领先的位置。在无缝钢管的发展历史上，终于留下了我们中国人的印记。

薄带铸轧作为钢材轧制领域的前沿性和战略性重大课题，是最有潜力的绿色短流程近终型技术，在电工钢特殊组织织构控制等方面展示了巨大的应用前景，也极有可能为新一代特种金属材料开发提供解决方案。

从 2016 年开始，袁国就带领团队进军这项绿色钢铁轧制技术，终于研制出具有自主特色和知识产权的首台套薄带铸轧工业化成套技术装备，并首次成功试制出无取向硅钢工业卷，产品磁性能优于现有同类牌号工业化产品，实现了薄带铸轧技术的"中国创造"。

成果很闪亮，过程不简单。回想起年轻时在南京钢厂做项目的日子，袁国满是感慨："南钢辊式淬火机项目进展的关键时期，项目组成员三天两夜只吃了两顿饭。"

当记者问到，是不是兴趣驱动着他克服种种困难、执着前行？对于"兴趣说"，袁国却有他自己的看法："兴趣可以给我们提供研究世界的基础原动力。但是，兴趣是可以培养的。无论什么工作，只要深入进去，看到其中纷繁多彩的世界，体验到其中隐藏的无穷奥妙，我们与它就会由相认到相知，再到魂牵梦绕、难舍难分。我们没兴趣可以培养，有兴趣可以让它更强烈，关键还是要真正做些实事，作出些贡献，这是大道理。'兴趣论'这些小道理要服从大道理。"

言传身教，薪火相传。袁国说，导师王国栋院士给自己最深的影响就是对国家的责任担当、对专业的赤诚热爱和对创新求真的执着追求。"年轻人挑大梁，正是实验室创新的隐形利器。我们注重在生产实践中培养年轻人，注重实干、实绩、实效，鼓励年轻教师和学生在大项目中磨炼、摔打，有担当，快成长，在一线百炼成钢。"袁国表示。

"记得我刚读硕士时，袁老师带我去涟源钢铁集团的生产现场学习。袁老师在现场为我详细地讲解，让我看到了我研究的课题和实际生产中存在关键问题的重要连接，再回到实验室后，课题做什么、达到什么样的目标、理论和实验研究怎么结合现场实践等研究生经常会遇到的问题就迎刃而解了。"目前已是年轻教师的李振垒说。

谈到未来，袁国表示，实验室要向着"数字孪生"的钢铁智能制造技术前沿进军，服务钢铁企业的数字化、绿色化转型，同时也将充分依托企业的场景资源优势，更好地培养行业创新人才，以绿色、前沿的冶金科技和装备为我国的碳达峰、碳中和目标作出积极贡献。

四、励志图强，永葆奋斗精神和昂扬斗志，锐意进取

励志图强是中华民族生生不息、历久弥坚的精神原动力。《周易》中写道："天行健，君子以自强不息。"是说天道日夜周而复始地运行，四季交替，永不止息，天道运行一往无前，任何力量也无法阻挡。"君子以自强不息"是在这种天道启发下的人道的表现，人立于天地之间，天所覆地所载，君子应当效法于天，像天一样刚毅坚卓、奋斗不止、自我完善、进取拼搏，充分发挥自己的生命活力，做出一番业绩。

励志图强体现着敢打必胜、善作善成的胆识和气概，是中国传统文化所推崇的君子人格的根本品质，而君子正是儒家文化几千年教育理想之所在。从古人追求的君子人格和人生价值的实现而言，励志图强或表现为仁人志士的正气

凛然、誓死不屈，或表现为直面人生、奋发图强、百折不挠。前者如苏武忍饥耐渴，以雪和毡毛为生，依旧手持汉朝符节，决不投降，表现了顽强的毅力和不屈的气节；后者如司马迁忍受奇耻大辱，完成"史家之绝唱，无韵之离骚"的《史记》。屈原"路漫漫其修远兮，吾将上下而求索"，曹操"老骥伏枥，志在千里；烈士暮年，壮心不已"，顾炎武"苍龙日暮还行雨，老树春深更著花"……这些古代先贤用数不胜数的豪迈誓言和身体力行完成了对刚健有为、励志图强这一形象的绝佳诠释。

励志图强除了体现在追求自身品格的刚健有为和奋发向上方面，还体现在对国家和社会的责任感方面，是一种"以天下为己任"的精神。如孔子为了弘道，周游列国，抨击时弊；北宋政治家范仲淹呼吁"先天下之忧而忧，后天下之乐而乐"。到了近代，无数爱国志士为国家富强、民族振兴而思索、呐喊、奔走，寻求救国救民的真理，在这种背景下，自强不息的精神表现得更加充分、强烈，由于中华儿女持之以恒地实践这种图强、进取的精神，后人仍能时时感受到这种精神的理性与璀璨的美。

从社会发展的角度来说，励志图强表现为历史主体在社会发展转折时期或关键时期的革故鼎新、忧患自省和大刀阔斧的主动作为。在中国历史的发展进程中，每当"积弊日久"时，总会发生改良、改革或革命，如商鞅变法、王安石变法、康梁维新、辛亥革命，这些都是励志图强的具体体现。

在百年的曲折发展历程中，东大师生始终与民族共命运、与时代同步伐。"励志"是一代代东大人艰苦创业、奋发图强的根本动力；"图强"，就是要自信自强、守正创新，求实效、要实绩，在中国人民为实现中华民族伟大复兴而奋斗的史册上写下自己的光辉篇章。

建校伊始，东北大学就秉持御侮兴邦的理想，倡导"研究高深学术，培养专门人才，应社会之需要，谋文化之发展"，一批学界泰斗在东北大学潜心治学、精育良才，形成了良师荟萃、鸿儒辉映的盛况，在短短的八年之内就发展成为我国一流大学之一，创办我国第一个建筑系、开东北男女同校之先河、成立中国公立大学第一个董事会……在中国现代高等教育史上留下了不可磨灭的印记。

张学良长校
把东北大学建成国内一流高等学府

奉命于危难之间

1928年8月16日，张学良继任东北大学校长，从此与东北大学结下了不解之缘。张学良长校后，继往开来，殚精竭虑，谋求东北大学的发展，明确提出"研究高深学术，培养专门人才，应社会之需要，谋文化之发展"的办学目标，并慨捐家资，锐意改革。在他的大力支持下，1928年至1931年九一八事变前，东北大学进入了大发展时期，短短几年之内，便跻身全国著名大学之列。

"我父亲死后留下很多遗产，留下很多钱，我把这些钱差不多都捐出来了。建设东北大学是我自己拿的钱，还有教育经费，都是我私人拿的钱。我为什么要那样做呢？那时我的脑子里想，一个国家要强，主要靠造就人才。教育为基本。"上面这段话为张学良在1990年接见日本广播协会电视记者时所讲，这是一位世纪老人对自己当年慷慨解囊捐资助学的深情表白。

扩建校舍，倾囊强校

张学良任东北大学校长后，认为"文法学院同学亦应吸收昭陵之新鲜空气，南北两校分隔，各方均感不便"，决定扩建北陵校舍，实施南北合校。为了改善办学条件，张学良先后共捐献180万银元修建了文学院教学楼、法学院教学楼、四字形学生宿舍、教授住宅、化学馆、纺织馆、图书馆、实验室和马蹄形体育场等一大批建筑。

由于张学良的重视、督促，1929年7月，文学院、法学院基本竣工并投入使用，南校全部迁入北陵新校舍。在一年多的时间内，东北大学完成了扩建、合校，建设之速、发展之快令人赞叹。大兴土木后的东北大学建筑宏伟，环境宜人，美不胜收。

2001年，国家重点文物保护名册公布，东北大学的北陵旧址建筑群和北京大学、清华大学、武汉大学的早期校园建筑一起成为全国重点文物保护单位。"校之中部，为汉卿南楼，即文学院；汉卿北楼，即法学院；迤东为理工学院，迤西为教育学院。各科讲座，分设其中，皆层楼竞峙，杰阁通明，朱栋云浮，绮窗斗觑。可以邀谈天之客，会绝尘之子，高论雄辩，逸俗荡氛，狙丘稷下，方斯蔑矣。紫幅云开五色烟，银冈虚馆尚依然，玉笙终日调鸾凤，邻被人呼碧落仙。汉卿南楼东，即图书馆，曾构飞星，鸳瓦流耀，绩彩焕发，烂焉铺翠，宁芬涵秘，苞诸赤绿，搴羽陵之丹篆，森群玉之仙华，逍遥文雅，校雠图籍，亦石渠天禄之所也。"东北大学中国文学系专任教授刘异（刘蓁龙）在《东北大学周刊》中曾这样描述东北大学北陵校园当年美轮美奂的情景。从这段文字中可以想象，当年的东大校园是何等壮丽，生活是何等富有生机。

不惜重金礼聘名士

张学良十分重视人才，他深深懂得，要想办好一所大学，必须依靠强大的师资队伍。他总是礼贤下士，凡属对东北大学发展有利的学术泰斗、各界名流，均不惜用重金礼聘他们来校任教。由于东北大学办学经费充足，教学设备和仪器等均为国内各大学之冠，环境幽雅，生活条件优越，关内的许多名人、专家和学者联袂出关，以至三江、两湖、福建、四川等地的杰出人才纷至沓来。自张学良出任东北大学校长后，延聘和新聘了一批专家和学者，主要有数学家冯祖荀、建筑学家梁思成和林徽因、化学家庄长恭、机械工程学家刘仙洲和潘承孝、留美化学博士余泽兰和纪育沣等。教育学院有留美英十载的心理学家陈雪屏、国学家马宗芗、统计学家孙宗钰、历史学家周传儒等。文学院聘请的名教授有国学大家章士钊、语言文字学家黄侃和梁漱溟、原北京政府司法总长罗文干及吴贯因、江之泳、李光忠等。体育方面有郝更生、吴蕴瑞、申国权、宋君复等。

根据1929年出版的《东北大学概览》记载，当时东北大学共有教授99名，其中，国学大师章士钊最受重视，月薪现洋800

元，并在院内供给独院的眷属住宅，章先生在东北大学开设"中国政治思想史""形式逻辑"等课程。

在重金礼聘名师的同时，在张学良的主持下，东北大学成立了大学委员会（校董会）。张学良高瞻远瞩，深知办大学要请明白人。1931年4月下旬，学校领导改为委员制，由11人组成，其成员如下：委员兼校长张学良，委员兼秘书长宁恩承，委员章士钊、张伯苓、汤尔和、罗文干、金毓黻、臧式毅、王树翰、肖纯锦、王卓然。凡属东北大学重大兴革事宜，都必须经委员会认真讨论而后实行。同时，委员会还共同制订了东北大学行政管理委员会章程，以利于加强领导，集思广益，避免个人独断，以防误事。东北大学的系主任就是本系的主任教授，是本系的学术权威，必须亲自授课，并能指导他人的学术研究，而系主任本人并不属于行政领导。

以最先进的教育手法培养一流人才

为了鼓励学生刻苦攻读，东北大学对品学兼优的学生采取了许多奖励措施：学生的学年成绩平均分在85分以上者免交翌年全年学费；平均分在80分以上者，免交翌年学费之半。在张学良校长的支持下，东北大学于1929年7月从首届9个系120名毕业生中推荐品学兼优者8名，公费资助，送往欧美留学深造。如英文系的陈克孚和法律系的白世昌被保送到英国爱丁堡大学学习，这不仅有利于调动学生的学习积极性，提高人才培养质量，而且对推动全校学生努力学习、扩大招生来源都起了很大作用。

东北大学作为科学研究的场所，经常举行各种学术活动，邀请国内外知名学者和教授参加。例如，1929年5月，著名教育家黄炎培、江问渔曾来东北大学参观并作了长篇讲话。一些教授还组织了"京华学社"，定期举行研究活动。东北大学理工学院的许多教授都为"中国科学社"社员，有时在东北举行年会，做学术报告。在教师的指导下，各系大都建立了学会，出版定期或不定期的刊物，如《夏声周刊》《采矿通讯》等，通过各种各样的学术活动，开阔学生的眼界，有利于培养具有现代意识的新型知识分子。

开东北地区男女同校之先河

张学良勇于突破传统教育体制，重视发展女子教育。鉴于中国妇女长期受压迫、受歧视的状况，张学良认为，中国要独立，社会要发展，就必须唤醒包括广大妇女在内的所有民众的觉悟。因此，他在戎马倥偬之际，十分注重女子教育。在兼任东北大学校长后，他主张给予女子公平的受教育机会，批准东北大学各系招收女生，这在东北高等教育史上开辟了新篇章。东北大学招收女生，开了东北女子高等教育的先河，兼具女子文化启蒙的意义。很多积极进取的女学生有机会学习深造，对东北的教育观念和人们的社会观念之改革都起到重要作用。东北大学弘扬男女平等精神并倡导女性自强自立，女学生毕业后，不少人被分配在张学良的军事总部，开了军事机关聘用女职员的先例。

培养出"中国奥运第一人"刘长春

为了改变东北体育落后的面貌，张学良任校长期间，十分重视东北大学的体育教育，聘请国内外体育专家、著名教练到东北大学任教，购进大量体育设备，增开体育专科。为了在沈阳举办第十四届华北运动会，张学良捐助私款30万银元，在东北大学西侧修筑了罗马式的现代体育场——汉卿体育场，看台可容纳3万人，当时为远东之冠。1932年，第十届奥运会在洛杉矶举行，怀有强烈爱国心和民族自尊心的张学良将军，于7月1日东北大学体育科毕业典礼上，亲自宣布辽宁的刘长春和于希渭为运动员，东北大学体育教师宋君复为教练员，代表中国出席第十届奥运会。刘长春高举国旗出席了洛杉矶奥运会开幕式，将中国的体育推向了世界。刘长春，这位"中国奥运第一人"，曾深有感触地说："共产党领导下的新中国，使我获得了新生。在我的运动生涯中，张学良将军是我的再生父母，他对我国近代体育的贡献与日月同辉!"

"白山兮高高，黑水兮滔滔，有此山川之伟大，故生民质朴而雄豪……爱校、爱乡、爱国、爱人类，期终达于世界大同之目标。使命如此其重大，能不奋勉乎吾曹!" 1929年，张学良忧心国难，为激励广大师生应世界之洪潮，开拓东北大地，以达于世界大同为己任，请北京大学教授刘半农以白山黑水为地理标志撰写了东北大学校歌歌词，又请著名作曲家赵元任谱曲，用激昂奋进的旋律，铸造了东北大学的魂魄。时光如梭，这首校歌已经在东大学子的心中传唱了90多年。如今，校歌已经成为每一名东大学生步入大学的第一堂课——军训期间的必修科目，那铿锵有力的歌词、气势恢宏的旋律，让人感觉仿佛置身于那个风雨飘摇的年代，背负起东大人的历史责任与兴国使命，而校歌雕塑也成为东大校园里的一道风景，见证着东大光辉的爱国主义传统。

在请名人谱写校歌的同时，张学良还在全校设奖征集东北大学校徽图案。当时在校任教的林徽因设计的"白山黑水"图案在众多设计作品中脱颖而出，新校徽为盾形，象征着东北大学保卫、开发、建设祖国东北的神圣使命。此后，爱国主义教育一直是东北大学办学的重要任务，成为东北大学的文化特色。

张学良掌舵东北大学的几年内，通过一系列举措，使东北大学进入发展快车道，至1931年9月，东北大学校园广阔，舍宇壮丽，设备齐全，经费充裕，良师荟萃，学风淳穆，有文、法、理、工、农、教育等6个学院，成为名副其实的东北最高学府。在东北大学按照现代大学的格局发展起来并日益壮大之时，日本侵略者于1931年9月18日悍然发动了九一八事变，沈阳城沦陷，东北大学师生不得不挥泪告别沈城，流亡北平，书写了东大历史上最悲怆的一页，这一天成为东大人心中永远的痛，东北大学的第一个辉煌阶段也随着九一八事变戛然而止。

新中国成立后，东大师生以励志图强的豪情投身祖国教育、科研、建设事业，全面贯彻党的教育方针，实行教学、科研、生产三结合，重视校企合作，并以此带动学生的实践锻炼、能力培养，努力建设高水平的社会主义大学。东北大学创办了冶金、工业企业电气化等一批"工业强国"急需的新技术专业，研制出我国第一台模拟电子计算机，为攀钢钒钛磁铁矿冶炼、红箭–73反坦克导弹等重大工业项目、国防工程立下汗马功劳，成为我国培养冶金高层次人才和发展先进科学技术的重要基地。

当时，靳树梁院长理论与实践紧密结合的教育思想，成心德、陆钟武、谢绪恺、郎世俊、张嗣瀛、马龙翔等大家名师执教讲坛、垂范学子，东北大学蓬勃昂扬的青春理想、严谨勤奋的治学氛围、艰苦朴素的优良作风、生动活泼的文化生活、励志图强的拼搏进取深深熏陶了一代新中国的工程师。

改革开放以来，东北大学牢记科教兴国、人才强国的使命，主动适应社会需求，适时提出"双为"方针，即"为冶金行业服务"和"为地方经济服务"，发出了新时期大学服务社会主义建设的时代先声。加快建设在中国新型工业化进程中起引领作用的"中国特色、世界一流"大学，东北大学锐意进取、自我加压、业绩当先、实效为本，紧紧围绕改革开放和社会主义现代化建设的战略需要开展科研，把论文写在祖国的大地上，与区域发展同频共振，办学总体实力大为增强，人才培养质量、学术研究水平、社会服务能力不断提高。

东北大学轧制技术及连轧自动化国家重点实验室：挺起中国钢铁脊梁

东北大学轧制技术及连轧自动化国家重点实验室（RAL）在新一代钢铁材料研究的"领头雁"、中国工程院院士王国栋的带领下，逐渐形成了以实干、实绩、实效为价值追求的良好氛围，逐渐汇聚了深入车间一线、真知力行的人才队伍，逐渐摸索出一套从实践中来、到实践中去的思路和方法。正是有了这样的氛围、队伍和方法，实验室为我国钢铁冶金企业培养出一批学术带头人和大批科研骨干，助力我国由钢铁行业的"跟跑者"向"领跑者"转变。通过顽强拼搏、团队协作，实验室正在成长为引领钢铁轧制行业技术创新的领跑者。

"超级钢"在国际上连创四个"第一"

轧制技术及连轧自动化国家重点实验室成立之初，正处于我国钢铁工业改革开放、大量引进国外先进技术的阶段。原来仅仅在文献上略知一二的国外先进技术被引进，迫切需要消化、吸收和掌握。即使像宝钢这样今天已经国际知名的先进企业，那时也是一大堆问题不清楚，找不到"北"。在这种情况下，实验室还谈不上创新，首要的是老老实实地向先进学习。这时候，实验室处于"跟跑"的地位。

在中国工程院院士王国栋的带领下，实验室的技术骨干来到当时最先进的宝钢，与宝钢的同志们一起学习、掌握从国外引进的先进技术。在此过程中，实验室把目标聚焦到行业发展中的关键技术、共性技术和前沿技术，抓紧一切机会捕捉行业发展中急需解决的问题。

功夫不负有心人。20世纪90年代后半期，实验室遇到了一次绝好的机会。当时国际上的钢铁技术同行掀起了一个钢铁材料细晶强化的热潮，超级钢的研制是当时钢铁技术发展的最前沿。1998年，我国"973计划"项目"新一代钢铁材料的重大基础研究"立项，其中"轧制过程中实现晶粒细化的基础研究"课题的重任就落在了RAL身上。当时课题的目标是在不添加或少添加合金元素的情况下，将占我国钢铁材料产量大部分的普碳钢强度提高1倍。找到一种新工艺，生产"新一代钢铁材料"，这是一个充满挑战的工作，也激发了实验室励志图强的潜能。

实验室决定不追随日本等国家"晶粒超细化"的潮流，将研究重点定位在现有工业条件下能够生产的目标上。王国栋和实验室的青年骨干们首先在实验室进行了3轮实验，同时深入研究基地——宝钢，与现场一线的技术人员合作，经过多次大生产实验，终于在宝钢的2050热连轧生产线上实现了400 MPa超级钢热轧带钢的工业试制和工业生产。

这种新一代钢铁材料被用于一汽集团卡车底盘发动机前置横梁的生产，不但各项指标全部满足要求，而且每吨钢可以降低成本200~300元，取得了良好的经济效益和社会效益。在此过程中，实验室提出的"晶粒适度细化""复合强化"的思路得到了很好的验证。这一课题连创国际竞争的四个"第一"：第一次在实验室条件下得到了原型钢样品，第一次得到钢铁工业生产的工艺窗口，第一次在工业生产条件下轧制出超级钢，第一次将超级钢应用于汽车制造。这一研究成果被应用于宝钢、鞍钢、本钢等企业，已批量工业生产超级钢数百万吨，产生了巨大的经济效益和社会效益。

"新一代轧制控制冷却技术"助力钢材由"中低端"向"中高端"升级

在开发出"超级钢"以后的十年间，王国栋和他的团队继续瞄准钢铁行业绿色化、减量化的大方向，聚焦新一代轧制控制冷却技术这一热轧钢材最重要的关键共性技术，最大限度地挖掘钢铁材料的潜力，减少生产过程中的消耗和排放。他们针对不同的钢材门类，开发出可以均匀实现钢材极限冷速的不同类型的超快速冷却系统。实验室开发的先进的自动控制系统可以与轧制线其他部分的控制系统无缝连接，根据不同钢材的冷却要求，准确控制冷却路径和参数，实现钢材产品组织和性能的优化调控。这些工作为钢材由"中低端"升级到"中高端"发挥了重要作用。

凭借先进、精湛的新一代控轧控冷技术和良好、周到的工程服务，王国栋及其团队在一些重大生产线的招标过程中，频频击败国外顶尖公司，向企业提供全套的控轧控冷工艺、装备、自动化系统；一些刚刚引进的国外先进生产线，也纷纷采用这一技术进行改造。他们还与企业一起，利用这些工艺与装备，开发出新一代的绿色化钢铁材料，实现了钢材品种的更新换代。

这些绿色化的钢铁产品，有力地支持了我国现代化建设。981钻井平台、观音岩大型电站、新一代舰船、南海荔湾深海油气田厚壁管线、驰骋北冰洋的高技术船舶等，这些光彩夺目的"国之重器"，承载着国家和人民的重托，凝聚着王国栋及其团队的心血和汗水，更是他们心中的幸福和骄傲。实验室的研究工作开始由"跟跑"转向"领跑"。

对于科技工作者来说，在实践中成长、提高创新能力尤为重要。王国栋院士曾表示，大学毕业后，他在鞍钢小型厂工作了整整十年。这十年使他领悟到，实践发现问题，实践解决问题，实践出真知。只有迈开双脚，走入实践的王国，亲自动手，才会在实践过程中增长才干，练就真功夫，识别真伪，明辨是非。

正是这十年，让王国栋养成了一个习惯：尽量抽时间到企业去，与企业的同志们多聊聊。实验室的成员迈开双脚，深入企业、工厂发现问题，再把这些问题提炼、加工，使之成为实验室的研究课题。实验室紧紧抓住绿色化这一钢铁行业发展的大趋势，着眼于节省资源和能源、减少排放，环境友好、易于循环；着眼于产品低成本、高质量、高性能；围绕这一基本命题，衍生出一系列研究课题，与企业结合进行研究，研究成果转化成生产力，为企业带来了效益，获得了企业的认可。学生做这些课题，加深了对担负的社会责任的认识，增强了使命感；当成果被应用于实际、转化为生产力时，体会到为社会作出贡献的荣誉感。

有了好的题目，仅仅是开始。在研究过程中，实验室还通过不断深入实际，通过大量的"实体"而非"虚拟"的研究，积累大量的第一手数据和资料，逐步摸清事物的发展规律，找到解决问题的方法。在进行技术创新的过程中，实验室打破技术转化的瓶颈，迅速将成果转化为生产力，将研发需要延伸到整个创新链(R & DES)，延伸到工程，延伸到整个产业化过程，延伸到经济社会更加广泛的领域。

在淬火机、超快冷设备研制过程中，王昭东、袁国等年轻教师带领王超、傅天亮等一批研究生，承担了研究、设计、制造、安装和调试的艰巨任务，他们与现场的科技人员共同研究设备中存在的工程技术问题，通过设备的反复修改和精心调试，解决了淬火板形控制、淬火冷却调整、冷却均匀化、淬透性、水量分配和控制等问题，开发出大水量水封技术、集管优化设计技术、中间测温技术等一系列自主创新技术。当这些凝聚着自己心血的先进设备投产时，当高质量、高性能的产品被轧制出来时，他们已经成为我国第一代掌握先进超快冷和淬火机技术的年轻人。

搭建两个平台　从企业中来　到企业中去

要进行轧制技术研究，就必须建设可以进行实践研究的平台，这个平台应当可以真实地模拟实际轧制过程，得到的研究结果可以指导生产实践。因此，实验室建立了两个平台，即实验室研究平台和企业生产研究平台。师生在这两个平台上进行了大量的实验研究，获得了新的设计方案、新的工艺规程、新的生产方法。然后回到企业中，进行实际检验和应用，以验证其可行性和正确性，发现存在的问题，得出进一步研究的新构思。所以，建设企业与实验室的双研究平台，从事第一线的工作，掌握第一手的材料，进行第一手的检验，是学习和发展轧制技术及轧制人才成长的必由之路。

现代工程问题基本是多学科的问题。轧制技术的发展需要相关学科的支撑，实验室率先打破学科壁垒，力促学科交叉。实验室抓住了新一代钢铁材料研究的契机，适时地进行了学科结构、队伍结构的调整。在课程设置上，增加了金属学、物理冶金、金属物理、材料表征等方面的教学内容；在队伍结构上，增加了材料专业人才的引进和培养；在教学研究设施上，自制了涵盖钢铁全流程的实验装备，购置了先进、适用的高级研究设备，建立了国际上最先进的研究平台。实验室还经常邀请国内外的顶尖钢铁材料专家来实验室交流和讲学，传播国际上最新的钢铁材料研究信息。这一切，对轧制技术与材料技术的交叉、融合发挥了重要的作用。

一批出身于加工专业，而在钢铁材料研究上颇有建树的教授、专家在 RAL 成长起来了。刘振宇教授在加工学科读完本科、硕士研究生后，又经国内外联合培养并获得了博士学位。在此过程中，他在著名材料专家高唯的指导下，逐渐进入钢铁材料研究领域。回国后，在薄带连铸、不锈钢、新一代 TMCP 等重要材料研究领域，不断提出创新思想、做出创新成果。杜林秀教授出身于材料专业，在 RAL 研究过程和企业的生产实践中，特别是在新一代钢铁材料的研究过程中，不断将钢铁材料的基本理论应用于轧制实践，在"形变诱导相变"的实验研究和 C-Mn 超级钢的开发应用方面，作出了重要贡献。

在刘振宇、杜林秀等带头人的带领下，实验室材料研究的年轻人成长起来，形成了一股强大的创新力量。几十名研究生从事钢铁材料的研究，都不同程度地为钢铁材料的发展作出了贡献。在刘振宇、张晓明、许云波等教授指导下，由刚刚完成博士后工作的刘海涛博士，博士生张元祥、王洋，本科生卢翔、方烽组成的科研小组，与曹光明、李成刚等铸轧小组成员密切配合、精诚合作，进行硅钢薄带连铸的研究，已经在高品质硅钢这一尖端材料领域取得重要的原创性成果，有望为硅钢的发展带来重要的契机。

轧制过程是自动化水平最高的少数几个生产过程之一。实验室的老一辈专家目光长远，自实验室建设之初，就提出与自动化技术交叉，希望搞自动化的同志加盟轧制技术研发，在轧制技术的舞台上开发出最精彩的自动化技术。1989 年，在实验室筹备过程中，读完硕士的张殿华就注意到自动化应用于轧钢领域的广阔前景，随着自动化专业队伍来到实验室，开始在轧制过程自动化这片广阔的领域拼搏和奋斗。如今，他是轧制过程自动化方面的带头人、国内外知名的轧制过程自动化专家。20 多年在轧制领域的奋斗，使他不仅在自动化技术方面攻克了一个个难关、攀登上一个个高峰，还攻读了轧钢专业的博士学位，在实践中领略了轧制技术的真谛，而他所带领的轧制过程自动化队伍已经成为行业著名、能打硬仗的专业化队伍。

实验室目前正在利用人工神经网络、模糊逻辑、专家系统等人工智能技术，对轧制过程的诊断、优化和控制进行信息处理，随着物联网、无线移动网、云计算等现代信息技术的发展，实验室迎来了前所未有的创新机遇。

如今，实验室广聚各个方面的人才，已发展成为涵盖材料、加工、机械、液压、自动化、计算机等多个学科，专业人才会聚的综合性科研开发基地，学科交叉的正能量被释放出来，促进了实验室的发展。

这些年，实验室围绕国家战略重点和企业实际需求开展"靶向式"攻关，在高强汽车板、高牌号电工钢、高标准船用钢等领域频频落子。超轻概念车、标志性建筑、输电铁塔、钻井平台、大型潜艇……实验室的创新成果写在国民经济生活中的方方面面，实验室的缩写标志——RAL，昂首走进企业、走出国门。

东北大学以培养担当民族复兴大任的时代新人为己任，在人才培养上，不仅注重知识传授和技能培训，更着眼于价值观和人格塑造、创新精神和创新思维培养，形成了独具特色的拔尖创新人才培养体系。用协同创新平台支撑卓越人才培养，用最新科研成果反哺课堂，大力推动科技成果向产业和教学双转化，通过整合优质教育资源、注重产学研合作培养、建立创新示范区等措施，不断实现创新型人才培养的多元化和全程化，为拔尖创新人才培养创造了良好的环境，使学生获得了更大的发展空间和更好的成长体验。

东大学子宋琦：水到绝境成飞瀑

2020年12月9日，2019年度"中国大学生自强之星"名单正式揭晓。评定"中国大学生自强之星标兵"获得者10名、"中国大学生自强之星"获得者2190名。

东北大学计算机科学与工程学院宋琦荣获"中国大学生自强之星标兵"，工商管理学院马梓凯荣获"中国大学生自强之星"。

2020年12月对于宋琦来说，是一个收获的时节，他不仅通过四年的努力，获得推免上海交通大学的录取通知书，而且他自立自强的故事得到了更多人的肯定和认可，荣获"中国大学生自强之星标兵"称号，成为2019年度全国获此殊荣的10名大学生之一。

可谁又知道，这个阳光自信的男孩曾在生命的"尽头"迷茫徘徊，并最终决定勇敢地按下"重启键"——永不放弃！

2014年11月，宋琦的18岁生日刚刚过去一个月，一纸诊断书打破了他原本平静的生活。正值高三的宋琦被确诊为急性B淋巴细胞白血病——血癌！

这是一个谁都不愿接受的"成人礼"。

病魔的突然降临使这个本来并不富裕的家庭雪上加霜。高额的治疗费用，让宋琦一度迷茫。但当他发现父亲的白发日渐增多、脸上的皱纹细密而深刻时，宋琦对自己说："我才18岁，我要活！"

"重启"——做一名不屈的"斗士"

人生跌入谷底，唯有自救，别人的帮助才能起作用。社会各界的鼓励支持、捐赠帮助让宋琦决定即刻"重启"，绝不落寞离去。

宋琦经历了一段漫长的"战役"——化疗、放疗、移植、排异、感染……面对病魔，难忍的疼痛他要忍，难熬的日子他要熬，想说的苦、想流的泪被他生生咽了下去！抗癌之路，太长，也太艰险，但怀抱着对家人的深情，怀抱着对梦想的追求，怀抱着对社会各界精神鼓励与物质援助的感恩，宋琦毅然咬牙坚持。

"这仗，我打赢了！"2017年2月，当宋琦欢笑伴着泪水地说出这句话时，他终于重返校园，他完成了对自己的承诺——做一名不屈的"斗士"。

2017年，宋琦以优异的成绩考入东北大学。由于疾病原因，宋琦依然要坚持定期做身体穿刺检查。但身体的疼痛战胜不了精神的坚毅。秉承"自强不息、知行合一"的校训精神，他勤劳勇敢，依靠勤工俭学，用自己的双手实现了经济独立；他励志为学，综合测评位列专业第一名，获得国家励志奖学金和校级学业奖学金等多项奖励，在满足自己生活所需的同时，还补贴家用；他全面发展，在学术科研、学生工作、志愿公益、兴趣拓展等方面均有突出表现。先后获评"沈阳市优秀大学生""东北大学十佳本科生""东北大学自强之星标兵"等十余项荣誉称号。此外，宋琦还入选了由"学习强国"学习平台、共青团中央等单位联合举办的《强国青年》栏目的"强国青年观察团"，在校园内外引起了热烈反响。

"凡不能毁灭我的，必将使我强大。"宋琦以无畏赢得生命长度，以自强拓展人生宽度。

"浪花"——"埋头""向前"

在科技创新的星辰大海中，宋琦把自己比作一朵浪花，他说他喜欢浪花的埋头向前。"埋头"是为了思想昂扬，更是为了扎根科创沃土；"向前"是为了求真进取，更是为了追赶、汇聚于科技强国的发展洪流。

2019年秋，在大学生创新创业训练计划研究期间，宋琦团队遇到了数据结果和理论预期差别很大的问题。整个十一假期，宋琦团队都在实验室测量数据，研究算法，分析硬件，不断改进方法。"那段时间基本就是早八晚十，还有几天甚至熬到了后半夜，必须攻克难题。"宋琦说。经过不懈的坚持和努力，2020年1月，宋琦终于获得了想要的数据结果。那一刻，宋琦又像打赢了一场硬仗，满怀感动，心潮腾涌。

大学期间，宋琦先后发表高水平论文5篇、IEEE会议论文2篇并展览墙报1篇、省刊论文1篇。曾获第五届中国"互联网+"创新创业大赛全国铜奖，并作为国家级大学生创新项目"基于光纤传感器的液层高度远程监测系统设计"的负责人，带领团队在项目中期答辩取得优异成绩。

"雨滴"——被爱呵护，也为爱坚守

"经历过艰难困苦，才更能体会被爱的感动与力量。"

宋琦被爱呵护，也为爱坚守。在病友的微信群里，他一直是主治大夫的"小助理"，主动分享自己的移植经历，用自己的抗"白"故事鼓励病友勇敢面对一切。五年来，宋琦成为数十名"小白"病友的"私人专家"和"心理医生"，他热情回应每一次咨询与求助。

微信、电话、语音聊天……宋琦将自己移植后的生活和读大学时励志成长的故事分享给他们，温暖、鼓舞着更多的病友，成为他们配合治疗的动力和源泉。在宋琦的手机上，依旧保存着这样几条微信——"你是急淋B患者的偶像，你的经历给了我继续面对挑战的勇气，祝福你！""为你骄傲，抗'白'队伍中的佼佼者，你是我的福星！"

宋琦还将自己曾经获得的关怀与关爱，通过一次又一次的志愿服务加倍回报给社会。240个小时的志愿服务时长承载着一份期待与寄托——宋琦希望带着这份感恩温暖更多的人。2019年，作为沈阳市社会实践重点团队队长，宋琦带领队员探寻劳模故事，弘扬劳模精神，采访了全国劳动模范夏云龙同志。回校、回乡后开展了近20场理论宣讲，传承劳模精神。实践团队获评沈阳市暑期社会实践优秀示范团队，同时入围全国"三下乡"社会实践千校千项成果。

新冠病毒感染疫情期间，宋琦积极投身校院举办的战"疫"活动，先后组织"齐心战'疫'为爱发声"微宣讲大赛、"共抗疫情，爱国力行"网络微日志主题征集活动、"学习强国，'疫'路同行"知识挑战赛等，在战"疫"中发出青春之声。

"青春是用来奋斗的，无奋斗不青春，我要用奋斗的青春回报社会、奉献祖国。"面向未来，宋琦充满信心。

东大学子冯宇霖：无奋斗 不青春

在创新创业的赛场上奋力奔跑的他，硕果累累，斩获中国 TRIZ 杯大学生创新方法大赛国家一等奖、全国大学生光电设计竞赛国家一等奖、RoboMaster 机甲大师对抗赛及步兵赛全国一等奖……他就是 2019 级自动化专业学生冯宇霖。凭借优异的学业成绩和出色的科研竞赛能力，冯宇霖荣获东北大学第七届学生创新创业"校长奖章"。

得来实践，躬行科研

科研无法用时间衡量，时间却可以结出科研硕果，在不到三年的时间内，冯宇霖就获得了中国 TRIZ 杯大学生创新方法大赛国家一等奖、全国大学生光电设计竞赛国家一等奖、中国"互联网+"大学生创新创业大赛国家银奖、四项国家专利获得授权……他认为，创新绝不是空中楼阁，而是要先研究前人的成果，对自己要做的项目有初步了解，在此基础上，再深入探寻存在的问题及其根源，提出并验证自己的想法。

在第七届中国国际"互联网+"大学生创新创业大赛中，冯宇霖及其团队凭借首款具有完全自主知识产权的新型深海管道全息内检测机器人——"管道侦察兵"获得了全国银奖。谈到这一款管道机器人，冯宇霖特别提到了他们团队研发出的防卡阻驱动装置。

生活处处皆学问，前期的一次社会调研触发了这一装置的创作灵感，与老师深入探讨后，确定了研究方向，最终提出设计并投入实践。这种防卡阻驱动装置的应用背景是海底输油管道。当管道机器人的皮碗紧贴于管道内壁，在液压的作用下前进时，管道内的凹陷会使机器人阻塞管道。为了避免产生因不知机器人位置而被迫废弃管道的结果，"管道侦察兵"应运而生——为受到卡阻的机器人提供了一种全新的自救方式，有望使海底管道堵塞成为"过去式"。

科研之路上的困难犹如万重山，跋涉千里方可云开见月明。冯宇霖说："一个好的设计总是需要不断打磨的。"由于管道多为铁磁性原料，通常可以采用磁化管道的检测方法，在管道被磁化至接近磁饱和后，一旦管壁出现缺陷，便可以用霍尔元件检测到泄漏的磁感线，并根据磁感应强度及分布判断管道缺陷的大小和形状。困难主要存在于两个方面，漏磁检测既要求磁路的合理设计，又要求有效的反演算法，而机器人不断移动带来的信号干扰和与传感器的耦合问题进一步加大了两方面的设计难度。

为了选出最优化解法，冯宇霖需要不断进行模拟仿真，对算法进行优化升级，还需到实际的试验平台进行测试，在实践中得出最佳方案。

"管道侦察兵"的金点子来自冯宇霖的经典"三问"："从前人的研究中我发现了什么问题？前人的研究解决了什么？还有哪些问题需要解决？"实践是认识的来源和目的，冯宇霖在自己的科研路上诠释着科研需要想法也需要实践的信条。

沉着镇定，终成佳绩

全国大学生光电设计竞赛是中国光学学会、教育部高等学校光电信息科学与工程专业教学指导分委员会主办的一项全国性重要赛事，是高校光电类专业的顶级赛事。冯宇霖所在团队一举摘得全国大学生光电设计竞赛国家一等奖的桂冠。尽管毫无经验可借鉴，但是他并没有焦头烂额，而是告诉自己和伙伴："万变不离其宗，熟练掌握并运用所学知识和技术，按部就班，是解决问题的最佳方案。"

比赛项目是设计智能垃圾分拣车，要求小车通过摄像头识别出垃圾的种类——包括可回收垃圾、不可回收垃圾、厨余垃圾和有害垃圾四类，并利用车载拾取装置将垃圾送到指定区域。而自动化专业的冯宇霖正是负责运动控制部分，即控制小车的行动。

比赛前夕，冯宇霖和团队成员远赴哈尔滨，但他们惊讶地发现比赛场地的四周都是光滑的隔板，小车的激光雷达无法正常发挥作用。时间紧迫，第二天就要比赛，团队急中生智，在宾馆租用一间地下室，用胶带贴出场地范围，模拟赛场情况，不断调试，放弃用激光雷达确定垃圾位置，改用陀螺仪和里程计来定位。即便存在不准确的情况，也要想办法尽可能减小误差，提高精准程度。经过反复调试，回声器和回承轮的定位效果达到了预期，使得团队成员在正式比赛时顺利交出答卷，获得了东北赛区全胜的战绩！

在哈尔滨比赛期间，冯宇霖还要利用空闲时间进行两场线上答辩，分别是"互联网＋"创新创业大赛省赛的初赛和交通运输科技大赛。因为时间冲突，行程时间十分紧张，但他合理安排时间，有条不紊地完成了所有项目。"一人三用"的背后，既是冯宇霖平日里扎实努力的结果，也离不开高效的团队协作和合理的团队分工。"与队友熬过一个个白天与黑夜，早就是我的家常便饭。但也正是因为队友间的亲密合作，我们才能取得这样的成绩。"

研学多面，拒绝内耗

不骄方能师人之长，而自成其学。冯宇霖对自己的定义是"普普通通"的大学生，他强调自己不过是个初学者，还有很多需要学习的地方。

连续两年综合成绩专业第一，曾获国家奖学金和市长奖学金。这样的成绩离不开冯宇霖对时间和精力的合理安排。提高学习效率和利用一切零碎时间是冯宇霖制胜的两大法宝。学业依靠效率得到保障，竞赛则要依靠抉择方能出彩。

冯宇霖认为，有舍才有得，大学的科研竞赛机会多种多样，果断做出自己的选择，把一个东西做精才能获得更优异的成绩，产出更好的属于自己的成果，最大限度地锻炼自己。除此之外，冯宇霖拒绝焦虑和内耗，这是他在学习和竞赛中不断取得成就的关键因素。任务全部碰到一起，他也不担忧，"做都做不完了，哪还有时间去担心，花心思去想只会让自己做得更慢"，冯宇霖笑着说，"与其花时间在忧虑上，不如现在就开始行动。"

追求卓越，精益求精。"目标即方向"，谈起未来，冯宇霖的眼神里充满坚定。他总说："不求一步登天，只是按部就班地做，相信时光不会辜负我的汗水。"没有哪个成绩是轻轻松松、敲锣打鼓就能取得的，冯宇霖取得傲人成绩的背后，是对科研坚持不懈的专注与钻研。

科研能手，不止于科研。冯宇霖一路披荆斩棘，深入践行了东北大学"自强不息、知行合一"的校训精神。

东北大学毕业生车德会：
回答总理"圆珠笔之问"的东大人

他是执着坚守在技术创新一线的研究者，他是无畏辛苦奔波于数座城市的探索者，他是默默奉献不断攻坚克难的开拓者，他是不忘初心就就业业的践行者。他就是打破国外企业垄断、突破技术难关，研发出首个国产笔尖用钢的团队代表人，东北大学杰出校友车德会。

2016年1月，时任国务院总理李克强在山西太原主持召开钢铁煤炭行业化解过剩产能座谈会时，透露了这样一个信息：中国在钢铁产量严重过剩的情况下，仍然进口了一些特殊品类的高质量钢材，包括圆珠笔头上的笔尖钢。总理的"圆珠笔之问"，一时引起热议。

如果不是李克强说出来，许多人仍不知道，尽管全国拥有3000多家制笔企业20余万从业人员，年产圆珠笔400多亿支，但是，小小的圆珠笔头却需要进口。

中国作为世界制造业大国，为何无法实现一个小小零件的自主研发和生产？"圆珠笔之问"，更是"中国制造业之问"！

距离总理的"圆珠笔之问"仅仅一年，我国企业便交出了答案。太原钢铁集团终于突破技术难关，生产出了合格的笔尖用钢，打破了国外企业对这一领域的垄断，国产笔终于用上了自己的笔尖，而实现这一突破的正是东北大学毕业生车德会。

20世纪80年代初，车德会出生于黑龙江省双城市，2013年3月获工学博士学位从东北大学毕业，入职太钢（集团）技术中心。此后的两年里，他主持参与并成功地研发出多种焊接不锈钢产品。2015年底，车德会以重要成员身份加入笔尖钢研发团队。

"研发过程中，我曾遇到各种各样的难题、障碍，但不管怎样，我都告诉自己要沉住气，保持耐心。最忙的那段时间，我没有下班时间，也没有周末休息时间。在技术攻关的最关键时期，我曾连续33天没有回过家。"车德会说。

谈到这些故事背后的精神支撑时，车德会表示："做技术，搞科研，需要一股韧劲儿，需要不屈的种子精神，更需要以不达目的不罢休的执着去要求自己，只有这样，目标才有可能实现。"

"科技战线上的青年党员，更应该具备'种子'精神，扎根组织和事业，在政治上坚定不移，在实践中向上不屈，践行'四讲四有'内涵，砥砺品质、克难奋进，肯干事、敢干事、能干事且善始善终、善作善成。"这是车德会在其单位青年科技人员座谈会上的一段发言，既述说着心中的信念，也述说着自己的坚持。

2017年五四青年节，因参加东北大学青年奋斗的青春故事会的机缘，车德会再次回到母校。

"东北大学的材料与冶金专业国内领先，没有东北大学多年来对我的培养，也就没有我今天的成绩。工作期间，每次去实验室或者厂房看到机器上的'NEU'标志，都让我以作为一个东大人而自豪。"东北大学不仅是车德会完成学业、收获知识的地方，更对他的性格养成、精神塑造产生了深远影响。

大学时，高等数学老师王学理的一番话让车德会记忆犹新："学习是要贯穿人一生的行为，考上大学只是你人生万里长征的第一步。"

"这句话深深地影响了我，也是从那以后我真正意识到只有不断潜心学习才是正路，即使遇到困难，也要勇敢面对。"大学老师的一句话让车德会在日后的学习、工作、生活中始终心怀使命，坚毅前行。

雄关漫道，东北大学曾给予他的是价值观的塑造，现在，他回报给母校的是让学校引以为傲的社会贡献。

在科学研究这个"没有硝烟的战场"上，车德会一直默默前行着。筚路蓝缕，以启山林，透过时光的阻隔，我们看到车德会作为科研人对事业的情怀，更能感受到他有着时代所需、大国工匠的品行与血脉。"我们共产党人好比种子……"，车德会正如一颗不屈向上的种子，落地生根、茁壮成长，在科技战线上耕耘不息，奋斗不止，坚定产业报国之志，书写创新驱动的中国力量，为伟大的中国梦贡献出东大人的青春力量。

一批批奔赴基层扎根的青春身影，彰显着东大人实干苦干、励志图强的精神力量。学校涌现出许多扎根基层、服务群众的优秀毕业生代表，一批又一批自立自强、拼搏奋斗的模范典型，东大学子将人生奋斗汇入民族复兴的伟业中。

第三章
报国：东北大学的情怀

报国就是把强烈的爱国热情、远大的报国志向、宝贵的建设才能，转化为报国的实际行动。古往今来，优秀的中华儿女都坚守报国思想，在国家危亡的关键时刻，以视死如归的大无畏精神，挺身而出，勇往直前，报效祖国。

《礼记·大学》中有云："知止而后有定"，表明人只有明晰自己追求的梦想，前进的意志才会坚定执着。报国是中华民族无数仁人志士一生追求的梦想，宋代抗金英雄岳飞是最典型的代表。他带领岳家军尽忠抗敌、保家卫国的故事，随着《说岳全传》的广泛流传而深入人心，精忠报国的思想，也成为融入中华民族血液的优秀品质，是中华文明薪火相传、生生不息的精神支柱。

"先天下之忧而忧，后天下之乐而乐""天下兴亡，匹夫有责""人生自古谁无死，留取丹心照汗青""粉骨碎身浑不怕，要留清白在人间"……是古代先辈报效祖国的铮铮誓言，更是他们挚诚报国的真实写照。

"中国人民，百年以来，不屈不挠、再接再厉的英勇斗争，使得帝国主义至今不能灭亡中国，也永远不能灭亡中国。"这是毛泽东维护民族尊严的爱国主义精神。"中国人民有自己的民族自尊心和自豪感，以热爱祖国、贡献全部力量建设社会主义祖国为最大光荣，以损害社会主义祖国利益、尊严和荣誉为最大耻辱。"这是邓小平的爱国主义精神。2019 年 4 月 30 日，习近平总书记在纪念五四运动 100 周年大会上的讲话中指出："新时代中国青年要听党话、跟党走，胸怀忧国忧民之心、爱国爱民之情，不断奉献祖国、奉献人民，以一生的真情投入、一辈子的顽强奋斗来体现爱国主义情怀，让爱国主义的伟大旗帜始终在心中高高飘扬！"

东北大学自建校之日起，就确立了抗日救国的初心，倡导"爱校、爱乡、爱国、爱人类"的大爱思想，鼓励每个东大人关注国家、关注社会、关注世界，自觉承担起报效祖国的社会责任。被迫流亡后，东北大学以国为家，成为一二·九运动的先锋队和主力军，无数优秀东大儿女投笔从戎，抗战报国。

在百年的办学历程中，东北大学以服务国家强盛、民族复兴和人类进步为使命，坚定地与国家和民族的命运联系在一起。在与国家同向同行的进程中，东大人舍生忘死，前赴后继，不断践行为国筑梦的理想信念，积极为国家和社会发展贡献东大智慧，使东北大学成为助力中华民族伟大复兴的重要力量。

一、以国为家，传承红色基因，主动担当，与祖国同呼吸共命运

爱国主义是中华民族精神的核心。爱国主义精神深深植根于中华儿女心中，是中华民族的精神基因，维系着中华大地上各个民族的团结统一，激励着一代又一代中华儿女为祖国发展繁荣而不懈奋斗。五千多年来，中华民族之所以能够经受住无数难以想象的风险和考验，始终保持旺盛的生命力，生生不息，薪火相传，与中华民族深厚持久的爱国主义传统是密不可分的，与中华民族"爱国如家""以国为家"的思想也是密不可分的。

以夏朝"家天下"和西周时期形成的宗法制为起源，中国社会自古以来就是一个家国同构的社会。"以国为家"是中国传统宗法社会的显著特征。从"封建诸侯各世其位，欲使亲民如子、爱国如家"到"爱国忧民有古风，米盐亲省尚嫌慵"，从"归来报命日，恢复我神州"到"为中华之崛起而读书"，从"常思奋不顾身，以殉国家之急"到"祖国如有难，汝应作前锋"，正是历代先贤和众多爱国志士"以国为家"，才为中华文明的传承与发展延续了血脉。

家是最小国、国是千万家。近代以来，在中华民族面临生死存亡的危急时刻，中国人民身先士卒，积极主动作为，不断追求民族独立、人民解放和国家富强；改革开放以来，中国共产党领导开创了中国特色社会主义的伟大事业，中国由一个贫穷落后的国家一跃成为世界第二大经济体。今天，中国特色社会主义建设谱写了中华民族发展史上最壮丽的篇章。习近平总书记在党的二十大报告中强调，从现在起，中国共产党的中心任务就是团结带领全国各族人民全

面建成社会主义现代化强国、实现第二个百年奋斗目标，以中国式现代化全面推进中华民族伟大复兴。在这场实现中华民族伟大复兴的伟大实践中，更要将每个人心中的爱国主义思想化作具体的家园建设行动，将每个人心中以国为家的思想转化为不断前行的精神力量。

爱国主义是历久弥新的主题。陆游的"王师北定中原日，家祭无忘告乃翁"，林则徐的"苟利国家生死以，岂因祸福避趋之"，吉鸿昌的"恨不抗日死，留作今日羞"，夏明翰的"砍头不要紧，只要主义真"……这些拥有家国情怀的作品，始终激励着中华儿女团结奋斗。

习近平总书记在纪念五四运动100周年大会上的讲话中强调："爱国主义是我们民族精神的核心，是中华民族团结奋斗、自强不息的精神纽带。"习近平总书记在中共中央政治局第二十九次集体学习时强调"要大力弘扬伟大爱国主义精神，大力弘扬以改革创新为核心的时代精神，为实现中华民族伟大复兴的中国梦提供共同精神支柱和强大精神动力。"

教育兴则国家兴，教育强则国家强。国家的发展与教育息息相关，高等教育是一个国家发展水平和发展潜力的重要标志，一流国家需要一流教育，一流教育成就一流国家。

回首百余年历史，我国大学根植于中华民族博大精深的文化底蕴之中，产生于帝国主义列强瓜分中国的危难时刻，经历了跌宕起伏的政权更迭和错综复杂的文化冲突过程，发展于中华民族重新走向振兴的伟大时代。从旧中国抵御外侮，铲除腐朽制度，到为全面建成社会主义现代化强国而奋斗，百余年来，中国大学不辱使命，为国家和民族的强盛兴学不止。可以说，爱国是中国大学与生俱来的历史责任，彰显了中华民族的时代要求，包含了中华民族伟大复兴的中国梦。东北大学亦是如此。

东北大学自诞生之日起就肩负御辱兴邦、救亡图存的使命，在白山黑水间撑起一面兴学育人、文化救国的大旗。九一八事变后，东北大学成为第一所流亡大学，先后迁徙至北平、开封、西安、四川三台等地，直到1946年东北大学师生陆续返回沈阳，历时整整15年之久。15年间，颠沛流离、硝烟弥漫、物资匮乏，东大人却始终笑对岁月、弦歌不辍；15年间，东大人以国为家，积极参加爱国抗日运动，一二·九运动游行、西安请愿、三台宣传抗日……为抗战留下浓墨重彩的一笔。新中国成立以来，东北大学紧跟时代步伐，奋力担负起民族振兴、国家富强的历史重任，积极主动作为，成为在国家工业体系建立初期的探路者和主力军，成为中国新型工业化道路的引领者和开拓者，为国家、为社会作出了杰出的贡献，建立了不朽的功勋。在国家发展的每个历史节点，都镌刻着东大人以国为家、砥砺进取的印记。

100 年来，东北大学的历史与中国现代史紧密相连。100 年来，东北大学在救国、建国、强国的道路上，始终奋力拼搏，不懈探索，无论是在民族危难救亡图存之际，还是在被迫流亡奋起抗争之时；无论是在革命战争年代，还是在社会主义建设时期，东大人都高举爱国主义旗帜，以国为家，积极主动担当，与祖国同呼吸共命运，在民族复兴、国家富强的各个阶段奋进不息、励志报国。

东北大学学生走在一二·九运动的最前列

1935 年 11 月 6 日，日本要求设立"华北自治政府"，又发出最后通牒，同时向华北大量调兵。日本还扶植老官僚殷汝耕在河北通县成立"冀东防共自治政府"，宣布冀东 22 个县"脱离中央自治"。迫于日本的压力，国民政府计划于 12 月在北平成立"冀察政务委员会"，作为适应日本要求"华北自治"的妥协办法。

面对民族危机，12 月 2 日晚，北平市学联在燕京大学召开第三次代表会，出席会议的东北大学代表是郑洪轩和邹鲁风。这次会议针对日本对华北的侵略和国民党的妥协退让政策，讨论通过了发动请愿斗争的纲领、宣言和口号等。郑洪轩和邹鲁风返校后，当晚在法学院边政学系俄文组三班学生宿舍召开会议，向宋黎、关山复、唐杰生、林铎、王一伦、韩永赞等 10 余人传达了学联会议决定，为第二天参加游行请愿做准备工作。许多人通宵未眠，做旗帜，写标语，印传单。一些同学还做了牺牲的准备，写下了遗言。

12月6日，东北大学联合燕京大学、清华大学、北平大学等13校学生自治会发出通电，批评了蒋介石的对日妥协、退让政策，对政府提出如下要求：1.誓死反对"防共自治"，请政府即下令讨伐叛逆殷汝耕！2.请政府宣布对敌外交政策！3.请政府动员全国对敌抵抗！4.请政府切实解放人民言论、结社和集会之自由。12月8日，北平市学联在清华大学召开了第四次代表会，会上除决定于12月9日发动各校学生到中南海向华北当局请愿和举行示威游行外，着重讨论并制订了行动计划和游行路线。

12月9日清晨早饭时，东北大学的学生们在军警包围学校的情况下，在大饭堂召开了全体学生大会。会上，王一伦和胡昆等同学发表讲话，传达了北平市学联关于在当天举行请愿的决定。同学们热泪盈眶，群情激奋，当场推举东北大学学生会主席宋黎为东北大学请愿队伍的总指挥，由韩永赞、肖润和等同学组成纠察队。接着，宋黎向同学们作了简短的动员。到会的爱国学生一致表示：完全拥护学联的决定，坚决参加请愿游行。

根据北平市学联原来的决定，东北大学应首先与从西直门进城的清华大学、燕京大学队伍会合，然后直奔新华门。可是，这时传来了清华、燕京两校的队伍被阻于城外的消息。于是，东北大学的队伍便成为西路纵队的唯一主力。同学们高举"东北大学学生请愿团"的大旗，四人一排，手挽着手，冲破军警的包围，涌上了街头。当他们喊出第一声"打倒日本帝国主义"的口号时，许多同学都忍不住流下了激动的热泪。

东北大学的校址在西北城西直门内，队伍由北向南走，沿途避开了军警在新街口一带设置的封锁线，从北沟沿转到西四北大街。当队伍行至西四牌楼时，被二三百名军警堵住了去路。军警们挥起棍棒、大刀向学生们冲过来，霎时间，不少同学被打倒、砍伤。同学们赤手空拳地与军警展开了英勇的搏斗，终于在"冲呀！"的怒吼声中冲破了这道封锁线，从府右街跑步准时赶到新华门。这时，会集在新华门的学生队伍有2000余人。

上午10时，各校推举了代表拟赴居仁堂请愿，提出停止内战、一致抗日、争取自由等6项要求。但新华门紧闭，卫兵枪口上了刺刀，机枪架在摩托车上，杀气腾腾。何应钦拒不接见学生代表，由秘书侯成才出来"抚慰"学生："要谅解政府的困难""要读书救国"等，拒绝了学生们的请愿要求。

在请愿不成的情况下，东北大学学生代表主动邀请各校代表就地研究，决定把原定的和平请愿发展成为示威游行，推举宋黎担任游行队伍的总指挥。为支援被军警围困的各校学生，扩大影响，决定游行队伍从新华门出发，沿西长安街，经西单、西四牌楼、沙滩，而后到天安门开会。东北大学学生走在队伍的最前列，抗日救亡的口号十分响亮，所到之处受到市民的热烈欢迎。游行队伍行至沙滩北京大学红楼门外时，同学们高呼："北大，起来！""北大，恢复五四精神！"北大学生见援兵已到，立即敲钟召唤，列队冲出校门，加入游行的行列。此时，队伍已壮大到六七千人，大幅标语和各校校旗迎风飘扬，歌声、口号声连成一片，场面十分壮观。

游行队伍行至王府井大街南口时，遭到大批军警的袭击。他们开动水龙狠命地向学生们身上喷射，用大刀、木棍在学生队伍中乱砍乱打。东北大学纠察队的同学们为保护游行队伍奋力同军警搏斗，但终因赤手空拳，且已奋战一天，疲惫不堪，队伍被冲散了。许多学生被抓，许多学生受伤。这时暮色已经降临，为了保存实力，避免不必要的牺牲，宋黎将各校队伍集中到北京大学三院，宣布了北平市学联关于从10日起实行全市总罢课的决定。这一天，全市学生共30余人被捕，百余人受伤。

一二·九运动是东北大学流亡历史中最辉煌的一页，东大人用生命和鲜血将爱国热情演绎到极致。东大人在祖国最需要的时刻，将拳拳爱国之心化为切切报国之行。

埃德加·斯诺曾这样评价一二·九运动："这是我第一次看到中国知识青年所表现出来的政治勇气，情景振奋人心，无论对参加者还是旁观者来说，都是如此。"东北大学教师阎述诗亲历了这场血腥的搏杀，被学生们视死如归的凛然气概所感染，他将著名诗人光未然的《五月的鲜花》谱上激昂悠远的旋律，歌曲迅速在学生中传唱开来。"五月的鲜花开遍了原野，鲜花掩盖了志士的鲜血，为了挽救这垂危的民族，他们曾顽强地抗战不歇。"这首最早在东北大学师生中唱响的歌曲，很快流传到全国，成为家喻户晓的抗日救亡歌曲。

"我们这个学校的特殊性，不是一般的大学，而是为抗日造就干部，也可以说我们要办抗日大学。"这是东北大学校长张学良在东北大学秘书主任、代理校长周鲸文赴任之时交代的办学目标。这种精神和理念来源于东北大学的历史使命，在这种精神和理念的影响下，迸发了一二·九运动的火花，也点燃了西安事变的导火索。

1936 年 12 月 12 日，张学良将军联合杨虎城将军发动了震惊中外的西安事变，用"兵谏"的办法制止了蒋介石的反共内战政策。西安事变与东北大学学生的爱国民主运动有着密切的关联。

西安事变的导火线

1936 年 12 月 9 日，一二·九运动一周年。东大人再次展示出"为实现救国主张，置生死于度外"的抗日决心，与 1 万多名青年学生一起，举行了以"停止内战，团结抗日"为中心内容的请愿游行。东北大学西安分校的学生走在游行队伍的最前面，高呼"枪口对外，打倒日本帝国主义！""停止内战，打回老家去！"等口号，在向陕西省主席邵力子请愿未达到目的的情况下，冲出军警戒严的中山门，高唱救亡歌曲，向临潼进发，向正在那里的蒋介石请愿……蒋介石得知学生们来临潼的消息，惊恐万分，不但不愿接见学生代表，反而下令军警备好刀枪，准备新一轮的屠杀，并授权国民党宪兵头子钱大钧去堵截学生，进行镇压。钱大钧率国民党宪兵在十里铺设防线，架起机关枪，一场大规模的流血事件就要发生！

张学良闻讯，深恐学生遭到伤害，驱车赶上游行队伍和同学们说："你们的救国志愿，我并不来阻挠，只是政府不满学生干预国事，你们此去必然触动最高当权者之怒，我为爱护你们，不忍见你们去流血牺牲。"站在最前面的东北大学西安分校的学生们，痛哭流涕地呼喊着："难道要求抗日救国有罪吗？""我们愿意为救国而流血，我们愿意为救国而牺牲，死在救国路上是光荣的！"

面对这些可爱可敬的学生，张学良校长也掩面而泣，激动地说："我不是愿做亡国奴的人，我与日寇有杀父之仇，是不共戴天的，我们最后一滴血，是要流在抗日战场上的。请你们大家相信我，你们的救国心愿，我不忍辜负，在一星期内，我准有满足你们心愿的事实答复你们，请你们今天暂行回去，我不欺骗你们。同学们，我是国家的军人，我不是蒋某人的走狗，如果逾期欺骗你们，我张学良愿意你们群众在任何地方把我处死。你们相信我吧！"1936年12月12日，张学良、杨虎城顺民心、应民意，毅然发动了震惊中外的西安事变，扣押蒋介石，实行"兵谏"，逼蒋抗日，谱写了抗日救国的新篇章。

西安事变是中国近现代史中一次"成为时局转换的枢纽"的大事件。西安事变的策划及发动者正是东北大学的老校长张学良将军。张学良将军为什么要发动西安事变？他自己曾有过简要的回答："是逼出来的。"西安事变发生既有根本的原因，又有直接的导火线。其根本原因是张学良将军的爱国反帝思想与蒋介石的反共内战政策发生了不可调和的矛盾。导火线是在这个时候西安爆发了东北大学西安分校等校学生的爱国反帝请愿活动。

列宁曾说："爱国主义就是千百年来巩固起来的对自己的祖国的一种最深厚的感情。"东北大学的爱国传统已经融入每一个东大人的思想和行动，东大人也用生命的力量诠释着爱校、爱乡、爱国、爱人类的情怀。东大人在祖国最需要的时候，为国而战，前赴后继挺起民族的脊梁，把对祖国的忠诚与热爱转化成为其独立富强而献身的精神动力。

爱国主义是东北大学的鲜明底色，东大人的血液里流淌着红色基因。纵观东北大学历次重大的爱国民主运动，东大的党组织和党员都起到了组织、领导的核心作用。

根植血脉的红色基因

早在20世纪20年代，东北大学就有唐宏经、戚铭三、孙绂生等为代表的教师、学生、工人党员在校内从事革命活动，东大师生也基于自发的爱国热情，声援了"五卅"反帝爱国运动，支援了临江人民拒日"临江设领"的斗争，开展了"提倡国货、抵制日货"的活动，组建了"国民常识促进会"，开展了"平民教育"等活动。

1929年，东北大学学生李正文、郭维城等7人创办《冰花》杂志，宣传革命思想，是沈阳地区第一份左翼刊物。当时的中共满洲省委书记刘少奇看到该报后，十分重视，派杨易辰到校联系与指导。东大学生张希尧等人，参与阎宝航在沈阳建立的辽宁省国民常识促进会进步组织，通过普及文化常识向群众进行反日爱国宣传。

九一八事变后，以张希尧、苗可秀、宋黎等为代表的东大学子返回东北，组建、参加东北义勇军，走上了抗日救亡的第一线。东北大学学生参加义勇军的事迹等，为聂耳创作《义勇军进行曲》提供了素材。后来，这首歌曲成为中华人民共和国国歌。

流亡北平后，除了当地的党组织在学校内活动外，东北大学内同时存在着隶属中共河北省委的"东北特别党支部"和隶属中共北平市委的"东北大学支部"两个基层组织。张希尧、郑洪轩、宋黎、关山复、肖润和等是其中的骨干成员。

正是这两个中共支部，领导了东大师生参加以一二·九运动为代表的爱国民主运动。1935年12月9日，在中共北平临时工委领导下，流亡在北平的东北大学学生率先投入一二·九爱国运动，并起到先锋队和主力军的作用。

亲历一二·九运动的东北大学教师阎述诗在全国抗日情绪激荡下，为《五月的鲜花》谱曲，并由东大爱国学生从校园传唱到全北平、全中国。

东北大学集中至西安办学后，由孔宪春等人组成了党支部，开展了一系列抗日救亡活动。1936年，西安分校师生举行纪念一二·九运动一周年请愿游行，点燃了西安事变导火索。

在三台时期，中共东北大学党支部由中共三台特别支部领导。但此间校内国民党的势力发展迅速，尤其是皖南事变后，为贯彻"隐蔽精干"的方针，党组织停止了在学校发展党员的工作，但东大的进步同学自动组成了"中国共产党预备党员小组"，以适应爱国运动日益发展的需要。同时，赵纪彬、杨荣国、董每戡等党员到东北大学任教，他们竭力支持学生抗日救亡和争取民主的斗争。1942年7月初，经济学系学生胡鹏、政治学系学生高而公发起成立"读书会"，开展学习进步书报活动。1943年暑假以后，该读书会直接接受中共南方局青年部领导。1945年5月，东大学生在中国共产党的领导下成立"学习社"，揭露国民党反动腐败，宣传进步思想。

返回沈阳后，一大批党员由组织委派进入东北，宋汝棼、沈勃、周克等党员此时进入东北大学开展工作，在东北大学各学院迅速建立起党组织。在党组织和党员同学的影响下，1947年夏，东大学生声援全国各大城市爆发的"反饥饿、反内战、反迫害"的学生运动。1947年底，在党组织的领导下，校内掀起了反对国民政府组织"冬令营"的斗争。1948年，东大学生在北平参加了著名的"七五"大游行。

1948年7月中旬，中共东北大学地下党支部正式成立，领导人是沈勃，党支部书记是韩复兴（韩光）。到10月，由于驻地分散，加之党员数量增多，乃分为文法和理工农两个支部。文法支部负责人为周克，理工农支部负责人为韩复兴。12月，中共东北大学总支委员会正式成立。在地下党支部的领导下，积极发展党的组织，壮大进步力量，反对国民党的迁校计划，组织"护城队"，迎接解放军入城。

在东北大学校史展中，有一张正义凛然的烈士照片，他头戴学士帽，身穿学士服，一张略显消瘦的脸颊。就是他，日寇曾悬赏百万追捕他；就是他，成为威震日寇的抗日铁血军总司令。他就是东北大学 1932 届毕业生、著名的抗日英雄苗可秀。九一八事变后，面对日军欺辱、家园沦丧之痛，苗可秀心绪难平，日夜为抗日救国事业奔走呼号。

苗可秀：从东北大学学生到抗日英烈

苗可秀，1906 年出生于辽宁省本溪县下马塘苗家堡子的一个农民家庭。15 岁那年，苗可秀组织同村少年成立了少年习武团，自任少年习武团团长，平时习武强身，战时和父辈们冲锋陷阵，一起抗击土匪，并屡建功劳。1926 年中学毕业后，苗可秀考进东北大学文学院中文系预科，预科毕业后升入本科。在大学读书期间，苗可秀对日本侵略者在东北各地进行政治压迫和经济掠夺十分气愤。他提倡使用国货，抵制日货。

九一八事变后，日军强占沈阳，苗可秀到了北平，进入北京大学中文系借读。但国难当头，日军步步进逼，使他无法平静地读书。除听课外，他日夜为抗日救国事业而奔走。

1931 年 9 月 27 日，"东北民众抗日救国会"成立，东北各界流亡人士聚集在这里，共谋民众抗日救国之策。苗可秀和一大批流亡学生经常到抗日救国会活动。为了集中人才，以备东北民众抗日之需，车向忱、苗可秀、张希尧、高鹏等人组织了东北学生军，在北平江西会馆设立总部，苗可秀任学生军大队长，归救国会直接领导。

　　1931 年 11 月 5 日，苗可秀和一部分东北学生军参加了"东北民众赴京请愿团"。请愿团制订了宣言和请愿书，苗可秀作为负责人之一在宣言上签了字。请愿书中指责南京政府"在此国家存亡关头，喧嚣月余不闻有对外办法、实力准备，徒依赖于国联决议""自不努力，空望人助，为自覆亡之道"，并提出"克日收复东北，准备对日宣战，缉拿汉奸，惩治失地负责官吏"等八项要求。

　　在北平期间，苗可秀十分关注东北的抗日斗争。当他得知邓铁梅创建的东北民众自卫军已成为辽东抗敌劲旅时，很受鼓舞，立即返回东北面见邓铁梅。他和邓铁梅两人本有同乡之谊，此时救国志向相投，通宵长谈，豪气勃发，只恨相见太晚。苗可秀当即表示，回北平处理事务后即来投效，与邓司令共筹抗日大计。

　　1932 年 5 月，苗可秀从大学毕业后毅然返回东北，加入邓铁梅的东北民众自卫军，被任命为自卫军总参议，成了邓铁梅手下的一员大将。苗可秀在几年的抗日斗争中，不断地总结经验教训，试图摸索到一种更好的组织形式，以适应抗日斗争的需要。1934 年 2 月，他另创了一个抗日武装组织。这个组织政治上叫少年铁血团，军事上叫少年铁血军。其宗旨是："用黑铁赤血精神，采取全民革命手段，收复东北，振兴中国。"苗可秀任铁血军总司令。1934 年 4 月，铁血军刚建成不久，苗可秀、刘壮飞在凤城境内沙里寨与日伪军相遇，双方激战两小时，敌军伤亡 10 余人，慌忙逃窜。同年 5 月，苗可秀率一、二大队 150 多人在大岔沟与敌军 300 多人遭遇，铁血军占据有利地形，猛击敌人，激战半日，敌军伤亡 20 余人，内有中尉军官一名，铁血军以少胜多，未受损失。苗可秀不仅致力于杀敌救国，而且非常注意宣传和组织群众，坚定群众的抗日信念，巩固壮大抗日阵线。在抗日斗争中，他逐渐认识到，民心所向是铁血军坚持艰苦斗争、赢得战争胜利的基础。基于此，他还吸收一切有抗日意愿的人参加少年铁血团的外围组织同心会，到 1935 年初，同心会会员已经发展到 5000 多人。

　　在恶劣的环境中，苗可秀统兵布阵、纵横驰骋于东北各地，为抗战的胜利立下了赫赫战功，威震敌胆。日寇对苗可秀恨之入骨，曾贴出告示悬赏百万，缉拿苗可秀。1935年，在辽宁岫岩哨子河羊角沟同日军作战中，苗可秀因臀部中弹不幸被捕。

敌人逮捕苗可秀之后，把他押解到凤城，囚在狱中。日军在为他治疗中，先后以日军驻辽东警区中将司令等要职为诱饵进行劝降，都被他断然拒绝。日伪官员以委任警备司令为诱饵，劝其"归顺"，苗可秀不为所动。敌人拉拢诱惑不成，又日夜拷打并以处死相威胁。苗可秀斩钉截铁地回答："我愿意死，死是我最后的归宿。"

敌人见其志不可夺，便决定将他处死。当时，有一个日本翻译叫前山，对苗可秀的爱国行为很敬佩，他请苗可秀题字留念，并劝告他快给家属、友人写信，愿意代为邮寄。苗可秀知道死期已近，于是书写了"正气千秋"四个字赠给前山，并书"誓扫倭奴不顾身"等诗句，以明其与侵略者不共戴天之志。

在狱中关押期间，苗可秀深知，自己被捕必死无疑，他先后给老师、同学、好友写信，抒发自己的革命决心。他在写给东北大学的老师、抗日爱国人士王卓然的信中，拜托老师收养已不知流亡何处的妻儿，并为其子起名为苗抗生。信中写道："古语谓'慷慨赴死易，从容就义难'，生观之两皆易易耳，第视其真知义与否。"信中以殷殷之情、感人肺腑之言，表达了视死如归的凛然正气。

1935年7月25日，苗可秀英勇就义，时年29岁。

苗可秀短暂的一生，正是他实践爱国主义思想的光辉历程，他无愧为一位忠诚的爱国主义者，无愧为一位慷慨悲歌的抗日民族英雄。从建校之初，据不完全统计，东北大学师生中先后涌现70多位为中华民族独立、人民解放和国家繁荣而献出自己宝贵生命的烈士。其中有威震东瀛的佟彦博、血染边陲的王肃、舍身成仁的吴承仕，还有热血喷洒南京雨花台的石璞、在渣滓洞与魔鬼苦斗的张孟晋……他们在白山黑水间战日寇、斗土匪，为新中国的诞生抛头颅、洒热血，用生命谱写了东大人爱校、爱乡、爱国、爱人类的赞歌。他们的爱国主义精神和英雄气魄激励着一代代东大人肩负起振兴中华的重任，为国而战，挺起民族脊梁。

温家宝曾说："爱国是东北大学的传统。每一个学生首先应该懂得的道理和终身实践的目标，就是热爱祖国并为之奋斗。只有对国家、对人民爱得深，才会有强烈的责任心，才会对国家、人民有献身精神。"

"起来！不愿做奴隶的人们！把我们的血肉，筑成我们新的长城！"无论何时何地，只要听到这激昂的歌声，每名中华儿女都会心潮澎湃。《义勇军进行曲》，中华人民共和国国歌，由田汉作词、聂耳作曲，以九一八事变后中国人民保卫家园、抗击日本侵略者为背景，以东北抗日义勇军的形象事迹为原型创作。东北抗日义勇军在辽宁的最早兴起和抗日行动，成为构成《义勇军进行曲》重要原始素材的关键要素，而这支队伍中的骨干就有很多是东北大学的学生，他们以青春、热血和生命成为涌动在《义勇军进行曲》中的不朽音符。

《义勇军进行曲》中的东大故事

九一八事变后，张希尧、张金辉、宋黎、苗可秀等一批东北大学学生投笔从戎，参加义勇军，到被日本侵略者占领的辽西、辽东、平西等地，开展武装抗日救亡斗争，为东北大学师生的反帝爱国活动谱写出新篇章。

东北大学文法学院教授刘永济回忆道："辽吉沦陷，东北诸生痛心国难，自组成军，来征军歌以作敌忾之气。"应学生之邀，他填词《满江红》一首，作为东北抗日学生救国军的军歌，这首《满江红》也成为最早的义勇军军歌之一。

斗争在新民县一带的辽西义勇军，是东北大学学生宋黎等人于1932年5月组建起来的。宋黎1932年潜回东北，组建东北义勇军总指挥部，任总指挥。1932年冬返回北平，参加了中共领导的"反帝大同盟"。1933年又回到东北，与张金辉、郭明德等共同组织了"中华抗日铁血团"，以各种形式开展抗日活动。

1934 年 2 月，在苗可秀的主持下，以大中小学生和青年教师为主体的"少年铁血军"成立，苗可秀亲任铁血军总司令，并亲自创作了铁血军四首歌词，其中一首名为《团结义勇军军歌》。

苗可秀牺牲后，同为东大学子的赵同、赵伟等人于艰难之时力挽狂澜，再度掀起抗日高潮。1937 年 7 月，铁血军转战华北，于昌平县成立国民抗日军。其后，铁血军召开全体会议，在铁狮子坟成立国民抗日军总部，赵同任司令，高鹏为政治部部长，汪之力为秘书长。

与东大并肩战斗的，还有此时尚未合并入东大的冯庸大学。九一八事变爆发后，1931 年 11 月 1 日，冯庸大学抗日义勇军在北平南苑机场成立。同月，抗日义勇军开赴抗日前线，先后参加东北抗日义勇军、一·二八淞沪抗战、热河抗战，活跃在抗日救国的第一线。冯庸大学的《义勇军歌》也响彻东三省上空，到一·二八淞沪抗战时更远播到上海、南京，激起了全国青年的抗日热潮。

1933 年 2 月，辽吉黑热后援会会长兼东北抗日义勇军总司令朱庆澜等组成慰问团，携大量筹集物资，从上海出发赴东北和热河慰问。当时，在上海参加"左翼戏剧家联盟"的聂耳也在慰问团中。经东北大学学生、北平东北民众抗日救国会军事部的联络副官高鹏介绍，聂耳听到由锦州黑山的高鹏振在组建"镇北军"时创作的《义勇军誓词歌》，遂完成了《风云儿女》电影配乐的"进行曲"，最后定名为《义勇军进行曲》，后成为中华人民共和国国歌。

《义勇军进行曲》的一个个故事，记载着东北大学学子的青春故事。他们用血肉筑起新的长城，将爱国的种子播撒在中华儿女的心里，激励着每个中国人在实现中华民族伟大复兴的新征程上接续奋斗、勇毅前行。

国家兴亡，匹夫有责。从革命战争时期组建和参加抗日义勇军，到新中国成立后踊跃参军入伍，东大学子用青春为国担当。"纸上谈兵代替不了亲身实践，边防线的长度还需要脚板丈量！"东大毕业的国防生巴兴如是说。他毅然到中朝边境驻守边防，在基层摸爬滚打，用忠诚护卫着祖国的和平与安宁。

巴兴：携笔从戎铸良剑

巴兴，2005 年考入东北大学。在校期间，巴兴担任过院学生会主席，蝉联四届沈阳市优秀学生干部，曾获辽宁省大学生演讲比赛总冠军，并 4 次获得校奖学金。因为各方面表现突出，巴兴大二上学期就被批准入党。2008 年时，巴兴特意跑到医院去看望忠诚于党的创新理论的模范教员、海军大连舰艇学院教授、"感动中国 2007 年度人物"方永刚。方永刚那坚定的信仰与军人气概深深地打动了巴兴，他暗下决心，一定要像方永刚那样，成为一名优秀的共和国军官。

2009 年 4 月，即将大学毕业的巴兴面临前途的选择。因为在校成绩优异、表现突出，好几家实力雄厚的大公司向他抛来了橄榄枝。一家世界 500 强的外企单位还向巴兴承诺，只要和他们签约，不仅有丰厚的待遇，还无条件帮他缴纳国防生违约金。一边是进入资深外企做"白领"，享受丰厚待遇；一边是投身绿色方阵，与风霜雪雨做伴。面对企业的高薪聘请，巴兴心中的答案始终如一："从军报国是我追求的理想，也是我不变的选择，这不是用物质报酬可以衡量的。"最终，巴兴坚守了自己的梦想，主动申请去最艰苦的边防部队。2009 年 7 月，巴兴如愿走进了边防部队，开始了他的军旅生涯。

然而，巴兴的军旅生涯并不如想象得那么顺利，反而遇到许多困难。排长集训期间，第一次摸底考核，体重近 100 公斤的巴兴，因为"低姿匍匐"这样一个简单的战术基础动作要领都搞不明白，受到同批排长的嘲笑。下到连队后，问题更是一一暴露出来，5 公里武装越野，他始终拖后腿；400 米障碍，他狼狈不堪；

单杠练习，他拉不上去；手榴弹投掷，他不合格……"知耻而后勇，受挫而奋发。"巴兴在日记中这样写道。为了摆脱窘境，巴兴下定决心为自己量身定制了"魔鬼式"减肥计划。每次体能训练之前，巴兴便偷偷给自己穿上7.5公斤重的沙背心；手榴弹练习，别人投5个，他投20个；战术基础训练，战友爬2个来回，他爬5个来回；每天晚上坚持完成100个仰卧起坐、100个俯卧撑、100个深蹲起……一天训练下来，巴兴常常累得直不起腰来，有时甚至连拿筷子的力气都没有。功夫不负有心人，不到半年的时间，巴兴便成功蜕变，体重从近100公斤减到了71公斤，训练成绩也跨入全团前三行列。

2012年3月，巴兴走上了指导员岗位。"纸上谈兵代替不了亲身实践，边防线的长度还需要脚板丈量。"巴兴如是说。初春的丹东，仍然是零下10多摄氏度的气温，迎着刺骨的寒风，巴兴开始了他的"边防行"，爬土坡、钻密林，认真分析地形特点，摸索管控规律，经常走得汗流浃背。一路上，巴兴遇到边民总会停下来唠一唠，看到渔夫就走过去问一问。脚踏着泥泞，手扶着山石登上虎山的最高点……就这样，巴兴很快掌握了防区防情。

作为一名指导员，不仅要熟悉防区防情，更要会做政治教育。巴兴自担任指导员以来，认真学习思想政治教育大纲、基层官兵理论学习规定和上级关于开展思想教育的指示要求，立足于思想政治教育，培育当代革命军人核心价值观，铸牢听党指挥的军魂。巴兴紧密结合情人岛防区情况，以"0.46连着强军梦"为题，围绕小岛地理位置和战略价值、官兵面临的诱惑和考验、履行使命存在的差距和不足等，给大家上了一堂令人警醒、催人奋进的教育课。凭着这一课，他从丹东讲到了沈阳，讲到了北京，并登上了全军"四会"优秀政治教员标兵的领奖台。他两次应邀做客全军政工网，畅谈学习体会，被网友誉为"金牌指导员"。作为全军"四会"优秀政治教员标兵，巴兴在古田受到习近平总书记接见……

巴兴只是东大学子的一个缩影。东北大学始终将"国家至上"作为人才培养的主旋律，主动适应国家发展需要，服务国家和区域发展战略，培养创新型高素质人才。每年毕业季，一批批奔赴祖国最需要地方的青春身影，彰显着东大人爱国报国的信仰力量。越来越多的东北大学毕业生走向西部、走向基层，走向国家最需要的地方，与国家同呼吸共命运。

二、与国同行，准确把握前进方向，奋斗求索，与国家发展同频共振

上下五千年，与国同行的精神，就像一条奔腾不息的长河，滋润着一代代中华儿女，孕育出灿若星河般的民族群英，铸造了风雨同舟、自强不息的民族之魂。与国同行，历来被志士仁人所秉持、被中华儿女所推崇，成为中华民族的精神延续。

从霍去病的"匈奴未灭，何以家为"到王昌龄的"但使龙城飞将在，不教胡马度阴山"，从戚继光的"封侯非我意，但愿海波平"到谭嗣同的"我自横刀向天笑，去留肝胆两昆仑"……千百年来，无数志士仁人胸怀家国天下，为中华民族的发展作出了巨大的贡献和牺牲，他们或立志做官造福于百姓，或救亡图存献身于国家，或修身立学传道于后人，均以实际行动践行与国同行的内涵要求。

古往今来，任何一个有作为的民族，都以自己的独特精神著称于世。近代以来，中国人民为争取民族独立和解放进行的一系列抗争，是中华民族觉醒的历史进程，也是中华民族精神升华的历史进程。这种民族觉醒和民族精神升华，在抗日战争时期达到了全新的高度。正如毛泽东同志所说："这个战争促进中国人民的觉悟和团结的程度，是近百年来中国人民的一切伟大的斗争没有一次比得上的。"面对民族存亡的空前危机，中国人民的爱国热情像火山一样迸发出来。全体中华儿女众志成城、共御外侮，为民族而战、为祖国而战、为尊严而战，汇聚起气势磅礴的力量。中国人民抱定了"我们万众一心，冒着敌人的炮火，前进"的决心，抱定了血战到底、抗战到底的信念，谱写了惊天地、泣鬼神的爱国主义篇章。

习近平总书记在考察北京大学时曾强调："爱国，是人世间最深层、最持久的情感，是一个人立德之源、立功之本。孙中山先生说，做人最大的事情，'就是要知道怎么样爱国'。我们常讲，做人要有气节、要有人格。气节也好，人格也好，爱国是第一位的。我们是中华儿女，要了解中华民族历史，秉承中华文化基因，有民族自豪感和文化自信心。要时时想到国家，处处想到人民，做到'利于国者爱之，害于国者恶之'。爱国，不能停留在口号上，而是要把自己的理想同祖国的前途、把自己的人生同民族的命运紧密联系在一起，扎根人民，奉献国家。"习近平总书记寄语全国青年要将个人前途与祖国命运紧密相连，将爱国热情转化为实际行动，为国奉献、与国同行。

东北大学自诞生之日起就与国家发展和民族命运紧密相连，在决定国家和民族发展走向的每一个关键历史节点，都镌刻着东大人挺身而出、与国同行、砥砺进取的印迹。东北大学创建之时，正值国衰民弱之际，肩负着振兴中华之责，历史把东北大学推上了与民族命运紧密相连的境地。1928年，张学良兼任东北大学校长后，明确提出"研究高深学术，培养专门人才，应社会之需要，谋文化之发展"的办学宗旨。张学良一再表示身为校长，天职就是教育学生爱国，培养学生与国家发展同向同行，努力建设新东北，以促成国家现代化。

1931年，九一八事变爆发，东北大学被迫流亡。流亡期间，东大学子奋起抗争，成为一二·九运动的主力和先锋，点燃了西安事变的导火索。东大人读书不忘救国，一路求学、一路抗争，辗转四地，用坚毅的豪情和一腔热血再次推动了历史的车轮，积淀了光荣的爱国主义传统。

新中国成立之初，钢铁是国家建设和工业建设必不可少的基础材料，东北工学院首任院长、中国科学院技术科学学部委员、著名炼铁专家靳树梁在祖国最需要的时候，带领科研团队承担攀矿项目，解决了钒钛磁铁矿冶炼的科研难题。20世纪70年代初，攀钢1号高炉出铁，东大人在中国冶金史上留下了浓墨重彩的一笔，并在高炉冶炼技术攻坚战中再建新功。东大人以与国同行的精神，在国家工业体系建立初期充当了探路者和主力军，为新中国的建设打造了一颗颗耀眼的钢铁红星。

改革开放后，东北大学适时提出"双为"方针，发出了新时期大学服务社会主义建设的时代先声，破解科技发展难题，频频亮剑。20世纪末21世纪初，东北大学适应市场经济大潮，在自己建造的软件园中，吹响了产业富国的号角。

近年来，国家作出建设世界一流大学和一流学科的重大战略决策，这也是中国高等教育领域继"211 工程""985 工程"之后的又一国家战略。东北大学积极适应中国高等教育发展规律，不断提升学校的综合实力和国际竞争力，成为一流大学建设高校。全体东大人攻坚克难、砥砺奋进，积极为实现中华民族伟大复兴的中国梦提供有力支撑。

100 年来，东北大学建设历程始终与国家发展同频共振、同向同行。100年来，东北大学始终执着奋斗求索，以与国同行的精神激励着一代又一代东大人积极投身到社会建设中。

在我国钢铁事业从弱到强的发展过程中，涌现出多位开拓者，他们以可贵的精神和智慧，创造了一个个亮点和辉煌，被载入人民钢铁事业的史册，靳树梁就是其中一位。靳树梁曾说："国家建设的急需，就是我们的科研方向。"

东大人用心血浇铸攀枝花开

1949 年，中国现代工业产值只占工农业产值的 17% 左右，而且现代化工业中几乎没有重工业，新中国急需建立独立完整的工业体系和国民经济体系。钢铁是国家建设和工业建设必不可少的基础材料。令人欣喜的是，在川滇交界的攀枝花矿发现了巨大的铁矿储量，是世界上少有的巨大宝贵资源。该矿区储量近百亿吨，堪与鞍本矿区媲美。尤为可贵的是，除了铁，攀矿还有占全国储量 93% 的钛和 58% 的钒，成为我国的矿石"大宝藏"。利用此类矿，高炉渣中二氧化钛含量很高，在高炉冶炼中，高钛渣过黏，造成堵塞，成为冶炼技术一大难题。

国外冶炼领域研究 100 余年，而仅限于炉渣中二氧化钛不超过 15% 的情况下才能炼出合格生铁。20 世纪 50 年代，我国有些院所也开展了这方面研究试验工作。业内人士戏称，高钛型钒钛磁铁矿的冶炼是块啃不动的"硬骨头"。"宝藏"如何获得充分开采和利用成为一道难解的题。

1959 年，地处冀北的承德钢铁公司用自产钒钛铁矿石进行高炉冶炼。经试验摸索，大体上可以维持生产，但炼出的铁水含硫高，难合格，因而在三年困难时期已停产下马，使这个炼铁、炼钢和轧钢配套的中型企业闲置在滦河岸边。如何恢复生产成为燃眉之急，利用攀矿建设西南钢铁基地，更是迫切需要解决的战略问题。

1962 年，国内经济复苏，国家计委在保定主持召开全国冶金工作会议，讨论生产形势。冶金工业部和承德地区都希望承钢尽快恢复上马。当然，正常冶炼，铁水合格是前提。为此，冶金工业部把"承德钒钛磁铁矿的高炉冶炼"作为重要科研课题提了出来，希望有关院所承担起来。北欧、苏联、北美和南非等地区也有这种矿石，当时国外多采用"酸性渣低炉温"的模式进行高炉冶炼。承钢前一阶段的实践又说明此路难循，必须另觅新路，但这又谈何容易。因此，当会议主持人问哪个单位愿意承担这项任务时，与会代表面面相觑，无人应声。冷场一阵，主持人对靳树梁说："靳老，您就勇挑重担接了吧！"靳老是著名的冶金学家，知道这个课题的难度，但想到国家需要和部、厂同志的企盼，就把项目接了下来。

靳树梁回校后，要求钢铁冶金系炼铁教研室"急国家所急，千方百计把项目干好"，指出"国家需要就是科研方向"。随即组成科研组，迅速制订出研究方案和计划，分含钛炉渣黏度、含钛炉渣脱硫能力、烧结、炉外脱硫四部分进行。1963 年 3 月，开始主攻技术难关——脱硫问题。科研组测定了承德钢铁厂实际炉渣和合成钛渣的黏度、熔化性，绘制了不同碱度下的黏度－温度曲线，选用马鞍山铁厂 2 号高炉冶炼钒铁的炉渣作为标准渣，研究了承德实际炉渣和合成钛渣的脱硫性能以及各种因素的影响等。试验中发现，冶炼含钛的矿石不同于冶炼普通矿石，因为普通矿石渣中通常含氧化钙达 45%~50%，提高碱度将增加渣中氧化钙，致使炉渣难熔；而钒钛矿石渣中含有大量二氧化钛，氧化钙的含量只有 25%~30%。因此，即使是为了提高脱硫能力而适当提高碱度，也不会产生炉渣难熔问题。实践出真知，科研组精心探索着其中的规律性，突破了国外百余年来形成的传统技术方案——"酸性渣低炉温"操作及其依据。

持续奋战至该年国庆节前夕，最终提出了"高碱度、较高炉温、烧结矿"冶炼钒钛铁矿的新方案，以实际成果为伟大祖国生日献礼。1964 年 3 月，冶金工业部经过反复研究，决定将"攀枝花钒钛磁铁矿的高炉冶炼"这一国家重点科研项目交给东北工学院承担。

1964 年 12 月，东北工学院的科研队伍利用承钢自产钒铁精矿和钛铁精矿经配矿后生产烧结矿，模拟攀枝花矿的炉渣成分探索冶炼规律。要攻克这一世界级技术禁区，非有技术过硬、作风顽强的队伍不可。试验要在高 100 米左右的高炉上进行，师生们不怕苦，不怕累，炉子不顺时，就在睡梦中闻令而起，抢 8 磅大锤是他们的家常便饭。改进、完善、再改进、再完善……经过反复改进，终于开发并完善了向炉缸内喷射氧化物质的技术，解决了钒钛铁矿冶炼中炉缸堆积这一世界性难题，开创了钒钛铁矿冶炼的新局面。

东工人潜心科研，经过多年的不懈努力，解决了攀枝花矿的难题，取得了钢铁冶炼工作的巨大突破。1970 年 7 月 1 日，攀钢 1 号高炉出铁，"攀枝花高炉冶炼大战役"取得全胜。攀钢作为大型钢铁联合企业，像颗璀璨的明珠，镶嵌在川滇交界的金沙江畔。攀枝花矿逐渐发展壮大，成为享誉全国的大矿，攀枝花逐渐成为渡口市的代名词。1986 年，国家决定将渡口市改名为攀枝花市。东工人用心血浇铸攀枝花开。

与国同行，就是要想国家之所想，急国家之所急，把国家建设需要作为努力前进的方向。与国同行，就是要积极适应国家发展趋势，紧密结合国家需求，坚持不懈攻坚克难，不断突破制约国家发展的瓶颈，为国家发展铺路架桥，不断提升服务国家区域经济社会发展的能力。

在 2018 年的两院院士大会上，习近平总书记说："形势逼人，挑战逼人，使命逼人。我国广大科技工作者要把握大势、抢占先机，直面问题、迎难而上，瞄准世界科技前沿，引领科技发展方向。"

东北大学研发的"热轧板带钢新一代控轧控冷技术及应用"，用超快冷装备、在线热处理替代了离线正火热处理，提高了焊接性能和韧性，解决了传统正火桥梁钢板焊后分层、韧性和表面质量差等问题，促进了高性能桥梁钢标准的升级换代；"钢铁生产与物流调度关键技术及应用"项目，针对我国钢铁生产流程长、产品种类多、物流呈复杂网状结构，以及手工调度和已有调度技术难以实现资源、能源和设备的优化配置的技术难题，东北大学进行了 20 余年系统深入的自主研发和技术创新，研制出一系列新的有效的最优化及智能优化方法；"国家电子政务协同式空间决策服务关键技术与应用"项目，建立了政务信息时空表达及协同服务理论，完整地解决了我国电子政务协同式空间决策面临的资源整合、深度分析、智能服务等技术难题，自主研制了新一代高性能高安全电子政务空间决策服务平台；高等级中厚钢板连续辊式淬火关键技术、装备及应用，地铁施工安全风险控制成套技术及应用，新型阴极结构铝电解槽重大节能技术的开发应用，先进铁素体不锈钢关键制造技术与系列品种开发，材料腐蚀与防护技术研发，大型铁矿山露天井下协同开采及风险防控关键技术与应用……东北大学不断破解科技难题，用一项项先进技术为国家发展提供不竭动力。

锻造耐腐蚀和高防护的坚实双翼为国家建设保驾护航
——记材料科学与工程学院材料腐蚀与防护研究所王福会团队

"近日，某航天任务取得圆满成功，贵校承研的耐腐蚀固态自润滑衬套在飞行试验任务过程中工作稳定、表现良好，全程未发生故障，有效发挥了既定作用，为任务万无一失、圆满成功作出了重要贡献……"2020 年 10 月 30 日，中国航空工业集团公司成都飞机设计研究所发来感谢信，感谢东北大学材料科学与工程学院材料腐蚀与防护研究所王福会教授团队，坚决贯彻落实上级批示和集团党组"一号任务"要求，精心组织研制工作，高质量完成了既定工作任务。希望双方继续携手同进，再创辉煌。

近年来，王福会教授带领一支国内领先、国际先进，能够承担重要研究任务的团队，传承东北大学光荣爱国传统，胸怀"国之大者"，积极开展系统性、前瞻性的腐蚀基础研究与防护技术研究，锻造出耐腐蚀和高防护的坚实双翼。一项项重要成果成功应用于各军种装备制造过程中，为我国国防建设事业谱写了绚丽华章。

研发耐腐蚀自润滑技术，解决国家重大战略需求

金属腐蚀是生活中一种十分常见的现象，其强大的破坏力给国家造成了巨大的经济损失。更重要的是，腐蚀严重影响国防装备的性能，制约各军种的战斗力，危及国家安全。研发耐腐蚀耐高温自润滑材料成为我国材料科学与工程领域亟待解决的"卡脖子"难题。

材料科学与工程学院材料腐蚀与防护研究所所长王福会教授，自参加工作起，就站在材料腐蚀与防护科研攻关第一线，执着求索，奋勇攻关。

"1986 年 3 月 1 日，我硕士毕业分配到刚成立不久的中国科学院金属腐蚀与防护研究所。我是极其幸运的，刚开始工作就进入了楼翰一老师的课题组。课题组从日本引进的一台磁控溅射仪由我负责，我就在这台设备上开始了我的科研工作。"王福会教授表示。

经过几年的刻苦钻研，王福会取得了第一个科研成果。1993 年，在日本东京召开的第五届国际先进材料大会对该成果进行了报道，标题是"高温合金能不能自己防护自己？答案是能，通过微晶化"。因为此项工作成果，王福会获得了国际材料联合会颁发

的"青年科学家与工程师"奖。

"要认真踏实地做科研，不要忽略细节，更要关注与原来预期不一样的结果。"王福会教授是国际上第一个开展抗氧化纳米涂层研究工作的科研人员。他坚持做"真科研"，深入各种腐蚀科研现场开展研究工作。经过大量的研究工作，他发现高温合金表面通过纳米化就可以实现"自防护"。与传统涂层相比的最大优点是，这种涂层不存在脆性和互扩散问题，是一种全新的防护涂层。

王福会教授团队利用他们的研究成果在国际上率先开展海洋环境高温腐蚀研究。

"我们发现海洋高温环境材料的腐蚀与传统的高温腐蚀及水溶液腐蚀相悖的规律，如 Fe-Cr 合金随 Cr 含量增加腐蚀速率加快。正是这项重要的基础研究结果，为发展这一环境用的高温涂层奠定了理论基础。我们发展了系列抗海洋环境的高温涂层，并在国防重点型号飞机发动机多种热端部件上获得了应用，为我们国家的国防建设作出了一定的贡献。"王福会说。

王福会带领团队成员依托国家重点研发项目，围绕深海和海洋高温环境的腐蚀与防护、轻合金表面处理、耐腐蚀自润滑复合材料开展深入研究，取得了丰硕成果，也带动了该团队整体科研水平不断提升。

2014 年开始，团队成员陈明辉教授和王群昌高级实验师围绕航空航天开展了系统的耐腐蚀自润滑技术研究。为保证飞机以及飞行器运动部件的有效运转，许多运动和传动零部件需要定时加油润滑，这使飞机的整体结构中需容纳大量的油路以及控制系统，增加了飞机的重量和设计难度。在"为减轻每一克重量而奋斗"的飞机制造理念指导下，研究所从省掉烦琐的注油系统着手，大胆创新，研发出耐腐蚀自润滑材料及其零部件，在满足润滑的情况下，降低了飞机设计的难度，并大幅度减轻了飞机的重量，节约了飞机的制造和维护成本。

2016 年，团队开发的系列耐腐蚀自润滑零部件产品，通过了中航工业相关型号的装机评审。在当年的"十二五"科技展上，中航工业领导向中央军委详细介绍了装备该耐腐蚀自润滑关键部件的飞行器。作为我国战略"杀手锏"工程，研究工作得到了习近平总书记的高度赞扬。

凝练研究方向，努力取得更大成果

王福会教授把自己热爱的科研工作总结成"恋爱—结婚—生儿育女"材料科学研究的三部曲。在他心中，热爱才能产生强大的动力，才能把自己的一生奉献给科研工作，并不断取得丰硕的成果。

耐腐蚀和高防护研究是一项需要热爱和信念的工作。不论是深海或常温腐蚀方向的研究，还是高温氧化研究，通常都需要在艰苦的环境里做长时间的跟踪模拟试验，需要消耗较大的精力与体力，没有执着的热爱和为科研无私奉献的坚定信念，很难在这种恶劣条件下坚持工作。

王福会表示，研究所高温腐蚀小组的高温炉基本是全年无休，被学生或工作人员满载使用。夏天时，有高温炉放置的房间，温度通常会在 40~50 ℃，这种环境使用空调不太实际，研究人员在取放样品或进行操作时不到 5 分钟就会汗流浃背；在进行样品涂层或表面处理时，工作环境通常会伴有高压、高温、噪声、粉尘等，对人体有极大的伤害。然而，恶劣的工作环境无法阻止团队成员追求梦想的脚步和为国防事业奉献的热情。团队里的每一位老师和同学都常年在这种恶劣的工作环境下严谨认真地开展科研工作。

在王福会教授的带领下，材料腐蚀与防护研究所培养、会聚了一批学历层次高、创新能力强、朝气蓬勃的科研骨干，凝练形成了表面处理技术、海洋腐蚀与防护、微生物腐蚀、高温腐蚀与防护 4 个各具特色、互为依托、相互促进、发展强劲的研究方向。近几年来，研究所承担重大科学研究计划项目 12 项，发表 SCI 论文 400 多篇。

"国内领先、举足轻重，国际先进、有重要影响"，是王福会为团队确立的发展定位，也是团队成员共同努力奋斗的目标。王福会教授表示，东北大学腐蚀防护团队年龄结构合理、学缘结构优化、分工明确，是一支朝气蓬勃、具有战斗力的团队，团队的研究成果已经实现应用并产生重大影响力。相信经过一流大学的重点建设，东北大学材料腐蚀与防护研究所将在深海腐蚀、轻合金防护、海洋防污、高温腐蚀以及耐腐蚀自润滑方向取得更多突破性成果，为我国国防事业的发展提供强大支撑。

"黄沙百战穿金甲，不破楼兰终不还。"王福会教授团队正在科技创新的道路上不畏艰难险阻，勇于攀登高峰，为实现中华民族伟大复兴的中国梦而不懈奋斗！

一代代东大人从自身做起，从本职岗位做起，把爱国之情、报国之志融入建设中国特色社会主义伟大事业中、融入人民创造历史的伟大奋斗中，为实现中华民族伟大复兴的中国梦贡献智慧和力量。

到边疆去，到厂矿去，到艰苦的地方去，到祖国最需要的地方去！为了在实战中打磨本领，积累经验，丰富阅历，一批批东北大学的优秀学子毕业后响应国家号召，义无反顾地奔赴祖国最需要的地方，投入到建设富强中国的洪流中。

1968 年 12 月，学校选矿系、机械系共 29 名毕业生被分配到遥远而神秘的可可托海，最大的 27 岁，最小的不足 23 岁。可可托海位于新疆阿勒泰地区，是一座因矿而生的小镇。这里的矿脉蕴藏着研制"两弹一星"的重要战略物资——稀有金属。这里曾经被列为"国家机密"，几十年间在中国地图上找不到它的名字。1952—1982 年，45 名东工人就在这里，为中国稀有金属工业创造了一个又一个奇迹，为祖国"两弹一星"事业立下了不朽的功勋，为捍卫国家主权和民族尊严作出了巨大的贡献，在西北戈壁书写出东大可可托海人的无悔人生。

可可托海的东工人

可可托海在哈萨克语中指"绿色的丛林",它位于新疆阿勒泰地区,是这片千里画廊中色调最艳丽的风景。

这是一座因矿而生的小镇。

这里的矿脉蕴藏着研制"两弹一星"的重要战略物资——稀有金属。

这里曾经被列为"国家机密",几十年间在中国地图上找不到它的名字。

这里记录着东工人用青春铸盾、坚固国防的燃情岁月……

20世纪中叶,关乎新中国国际地位、国家安全与民族尊严的国防事业,比任何时候都更为迫切地需要稀有金属。

"我们那地方是国家国防工业生产原料的非常重要的一级保密单位。铍精矿、锂精矿和钽铌作为国防工业、尖端工业的原材料,新疆可可托海,60年代、70年代基本就那一家。"中国工程院院士、东北工学院1968届毕业生孙传尧回忆道。

到边疆去,到厂矿去,到艰苦的地方去,到祖国最需要的地方去!1968年12月,东北工学院选矿、机械系共29名毕业生被分配到可可托海,最大的27岁,最小的还不足23岁。

"1968年底,我们响应党的'四个面向'号召,匆匆地告别了年迈的父母和亲人,翻过雪山,穿越戈壁,来到了遥远而神秘的可可托海。"回想起那段岁月,东北工学院1968届毕业生朱瀛波充满深情地讲道。

年轻的东工人,就这样激情澎湃地踏上了到乌鲁木齐的列车。1969年1月4日,天还没亮,他们就又从乌鲁木齐启程,乘坐一辆大客车北上。

大家只知道,将要前往的"新疆有色局第一矿务局"在可可托海，乘坐汽车最少要3天，至于其他信息，都是秘密。

"有些重要的厂矿，比如一些选厂，都有代号，比如8859选矿试验厂、8766选矿厂。"新疆有色集团原副总经理、东北工学院1968届毕业生肖柏阳说。

到可可托海的前6年，大家有的被分到大雪封山后只能乘坐马拉爬犁的阿尔泰山腹地；有的被分到野外流动采矿；有的被分到偏远、零散的矿点；还有的被分到机械厂当工人、修理汽车。打草工、采煤工、磨矿工、磁选工……任务在哪里，东工人就在哪里。

新疆有色集团原副总工程师、东北工学院1968届毕业生刘思业说："在可可托海，冻伤几乎不可避免，−50℃以下露天坑才停止作业，工作中有时不能戴手套，手触摸到铁器或矿石就会粘掉一层皮。"

肖柏阳工作路上遇到了暴风雪，差点冻死，幸亏哈萨克族同事及时发现了他，救了他一命。

张泾生下夜班骑自行车，从桥上掉入冰冷湍急的额尔齐斯河，自己在黑暗中爬上岸，自行车却留在河水中……

艰难困苦，玉汝于成。虽然交通不便、食物匮乏，东工人却在这里安下了心、扎下了根。

同学们被先后从工人岗位调出来从事技术工作。

1974年，年仅30岁的孙传尧，在8859选厂改进流程，调整药剂，大大提高了低品位锂资源的利用率。在当时，品位如此低的原矿能得到这么好的精矿指标，在国内外绝无仅有。

1975年，8766选矿厂竣工后，因种种问题无法投产。作为技术总负责人和副厂长的孙传尧和同学同事们一起，完成了上百项技术改造，终于使选厂顺利投产。

"为了选矿厂早日投产，大家夜以继日地干，加班加点是常有的事，有一年，选矿厂的尾矿库需要破冰，大家连春节假期都放弃了。"长沙矿冶研究总院原院长、东北工学院1968届毕业生张泾生说。

1977年，孙传尧与广州有色金属研究院合作，负责选矿厂1号系统优先选铍、铍锂分离的实验和生产调试，获得成功后，系统立刻转入生产，开创了中国工业浮选生产绿柱石精矿的历史！

随后，余仁焕等与新疆冶金研究所合作完成了2号系统铍锂分离的工业实验，两项成果共同获得全国科学大会奖励。

一个个生产技术难题被攻破，稀有金属矿石从可可托海被源源不断地送往祖国各地，变成原子弹蘑菇云的红、氢弹火球的橙……绘遍了中国尖端工业的红橙黄绿蓝靛紫，使可可托海成为"两弹一星"的功勋地。

在极端艰苦的条件下，他们扎根大地，百炼成钢，纷纷以一颗赤子之心加入中国共产党……

人生易老天难老。当年东大拓荒勇士们拼着性命，熔铸了"吃苦耐劳、艰苦奋斗、无私奉献、为国争光"的可可托海精神。可可托海的东工人支撑新中国发出的那一声声震惊世界的呐喊，将永远镌刻在共和国的史册中！

习近平总书记曾在欧美同学会成立100周年庆祝大会上的讲话中说："在中华民族几千年绵延发展的历史长河中，爱国主义始终是激昂的主旋律，始终是激励我国各族人民自强不息的强大力量。不论树的影子有多长，根永远扎在土里；不论留学人员身在何处，都要始终把祖国和人民放在心里。"

与国同行就是要时刻心系民族命运、心系国家发展、心系人民福祉；与国同行就是要把爱国热情转化为立足岗位、刻苦学习、发奋工作的实际行动，助力国家振兴。为了国家的矿山安全，朱万成教授放弃获得澳大利亚绿卡的机会，回国从事科研，托起了中国矿山的安全梦。

朱万成：托起矿山安全梦

1991年，17岁的朱万成从新疆呼图壁这片大漠边陲考入东北工学院采矿工程系，或许他自己也不曾想到，这里就像一块巨大的磁铁，吸引着他全身心地投入矿山安全领域，一干就是20多年。20多年来，他从青涩少年成长为博士生导师、国家青年科学基金获得者，在矿山安全领域深深扎根，挥洒着自己的报国热情。

在填报志愿时，出生于新疆的、年轻的朱万成选择了人们心中普遍认为条件艰苦的采矿工程专业。想到未来所面临的黑漆漆的，甚至充满生命危险的工作环境，他也曾彷徨、迷茫、失落过。然而，采矿学馆那为国分忧、顽强拼搏的强大气场，萦绕耳旁的"五四煤"精神，对专业理解的不断深入，使他认清了方向，鼓足了勇气。

随着学习生涯的不断前行和对专业知识理解的不断深入，在大学四年紧张而快乐的校园生活的熏陶下，朱万成深刻体会到了采矿工业在国民经济建设中的重要性，他开始对专业有了信心。在他1995年本科毕业和1998年硕士毕业时期，采矿行业非常不景气，当时很多同学都转行了。但朱万成觉得矿业是国民经济的命脉和基础，国家要发展，就离不开资源，离不开采矿。只要国家需要，只要能坚持下去，一定能为采矿业作出自己的贡献。

1999年8月，朱万成还是一名博士研究生时，获得了到香港理工大学从事合作科研工作的机会。香港特别行政区优越的科研条件深深吸引了他，尤其是在文献资料方面，是当年的内地无法比拟的。出于求知的渴望，朱万成陶醉于知识的殿堂，徜徉于书籍的海洋，这片科研的热土极大地激发了他对科学研究的热情。

2004年，年仅30岁的朱万成成为国家科学技术进步奖二等奖获奖人（排名第二）。2004年2月，朱万成首次迈出国门，远赴澳大利亚，在西澳大学从事岩石力学方面的博士后研究。澳大利亚发达的采矿业和矿山良好的工作环境，给他留下了深刻的印象，让他耳目一新，也让他深深地明白了祖国的采矿工业和发达国家之间的差距，这更坚定了他回国投身采矿事业的决心。

2006年2月，朱万成放弃了在西澳大学继续工作的机会，放弃了许多人梦寐以求的在澳大利亚获得绿卡的机会，毅然回到自己的母校东北大学，从事矿山灾害防治的研究工作，用自己的青春践行一名高校教师的使命。这一年，朱万成晋升为教授，成为当时东北大学最年轻的教授之一，同年入选教育部"新世纪优秀人才支持计划"，并被遴选为辽宁省高等学校优秀青年骨干教师。

随着"211工程"和"985工程"的实施，东北大学的科研条件有了很大改善，采矿工程国家重点学科的建设为朱万成的科研工作提供了良好的发展平台。跬步千里，凭借扎实的学术根基和坚定的使命追求，立足于国内矿业需求，把握国际采矿科技前沿，坚持开拓创新，朱万成带领的团队在"深部岩体损伤与破裂及其致灾机理"学术领域建树颇丰，形成了独具特色的研究方向，组建了自己的研究团队，与美国、加拿大、德国、澳大利亚、瑞士、韩国等国家和中国香港特别行政区的科研机构开展合作，联合承担了10余项国际合作与交流项目，在学习国内外先进科学技术的同时，也为自身科研团队注入了新的活力。

一分耕耘，一分收获。在过去20多年里，朱万成夜以继日地奋斗，先后在 International Journal of Rock Mechanics and Mining Science 等国内外期刊和学术会议上发表了200余篇学术论文（其中52篇被SCI收录，134篇被EI收录，37篇被ISTP收录），论著被他引3500余篇次，研究成果得到了牛津大学、哥伦比亚大学、加州大学伯克利分校等百余个研究机构千余名学者的引用和高度评价。

高远的志向、宏大的愿力，让人飞得更高，走得更远。支撑朱万成努力奋斗下去的动力，来自他造福矿工的矿山平安梦。朱万成在岩石类介质参数及损伤的数值表征方法、热流固耦合作用下岩体损伤演化规律、采动围岩损伤与破裂机理及致灾过程等岩石损伤与破坏过程理论及应用方面深入挖掘，用学识为矿山平安贡献自己的力量。

深部岩体所处的三高赋存环境是孕育矿山动力灾害的天然温床，三高赋存环境带来的热流固耦合效应和开采作业引起的频发扰动下，围岩的损伤演化过程异常复杂，危险性很大。针对围岩损伤演化的这一特点，朱万成通过建立统一的岩石损伤演化模型，并针对突水、煤层瓦斯运移过程中所蕴含的热流固耦合效应的问题，为减少矿山灾害作出贡献。岩石损伤过程热流固耦合效应的控制方程、采动岩体的热流固耦合模型及透水机制、煤层瓦斯强化抽采过程的热流固耦合效应……一系列学术成果都在为矿山安全保驾护航。

通过实验和数值模拟研究，朱万成破解了高地应力、高地温以及强烈开采扰动下岩石的损伤与破裂过程及其致灾机理，建立了现场监测和损伤力学模拟相结合的致灾过程分析方法，并在矿山灾害防控实践中得到成功应用。朱万成的研究团队在辽宁抚顺红透山铜矿、山东黄金新城金矿等建立了研究基地，为实地开展开采诱发矿山动力灾害的机理与防控的研究创造了非常好的条件。

在朱万成任项目负责人的新城金矿XI#矿体开采地压及主竖井位移监测技术研究项目中，朱万成带领团队用创新的技术攻克难关，回收金属量达984.2千克，创经济效益达2.6亿元，取得了显著的社会效益；朱万成作为主要参加人参与的重大工程技术项目露天转地下开采围岩稳定与安全防灾技术研究及应用获得直接经济效益8549.21万元，采动诱发围岩突冒突涌分析方法与监测技术研究3年创利润8085万元。

惊艳的学术成绩，凝聚着朱万成凤兴夜寐奋斗的汗水。他的研究成果得到了业界的高度认可，作为洪堡学者，他还受到德国总统的接见。回顾多年来在东北大学的求学、科研和教学之路，朱万成始终觉得当初选择回国报效祖国之路是正确的，并觉得这条路是如此的宽阔。

在东北大学，用实际行动诠释东大人砥砺奋进、与国同行的不止朱万成一人，他们心甘情愿回国、回母校任教，用行动助力国家振兴。

2015年，中共中央政治局审议通过《关于打赢脱贫攻坚战的决定》，强调要消除贫困、改善民生、逐步实现共同富裕。东北大学响应国家号召，立即承担起定点帮扶云南省保山市昌宁县的工作任务，积极投身于脱贫攻坚的伟大战役之中。全校上下团结一致，接力传承爱心，持续献计献策，共同为昌宁县精准脱贫贡献智慧和力量。

自 2013 年起，东北大学先后派出 8 名扶贫干部，赴昌宁挂职，用真心、真情、真力增强昌宁"造血"能力，突出抓好教育帮扶、产业帮扶、科技帮扶，为昌宁扶贫直接投入 1200 余万元，开展干部人才培训 1.5 万余人次，帮助销售农产品 1300 余万元，帮助建档立卡贫困人口脱贫 9000 余人次。2020 年，昌宁县 62 个贫困村脱贫达标退出，21995 户 88396 人喜摘"贫帽"，贫困发生率从 2014 年的 30.2% 下降为 0.07%，正式退出贫困县序列。东北大学高质量完成了定点扶贫云南省保山市昌宁县的任务。

心手相牵，无问西东
——东北大学定点帮扶云南省昌宁县精准脱贫纪实

昌宁县勐统镇大河村完全小学门前，一树紫薇花在阳光下开得格外灿烂，和孩子们稚嫩纯真的笑脸、焕然一新的校园相映成趣。这所由东北大学援建的乡村小学静静地伫立在大山深处，守候着村里的贫困留守儿童，更守候着爱和希望。

2020 年 7 月 2 日，"少年强国"项目捐赠活动在这里举行。东北大学软件学院联合沈阳爱心企业，为孩子们捐赠了 30 台平板电脑，并在其中安装了"少年强国"App。这款 App 由软件学院郭军教授带领学生自主研发，集学习辅导、儿童心智画像分析等内容于一身，是儿童健康成长的陪伴平台，给贫困山村的孩子们搭建起一架连接优质教育资源的彩虹桥。

彩云之南，白山黑水，心手相牵，无问西东。

让农产品搭乘电商平台的高铁

昌宁被誉为"千年茶乡"，是一个集山区、少数民族、边远、贫困于一体的传统农业县。一山分四季，十里不同天，这里立体气候特征明显，盛产核桃、茶叶、蚕桑、热带水果等在市场上价格很高的农副产品。

然而，山大沟深、交通不便、信息闭塞……一个个难题，横亘在乡亲们面前，成为致富路上的拦路虎。

电商平台，受众覆盖面广，不受地域限制，成为东北大学第一时间想到的帮助昌宁打赢脱贫攻坚战的"利器"。

万事开头难。东北大学挂职干部高大鲲是赴昌宁扶贫干部的"三朝元老"，2015年一到田园镇九甲村，就办起了村里第一家网店，专销村民的农产品。可没开多久，网店就"夭折"了。

"在沿海发达地区很容易做成的网店，在大山深处会遇到很多难以跨越的坎儿。电商对村庄的软硬件要求都很高，没有好的物流、产品、生产质量把控体系，没有优秀的文案、美工、运营人才，很难做长远。大多数村民当年还不知道什么是淘宝、京东，对于他们来说，运用这些平台进行销售真是难上加难。"高大鲲回忆道。

2015年11月，高大鲲吸取教训，办起了电商培训班。但办了3期又办不下去了，因为村民听了直摇头："听不懂！""要办群众真正需要的培训！"高大鲲买了一摞子有关电子商务的书自己学，没有人才，他就自己培养。"说服一个人很难，影响一个人却很容易，我们要制造氛围，在做中学。"他的心中涌起一股不服输的劲儿。

2016年5月，"田园电商论坛"与村民们见面，论坛改走"小精美"路线进行电商知识宣传普及和培训。由过去的"老师讲、村民听"变成"人人有机会发言"，大家学到什么、体会到什么就分享什么，每期论坛的主题都提前征集群众建议，参加人员自由报名，上限为40人。

论坛一下子火了。高大鲲建了好几个500人规模的微信群，每期论坛报名信息在群里一发布，大家就像抢红包一样"抢名额"。出席论坛的分享者层次很高，全国各地很多优秀创客、淘宝公司的专家、高校的教授都来了。"最牛大咖是著名歌手'水木年

'华'组合!"高大鲲介绍道。

论坛累计举办 80 余期，累计为昌宁县培训电商人才近 4000 人。经过两年的孵化，当初论坛培养的那批电商创客中，很多都成长起来了。做得最大的一家，近年仅卖核桃一项就实现销售收入 7000 多万元。25 家论坛孵化企业抱团成立了"昌宁电商协会"，依托协会开展广泛合作。一条集农特产品生产、加工、检测、包装、销售、物流于一体的产业链条在昌宁日臻成熟。

"东北大学帮我们进行农村电商人才队伍建设，建立电子商务人才培训基地和师资队伍，提高农民利用网络渠道销售农产品的能力，培养了一批会经营网店、能带头致富的复合型人才！"时任昌宁县委书记苏格非对东北大学培养农村电商人才队伍的举措表示高度赞赏。

由郭浩成等几个本科生共同创办的"1923 昌宁公益茶"扶贫创业项目，让历史悠久的昌宁红茶变成"网红"。东北大学创新创业学院副院长王刚，曾在昌宁挂职，对当地很熟悉也很有感情。他带领团队梳理项目定位，深度分析客户需求，订制营销方案。经过创意包装、科学营销，昌宁红茶通过东北大学校友会进入东北大学校友市场，在师生中打响了品牌。

2018 年 1 月 1 日，昌宁当地的合作社收到了 8 万元茶叶货款，1923 昌宁公益茶团队交出了自己扶贫创业的首个成绩单。随着市场打开，业务量越来越大，1923 昌宁公益茶创业团队也愈发忙碌起来。

利用东北大学自主开发的电商小程序，学校连年组织开展"精准扶贫·以购代捐"昌宁农特商品爱心认购活动，全校广大教职工全员参与，昌宁红茶厂、柯街水果蔬菜合作社等 37 家县域龙头企业、农民合作社和学校签订长期供销协议，把 2976 户 10416 名建档立卡贫困户送上"脱贫快车"，累计实现销售额 320.5 万元。产生的结余利润全额捐至昌宁，用于贫困儿童的精准帮扶。

2020 年上半年，新冠病毒感染疫情阻断了农产品流通渠道，茶叶、核桃等农产品滞销，建档立卡贫困户存在返贫风险。东北大学挂职干部、昌宁县副县长张耀伟，田园镇新华社区驻村第一书记、扶贫工作队队长高大鲲等组织昌宁县电商协会立刻专题研讨，制定农产品销售、升级方案，帮助解决农民困难。

为了扩宽销售渠道，提升消费者知晓率，依托技术优势，东北大学设计了"云上昌宁"网站，扩大昌宁县核桃等农特产品的品牌影响。京东昌宁扶贫馆、扶贫"832"销售平台、E帮扶平台、中国农业银行手机App销售平台……一系列销售平台建设悉数完成，学校还在官方网站上设置了京东昌宁扶贫馆快速链接，销售平台目前已完成助农销售663.9万元，电商的理念深深植入乡亲们的心中。

用教育的种子播撒爱和希望

田园镇达仁村完全小学，有20余名教师、200余名学生寄宿。由于山里常年雾气缭绕，每年11月至次年2月，户外温度低至 -1~-5 ℃，太阳能热水器效果欠佳，师生们只好在低温中瑟瑟发抖地洗澡。

2019年7月，东北大学电气工程系第一党支部得知这一情况后，到小学实地调研，设计了10余套解决方案。为减轻完全小学的经济负担，党支部捐赠4万余元，选择了运行成本最低、可靠性和制热效果最好的空气源热泵方案，为小学免费提供并安装设备。

雪中送炭、扶危济困的仁爱之举为这场教育脱贫攻坚战平添了一抹温暖的亮色。让贫困地区的孩子接受良好教育，是拔掉穷根、阻断贫困代际传递的重要途径。东北大学充分发挥智力、人才、科技优势，以教育扶贫为突破口，软硬件同发力，全方位推进精准教育扶贫。

2020年6月12日，东北大学第二十一届研究生支教团云南队成员在东北大学赴昌宁县挂职干部张耀伟、高大鲲的带领下，来到田园镇达仁村完全小学组建了"云上足球队"。研支团成员们带来了东北大学捐赠的足球、足球桩和足球对抗服等物资，在小学内建了一个小型足球场，并组建了一支小学足球队。

"爱的伟大之处在于越分享越富有。微心愿活动启动以来，开展了集中活动十几次，为田头村、大河村完全小学等近千名留守贫困儿童实现了心愿。"东北大学研究生支教团昌宁队队长熊芳苑介绍说。

2013 年以来，东北大学每年都组织优秀学生赴昌宁开展暑期社会实践，与昌宁职校的学生们一起深入村寨，开展禁毒防艾、养老医疗保险等方面的宣传，调查留守儿童家庭，对留守儿童进行课业辅导。

千里送典籍，书香润茶乡。为让更多的昌宁百姓多读书、读好书，2020 年，东北大学联合光华科技基金会向昌宁县图书馆捐赠价值 200 万元的图书 46124 册，为他们创设良好的文化氛围。

用科技之光照亮产业扶贫之路

贫困群众短期脱贫容易，但长期稳定致富难度大。产业扶贫是稳定脱贫的根本之策。从精选项目到专家培训，东北大学以科技支撑助推精准脱贫，为产业扶贫注入科技动能，使扶贫"精""准""优"。

如何快速帮助贫困户脱贫？如何用科技之光照亮扶贫之路？这成为扶贫干部张耀伟日思夜想的问题。市场需求较大的"网红水果"百香果，成为他关注的目标。他和县里的工作人员一起深入乡镇，认真调研，最终选择了几个适合种植百香果的村子，决定在全县 4 个乡的 221 亩土地上推进百香果种植项目。

在百香果种植过程中，张耀伟组织相关专家，深入种植基地，帮助指导村民科学种植。在专家与村民的密切配合下，百香果基地全部呈现出丰收景象，村民的脸上露出了质朴的笑容。

漭水镇分布着连片古茶树群落，有古茶树 4 万多株，旅游文化资源丰富。东北大学扶贫干部张耀伟挖掘昌宁特色，组织开发"昌宁县漭水镇旅游发展总体规划"，已完成项目现场地图绘制、材料收集和实地调研，还邀请清华大学、南开大学等单位专家到昌宁对方案进行评审，努力打造千年茶文化特色旅游之乡。

东北大学挂职扶贫干部王颖到村里走访时，发现有个别农户在种植魔芋。他向农民了解了收入情况后，对魔芋种植产生了浓厚的兴趣。他特意来到一个常年收购魔芋的加工厂，下功夫调研了一番，同时上网查文献，阅读专业书籍，对魔芋种植有了更深的认知。

王颖与昌宁县农业局、统计局一起对全县魔芋产业情况做了调研，发现昌宁县出产的魔芋品质较高，并提出了当前魔芋产业的发展建议。

功夫不负有心人。王颖联系到中国魔芋学会常务副会长、云南省农业科学院生物技术与种质资源研究所研究员王玲，中国魔芋学会会长、西南大学教授张盛林，以及珠芽魔芋种植技术专家、云南民族大学教授张东华。他们都被王颖的诚恳和执着打动，全力支持昌宁发展魔芋产业。如今，种子已经种植在海拔较低、气候温润的湾甸等地，长势喜人。

初心赴使命，热血写春秋。数载俯首躬行，洒下的汗水是青春，埋下的种子叫理想。东北大学，守候在滇西千年茶乡的大地，为昌宁从脱贫攻坚到乡村振兴的华丽转身"扶上马""送一程"。

2021年2月25日，习近平总书记在全国脱贫攻坚总结表彰大会上向全世界庄严宣告："我国脱贫攻坚战取得了全面胜利，……完成了消除绝对贫困的艰巨任务，创造了又一个彪炳史册的人间奇迹！"东北大学与国同行，在这场伟大战役中刻下了坚实的足迹。

如今，在国家全力推进乡村振兴进程中，东北大学强化政治担当，真抓实干、埋头苦干，以更有力的举措，汇聚更强大的力量，全力助推昌宁县乡村宜居宜业，农民富裕富足。

三、为国筑梦，绘制宏伟蓝图，跃升发展，助力中华民族伟大复兴

梦想，是每个人都有的理想和追求，是激励个人拼搏进取的原动力。为国筑梦，就是用智慧和行动，努力为国家富强、民族振兴、人民幸福贡献力量。这是千百年来中华民族始终坚守的行为准则和目标追求。"格物、致知、诚意、正心、修身、齐家、治国、平天下"，是儒家提倡的个人进行道德修养和立身治世的八个步骤，最终的落脚点"治国、平天下"，就是要为国筑梦，通过有效的方式推进社会发展，让百姓过上丰衣足食、安居乐业的幸福生活。

中国梦，是中国共产党第十八次全国代表大会召开以来，习近平总书记所提出的重要指导思想和重要执政理念。习近平总书记把中国梦定义为"实现中华民族伟大复兴，就是中华民族近代以来最伟大梦想"。习近平总书记指出，实现伟大梦想，必须进行伟大斗争，必须建设伟大工程，必须推进伟大事业。中国共产党将义无反顾肩负起实现中华民族伟大复兴的历史使命，团结带领人民进行艰苦卓绝的斗争，谱写气吞山河的壮丽史诗。

习近平总书记在北京大学师生座谈会上的讲话中强调："新时代青年要乘新时代春风，在祖国的万里长空放飞青春梦想，以社会主义建设者和接班人的使命担当，为全面建成小康社会、全面建设社会主义现代化强国而努力奋斗，让中华民族伟大复兴在我们的奋斗中梦想成真！"习近平总书记对当代青年的期望，也是每个中国人的历史责任担当。

在当前我国努力实现第二个百年奋斗目标的大背景下，为国筑梦，对于个人，就是要积极投身于历史的洪流之中，立足岗位，恪尽职守，努力拼搏，为全面建成社会主义现代化强国而无私地奉献自己的智慧和力量；对于"中国特色、世界一流"大学，则必须以更宏大的视角，绘制符合时代发展的宏伟蓝图，以立德树人为第一要务，携手同心、全力以赴，开展教学科研工作，培养国家急需创新型人才，突破制约国家发展的科研难题，为中华民族伟大复兴提供强大的人才和科技支撑。

东北大学在 100 年的光辉历程中，始终坚守家国情怀，围绕立德树人的根本任务，科学规划学校发展方案，砥砺前行、不辍耕耘，累计为国家培养和输

送了 30 余万名高素质人才，其中包括国内外工程院、科学院院士 70 多名，地级市以上领导干部 120 多名，上市公司、大型企业负责人 150 多名，他们在祖国的各条战线上勇挑重担，专啃科研硬骨头，破解了一个又一个制约国家科技发展的技术难题，成为国家富强和经济发展的创新者、劳动者和推动者，成为助力中华民族伟大复兴的重要力量。

教育是立国之本。东北大学建校的初衷就是希望通过教育英才，抵御外来侵略，建设繁荣昌盛的国家。张学良曾经明确表示东北大学的办学宗旨为"培养实用人才，建设新东北，促进国家现代化，消弭邻邦的野心"。

百年来，东北大学不忘初心，坚守为国筑梦的理想，以宏大的视野放眼教育全局，与时俱进地准确把握时代脉搏，根据不同时期的国情校情，高屋建瓴地规划学校科学发展方案，精心绘制宏伟的发展蓝图，为国家培育时代英才，建设一流大学，强力助推国家和社会发展。

东北大学建校之始，就确定了明确的发展规划。根据当时奉天公署拟定的《东北大学组织大纲》，"东北大学暂定六科，分年组织。文科分六学系：国文学系、历史学系、地理学系、教育学系、俄文学系、英文学系。理科分三学系：数学系、化学系、物理学系。工科分六学系：土木学系、机械工系、电气工系、采矿学系、冶金学系、建筑学系。农科分四学系：农学系、林学系、农艺化学系、兽医学系。商科分二学系：银行学系、外国贸易学系。法科分三学系：法律学系、政治学系、经济学系。"明晰的发展规划，为将东北大学办成包括文、理、工、农、商、法等学科的综合性大学奠定了坚实的基础。

梁思成与林徽因：创办中国第一个建筑系

梁思成、林徽因是一对多才多艺的夫妻，也是我国建筑史上的一代宗师。

1928 年 8 月，结束欧洲旅行考察的梁思成、林徽因夫妇应张学良校长邀请来到东北大学，创办了中国第一个建筑系。在东北大学的第一学期，梁思成既当系主任又当主力教师，既当学者又当勤务员，系里的大小事情都要他操心筹划；林徽因既当教师又当丈夫的助手，还要操劳家务，什么事情都少不了她。由于梁思成和林徽因曾留学于美国，所以，在教学上完全采取了英美式的教学方式：在学派上以"美学与技术综合"为主；在方法上采用师带徒，座席不按年级划分；在学制上设计课不随年级走。整个建筑系开设的课程，基本上与宾夕法尼亚大学的建筑系课程相同。

林徽因不仅讲授美学和建筑设计、雕饰史等课程，还讲授专业英语。林徽因在上美学与建筑设计的第一堂课时，把学生带到沈阳故宫的大清门前，以现存的古建筑作教具，让大家从这座宫廷建筑的外部去感受建筑与美的关系，然后问："你们谁能讲出最能体现这座宫殿的美学建构在什么地方？"大家很热烈地讨论起来：有的说是崇政殿，有的说是大政殿，有的说是迪光殿，还有的说是大清门。林徽因笑了："你们注意到八旗亭了吗？它没有特殊的装潢，也没有精细的雕刻，跟这金碧辉煌的大殿比起来，它还是简陋了些，而又分列两边，就不那么惹人注意了，可是它的美在于整体建筑的和谐、层次的变化、主次的分明。中国宫廷建筑的对称，是统治政体的反映，是权力的象征。这些亭子单独看起来与整个建筑毫不协调，可是你们从总体看，这飞檐斗拱的抱厦，与大殿则形成大与小、简与繁的有机整体，如果设计了四面对称的建筑，这独具的匠心也就没有了。"接着，她给大家讲了八旗制度的故事。林徽因以渊博的知识，犀利的谈锋，爽快的幽默，使学生听得入神。过了许多年后，她的学生们也没有忘记打开他们艺术思维之门的八旗制度的故事。

林徽因教学任务繁重，还经常给学生补习英语，天天忙到深夜。那时她已怀孕，但她毫不顾惜自己，还常与梁思成一起到北陵测绘各种古建筑。

1929年夏天，夫妻二人在美国宾夕法尼亚大学留学时的同学陈植、童寯和蔡方荫，应梁思成和林徽因之邀，也来到东北大学建筑系任教。老同学凑到一起，志同道合，把建筑系搞得生气勃勃。

1928 年至 1931 年九一八事变前，老东北大学进入了大发展时期，短短几年之内便跻身全国著名大学之列。1929 年 7 月 1 日，东北大学在理工学院大楼一楼大厅举行了第一届本科生毕业典礼。张学良校长到会，亲自向毕业学生颁发毕业证书，授予学士学位，并发表讲话，勉励学生走上工作岗位后，努力为国家建设服务，为中华民族发展贡献力量。

张学良：对东北大学首届毕业生的六点要求

今日为诸君毕业之期，得共会一堂，不胜荣幸。以吾个人视之，今日得与诸君相会，恐怕为最后一次，故今日所云者，可谓临别赠言。然依依之情，何能自已。吾人从事社会事业，应尽之义务无穷，而互相之希望亦无已。今后之希望于诸君者，约有六端：

一、勿自满。满招损，谦受益，至理名言，毋庸喋喋。勿存自满之心，作骄必败，诸君勉之。

二、学与德俱进，勿懈怠。世间无处无学问，诸君勿以为毕业后而学足以矣，因之懈怠。仍希望努力前进。

三、打破恶劣环境，努力奋斗。青年人心理纯洁，一入社会，往往变改常态。希望诸君出校改造社会，勿被社会改造。

四、做事有恒。青年人遇事务，始则极其热烈，终则意冷心灰。希望诸君要永久保持适宜温度，成则不喜，败则勿恼。

五、本良心做事，为社会服务。

六、为东大争光荣，具百折不挠之精神。诸君为东大天字第一号之先锋，希望好好打开山路，领导后起同学，为东大创一块有荣誉之招牌。

最后并希望诸君勿忘母校，精神勿涣散，感情永存在，双方互相期望，努力救国。

在那届毕业典礼上，张学良校长还宣布了学校的一项决定，即为鼓励学生努力学习，成为国家建设的栋梁之材，各学系毕业考试成绩名列第一的毕业生，学校公费资助出国留学。他当场宣布了第一届毕业生中由学校公费资助保送到欧美国家留学人员名单，包括土木学系的刘树勋、物理学系的崔九卿、机械学系的金锡如等。其中，刘树勋和崔九卿都曾在 20 世纪 40 年代担任东北大学的代理校长。

在战火纷飞的年代，东北大学自强不息、知行合一，培养了众多优秀的大师级人物，他们成为那个时代的精英，用行动铸就了东北大学报效祖国、为国筑梦的精神品格，抒写了东北大学辉煌绚烂的一笔。著名的建筑大师刘鸿典就是其中一位。

刘鸿典：中国建筑业的骄子

刘鸿典的一生是充满传奇色彩的。他 1932 年毕业于东北大学建筑系、获学士学位，先后任上海交通银行建筑师、兴业银行总行建筑师。1941 年创办宗美建筑专科学校，兼营建筑师业务。1947—1949 年成立鼎川营造工程司，执行建筑师业务。

新中国成立后，刘鸿典担任东北工学院建筑系教授，后因国家高校院系调整，随建筑系迁往西安，成为西安冶金建筑学院建筑系首任系主任；历任中国建筑学会第一、二、五届理事会理事，原建筑工程部教材编审委员会委员、原国家建委科学研究审查委员会委员；先后设计了陕西省历史博物馆、临潼贵妃池重建、西安火车站、拓宽西安市南大街等工程。他还参与了《中国大百科全书》等大型辞书的编撰工作。现在已经成为沈阳市级文物的东北大学冶金学馆就是他的早期作品之一，也是他留给东北大学最好的礼物。刘鸿典的这些辉煌成就不仅是他本人的骄傲，更是东北大学的骄傲和中国建筑业的骄傲。

新中国成立后，历经磨难的东北大学只有工学院和理学院的一部分师生回到沈阳，顽强地保留下东北大学希望的火种。为适应新中国建设对人才的大量需求，东北行政委员会决定以东北大学工学院为基础建立东北工学院，聘任著名冶金专家靳树梁担任院长，培养冶金、采矿、机械等国家急需的科技人才。

学校在积极参与国民经济建设、努力学习并借鉴国外先进的办学模式与经验的基础上，结合当时国情，明确提出了"发展具有中国特色的冶金专业，培养国家急需的冶金专业人才，为中国钢铁冶金工业发展作贡献"的发展目标，开始只争朝夕地为国家培养优秀人才。

1950年9月，东北工学院举行成立大会暨首次开学典礼，当时学生2936人，教师417人。教师中既有老东北大学的教授，也有从全国各地招聘的专家、学者，他们有的是高等学府的名师，有的是生产单位的技术专家。这种不拘一格、广纳贤才的举措，在新中国成立之初教育资源匮乏的情况下，无疑为东北工学院的发展提供了强大的动力。

1952年，全国范围的高校院系调整开始。学校认真贯彻国家高等学校院系调整方案，为使"工业学校更进一步专业化"而努力工作。经调整，东北工学院设有色冶金、采矿、机电、建筑4个系16个专业，成为冶金工业部直属、国家培养重工业高级建设人才的学府之一。

为培养高水平人才，学校先后四次修订教学计划，并在计划中有机地安排了教学的各个环节，特别是增加了与旧大学截然不同的认识学习、生产实习和毕业实习。靳树梁院长表示，此次修订教学计划的指导思想为站在工人阶级立场上看问题，目的在于提高社会生产力，提高劳动人民的文化技术水平，因此，需要培养出善于创造的，反对保守的，能独立解决科学上和技术上的问题，而且能不断地寻求和发现改进生产途径的人才。

"工科学院要实行厂校合作，教学要面向生产，理论联系实际。"在学校先进的教学理念引导下，东北工学院教职工积极参与科研工作，通过深入到厂矿，熟悉生产实际，帮助解决技术问题，形成了良好的科研氛围。"国家建设的急需就是我们的科研方向"，这句话成为激励当时学校师生努力工作学习的动力。仅1958、1959年两年，全校就完成科研项目933项。在实战中打磨本领，积累经验，丰富阅历，一批批东北工学院的优秀学子在南湖之畔成长成才，毕业后响应国家号召，义无反顾地奔赴祖国最需要的地方，投入到建设富强中国的洪流之中。

孙传尧：实践中成长起来的学术大师

1968年12月，孙传尧毕业于东北工学院选矿专业，被分配到新疆可可托海矿务局工作。可可托海矿区地处中、苏、蒙三国交界的阿尔泰山中，矿区相当艰苦，冬季 -40 ℃的低温是家常便饭，-60 ℃的天气也常遇到。除了漫长的严冬令人难熬外，当年物质生活的贫乏也令人难以想象。据孙传尧回忆，刚去的10年内没见过商店卖鸡蛋，也没见过葡萄干，多少年没买到过植物油，每人每年定量供应的带骨肉也就5 kg左右，其他生活条件也就可想而知了。在可可托海矿区，他当过装卸工、房屋修缮工、井下采矿工、掘进工、选矿厂的磨矿工、重选工、磁选工、浮选工和值班长。在这些工人岗位上，他练就了一身真功夫，为他后来从事工程技术工作奠定了坚实的基础。几年后，孙传尧以实力得到领导和工人的认可，从工人岗位调出来从事技术工作。在1974年前后，选矿厂处理低品位的锂矿石，因流程结构和工艺条件不适应，在一个时期内所生产的锂精矿均为废品，冶炼厂拒收，产品质量成了瓶颈。当时只有30岁的孙传尧，独自在实验室搞科研并组织工业实施。他改造了流程结构，在锂浮选前加设反浮选作业，预先排除比锂辉石更易浮的角闪石等脉石，大幅度调整药剂制度，强化串联搅拌，当原矿含氧化锂0.32%时，所得浮选精矿可达4.42%（4%就是合格品）。

1975年春，冶金工业部下达指示，要求可可托海矿务局和广州有色研究院合作，迅速完成选矿工业试验，为建设中的8766选矿厂确定流程和设备安装提供依据。可可托海矿务局把工业试验负责人的重任交给了孙传尧。厂里浮选机不够，在那个边远地区，采购设备在时间上已无可能，唯一的办法就是自己制造。孙传尧带领一批技术人员和工人日夜奋战了20多天，10台崭新的浮选机如期制造安装到位。严谨的工作和辛勤的汗水终于开花结果：工业试验开车后一次成功，保证了大选厂的建设进度。8876选矿厂刚投产时遇到的问题很多，孙传尧在最困难最紧张的时候，在现场经常通宵达旦地工作，一干就是十几甚至二十几个小时。他先任8766选矿厂的技术总负责人，接着于1976年10月出任生产技术副厂长。他带领工程技术人员和工人师傅创造性解决了 $-50 \sim -60\,^{\circ}\mathrm{C}$ 严寒条件下水源地供水、非保温矿浆管道两相流输送、粉矿仓冻结、尾矿库冰下沉积放矿等关键性的工程技术难题和大量的工艺、设备问题，终于打通了全厂流程，使1#系统铍、锂、钽、铌综合回收工业试验及转产成功，为该厂的投产运营作出了重要贡献，并荣获全国科学大会奖。

东北大学培养的学子工作扎实，技术精湛，成为各个行业值得信赖的精英。仅在钢铁领域，就有无数东大人在遍布大江南北长城内外的大小钢厂和科研院所，为我国的钢铁冶金领域"摧城拔寨"，不断取得突破性成果，挺起了中国钢铁行业的脊梁，成为东北大学最靓丽的风景。新中国冶金工业的开拓者吕东、有色金属工业战线上的传奇人物王文海、材料科学专家左铁镛院士、中国超导首席科学家周廉院士、中国科学院十大女杰之一的张懿院士、我国设计连铸机的第一人干勇院士、首钢总公司董事长朱继民、建龙集团董事长张志祥等，就是其中的杰出代表，他们为钢铁事业不懈奋斗，用自己的知识与热血反哺社会，用自己的聪明才干谱写着钢铁之歌。

干勇：我国设计连铸机的第一人

干勇，1970年毕业于东北工学院钢铁冶金系冶金炉专业，曾任中国钢研科技集团公司董事长兼党委副书记，中国工程院院士。1970 年 8 月，干勇毕业后，被分配到吉林天宝山铜铅锌矿工作。两年后，调四川内江电力修造厂炼钢车间任技术员。1979 年 9 月，考取上海工业大学冶金系硕士研究生，导师是中国工程院原院长徐匡迪。1982 年，干勇硕士研究生毕业后又考取北京钢铁研究总院博士研究生，导师是中国科学院院士李文采，研究的课题是"薄板坯连铸及其凝固机理研究"。这在国际上也是刚刚起步的尖端项目，只有德国、日本等少数发达国家在做初步研讨。在导师的支持下，干勇以巨大的勇气，刻苦地进行创新研究，他不仅对薄板坯连铸成形进行理论研究，还在此基础上设计了国内第一台直槽式薄板坯连铸模拟试验机。

1988 年，干勇博士毕业后，承担国家重大攻关课题"薄板坯连铸技术研究"，去兰州钢厂蹲点 2 年，终于攻克了一个又一个难关。

1990 年 10 月 28 日，中国第一块连铸薄板坯在兰州钢厂连铸实验车间成功问世。试验成功后，干勇带领课题组在钢铁研究总院继续进行连铸技术开发，将原来的一个小连铸实验室发展成为国家工程研究中心，并转制成有限责任公司，在短短的 2 年内，增收 1900 万元。干勇的攻关成果共获 9 项国家专利，并荣获国家科学技术进步奖二等奖和冶金工业部科学技术进步奖一等奖，还被授予"八五"国家科技攻关计划先进工作者称号。

"九五"期间，干勇带领课题组以其研究成果累计改造国内铸机 30 台 137 流（每流 10 万吨以上），为企业创造直接经济效益 5 亿元，并形成了我国自主高效连铸系统技术。为此，他再次荣获国家科学技术进步奖二等奖和冶金工业部科学技术进步奖一等奖，并荣膺"九五"国家科技攻关计划突出贡献者称号。

众多的高水平优秀人才，从东北大学的校园走向全国、走向全世界。在不同的工作岗位上，用实干赢得了尊重，用能干赢得了信任，东北大学毕业生爱国担当的价值追求、求真务实的工作作风、严谨敬业的工作态度，得到了社会广泛认可，一点点地擦亮了东北大学毕业生的金字招牌。近些年，毕业生一次就业率都达到 95% 以上。

"我取得的成果，是母校良好教育的结果。"干勇院士在接受学校记者采访时表示，"我真正人生历程是从 17 岁进入东北大学开始的。在母校，我不但学到了扎实的基础知识，更主要的是受母校爱国主义传统的熏陶，被陆钟武等老师严谨治学的精神所感染。母校培养了我追求创新的奋斗精神和吃苦耐劳的作风，使我能够不断战胜困难，不断进步。"

干勇院士口中的陆钟武老师，一生都在为他所热爱的教育科研事业、为东北大学不懈奋斗，是东北大学优良学风的践行者和引领者。"学在东大"，是沈阳人对东北大学优良学风的最好褒奖。这褒奖也是对东北大学无数大师兢兢业业、辛勤耕耘的充分肯定。

"所谓大学者，非谓有大楼之谓也，有大师之谓也。"任何一个学科的发展，都需要几代人的不懈努力，需要有优秀的大师来引领发展。提起在全国有着广泛影响力的东北大学控制科学与工程学科，人们一定会想到中国科学院院士张嗣瀛教授。

早在 1978 年的第一届全国科学大会上，党中央提出了"科技是第一生产力"的口号，掀起新中国成立以来第一次科技振兴的浪潮。在那次大会上，东北工学院获得了多项表彰：先进集体炼铁教研室、先进科技工作者张嗣瀛、优秀科技成果 22 项，成为东北大学发展史上一个光辉的篇章。

科学与实践相结合创造巨大的经济效益，服务国家社会发展，这是科技工作者勠力科研、改造世界的终极理想。当选先进科技工作者的张嗣瀛教授，深刻地感受到国家对科技工作者的重视和科研对国家发展的重要意义，这极大地坚定了他从事科研工作的决心。

张嗣瀛在研究中创造性地提出并论证了定性微分对策的极值性质，提出了定性极大值原理，使定量、定性两类问题统一在极值原理的基础上，并以此为核心提出一系列新概念、新方法，形成了完整的新体系。张嗣瀛还努力将理论方法与实际问题相结合，与八机部、四机部、航天部等单位建立了协作项目，进行"飞行最优制导律""基地布防拦截规律""地空导弹拦截律"等实际问题的研究，得到了"空战格斗中的两个区域""点捕获""有限时间局部捕捉区""碰撞避免"等可指导实际应用的结果。张嗣瀛以自身研究成果为内容和体系，1987年出版了《微分对策》一书，这是国内关于微分对策理论唯一的专著。当今世界最系统、最完备的大型学术性数学工具书《数学辞海》中收录的有关微分对策的30余个词条均出自《微分对策》一书。同年，张嗣瀛也因其"微分对策及定性极值原理的研究"荣获国家自然科学奖三等奖和国家教委科技进步奖一等奖。

张嗣瀛：复杂控制系统研究的开创者

1957—1959年，张嗣瀛到莫斯科大学数学力学系进修深造，在苏联科学院通讯院士N.G.Chetaev的指导下，从事有限时间区间稳定性及最优控制的研究。这一时期，他在苏联科学院《应用数学和力学》《自动学与运动学》等期刊上发表了7篇学术论文，充分展示了自己的科研水平。

回国后，张嗣瀛继续从事运动稳定性及最优控制的研究，其中部分研究成果受到国内外专家学者的关注与重视。华罗庚、钱学森、关肇直等大师均引用过他的研究成果。国际著名控制专家A.K.Badelibaeb还在专著中将张嗣瀛给出的"稳定区包络"的研究结果作为独立一节。

1974—1976年，张嗣瀛参加了辽宁省国防工办组织的红箭-73反坦克导弹的研制工作。这项工作是根据现代战争大量使用坦克的实际而提出的，它对我军的现代化建设具有重要意义。以往多次实弹演习，导弹飞行情况与所给控制指令不符，因而无一中靶。他经多次实验分析确认，是由于控制系统的"俯仰"与"偏航"两种通道间存在着交叉耦合。为此，他给出一种计算实际加于弹体的控制指令波形的矢量表示法，据此可定量分析交叉耦合的程度；然后又提出一种独创的解耦方法，并据此调整了弹体上陀螺仪的安装角度，从而有效地解决了交叉耦合问题。改装后的导弹，第一次打靶实验就取得了三发两中的好成绩；在国家靶场3000米实际活动坦克正式打靶中，又取得了十发九中的优异成绩。其后，这种导弹正式投入批量生产，并在部队中使用，为国防现代化建设作出了重要贡献。

20世纪90年代初，张嗣瀛提出并开辟了一个全新的研究方向——复杂系统的研究。张嗣瀛以复杂控制系统的对称性及相似性结构为主攻点，带领他的团队开始了攻坚战。由于此项研究的学术性和前瞻性，张嗣瀛得到了国家自然科学基金连续4次的立项支持，而且其中一项属重大项目的子课题。至20世纪末，这一研究方向取得了重要进展，得到了系统性的结果，并向着更深层次更广范围拓展。不到十年间，张嗣瀛在国内外期刊及重要国际学术会议发表论文百余篇，对于非线性系统、组合大系统，这类结构可使系统得到多种形式的降维、化简，并对一系列控制问题得出简化的控制规律，进而扩展到复杂系统和复杂性科学，受到国内外的重视。

国家的强盛、军队的强大，靠的不是花拳绣腿，而是先进的科学技术。作为国内外知名的控制专家，张嗣瀛是东北大学坚持为国筑梦的一个典型缩影。

张嗣瀛院士着眼于复杂控制系统的研究，孜孜探索，辛勤耕耘，不断提出新的研究方向，成为引领一个时代控制技术发展的大师，不仅为我国自动控制学科的发展作出了巨大贡献，而且为我国自动控制领域培养了杨光红、井元伟等大批优秀人才。目前，杨光红已成为东北大学信息科学与工程学院院长，他培养的博士生叶丹的毕业论文获得了全国百篇优秀博士论文奖，叶丹已成为东北大学青年教授、学术骨干。

像张嗣瀛院士一样一面挑起科研重担、一面精心育人的大师在东北大学还有很多，仅自动化专业就有郎世俊、李华天等一批大家，郎世俊培养的学生柴天佑如今已经成为中国工程院院士，李华天培养的学生刘积仁成为东软集团的总裁。

这些大师执着科技、强校报国的优秀品质代代传承，历久弥新，成为东北大学最宝贵的精神财富。在大师们的引领下，东北大学改变了原来以钢铁冶金为主的学科架构，形成了钢铁冶金和控制科学与工程并驾齐驱的学科发展态势。

当前，学校立足学科实际，围绕"绿色"与"智能"两大主题，着力打造以"控制科学与工程"学科群与"冶金工业流程"学科群为双轮，以两化融合为纽带，两个学科群协同联动，带动学校其他学科递进式提升，共同支撑构建工业化与信息化深度融合的学科体系，加强学科之间协同创新，加强对原创性、系统性、引领性研究的支持，力促学校整体实力不断跃升。

在国际竞争日趋激烈的今天，国与国之间的竞争，归根结底是综合实力的竞争，是高素质人才的竞争。加入一流大学建设行列后，东北大学更加坚定了实施科教兴国战略、人才强国战略和创新驱动发展战略的决心，坚持以社会主义建设者和接班人的使命担当，科学规划一流大学建设方案，努力培养德智体美劳全面发展的社会主义建设者和接班人，办好人民满意的教育。

2017年，《东北大学一流大学建设高校建设方案》提出了坚持走创新型、特色化、开放式的发展道路，围绕"五大建设任务"和"五大改革任务"，提出了40余项政策举措，提出了适应一流大学建设需求与学校实际情况的建设管理体制机制、自我评价调整机制和资源筹集与配置机制，并拟筹集建设资金23.32亿元，为世界一流大学建设提供支撑保障。

清晰的政策举措，为东北大学的发展指明了方向；充足的经费保障，为学校发展提供了强大支撑。加强思想政治工作体系建设、坚持党对高校的领导和社会主义办学方向，东北大学必将培养造就一大批具有国际水平的战略科技人才、科技领军人才、青年科技人才和高水平创新团队，不断加速一流大学的建设步伐。经过全校师生的共同努力，学校整体实力、核心竞争力和国际声誉显著提升，引领学科发展的"控制科学与工程"学科群和领跑行业技术创新的"冶金工业流程"学科群进入世界一流行列。东北大学必将成为创新驱动发展的重要典范和冶金行业技术创新中坚力量，在支撑国家经济社会发展和东北老工业基地全面振兴中发挥重要作用。

　　"心有大我，至诚报国。"在百年的办学历程中，东北大学以国为家，坚守报国信念，不断传承弘扬爱国爱校的优良传统，默默地把爱国之情、报国之志融入建设中国特色社会主义伟大事业中，与祖国发展同向同行。从新民主主义革命时期，至社会主义革命和建设时期、改革开放和社会主义现代化建设新时期，直至中国特色社会主义新时代，东大人都高举爱国主义的旗帜，立足国家和社会需求，从本职岗位做起，脚踏实地、敢为人先，淡泊名利、甘于奉献，努力为实现中国梦贡献智慧和力量，是中华民族伟大复兴的参与者和贡献者。

　　"忠于祖国，忠于人民"是习近平总书记对当代青年提出的时代要求。光荣的爱国传统、深厚的文化底蕴，永远影响激励着耕耘在祖国各条战线上的东大学子，在人生的道路上永不停歇地拼搏奋斗，用辛勤的汗水和聪明的智慧报效祖国、振兴中华。

第四章
创 新 ：东北大学的气质

好风凭借力，创新无穷期。习近平总书记指出，创新是民族进步的灵魂，是一个国家兴旺发达的不竭源泉，也是中华民族最深沉的民族禀赋。正所谓"苟日新，日日新，又日新"。这句简洁隽永的古语，折射出中华民族不断更新自己、主动适应时代、积极推动发展的创新精神，是中华民族创新精神的精髓。

创，始造之也，是首创、创始之义；新，初次出现，与旧相对，才、刚之义。"创新"有三层含义：一是抛开旧的，创造新的；二是在现有的基础上改进更新；三是指创造性、新意。在经济学领域，一般认为"创新理论"源自1912年美籍经济学家熊彼特在《经济发展理论》中提出的概念，即"新的生产函数的建立"。随着新技术革命的迅猛发展，"创新"的概念逐渐发展为"技术创新"，把"技术创新"提高到"创新"的主导地位。创新是一种人的创造性实践行为，这种实践的目的是增加利益总量，需要对事物和发现进行利用和再创造，特别是对物质世界矛盾的利用和再创造。人类通过对物质世界的利用和再创造，制造新的矛盾关系，形成新的物质形态。

然而，"创新"自古有之。中国古代的造纸术、指南针、火药及印刷术不仅对中国古代政治、经济、文化的发展产生了巨大的推动作用，而且对世界文明发展史产生了重大影响。

在当代，袁隆平的杂交水稻、李振声的杂交小麦养活了全世界数以亿计的人口，屠呦呦等人的青蒿素拯救了全世界数以百万计的疟疾患者，师昌绪的材料学研究大大提升了航空发动机的性能，徐光宪的稀土化学研究是中国稀土工业的基础，王泽山的火炸药技术把中国火炸药领域的整体实力提升到了世界前列，侯云德的疫苗守护着万千黎民的安康……这些科学家们开创性的研究和贡献，成为"中国式创新"的范本。

从 1923 年建校至今，东北大学坚持学术立校，强化自主创新，努力构建高水平科技创新体系。中国第一个建筑系、第一座新型 20 吨小高炉、第一台模拟电子计算机、第一个大学科技园、第一台国产 CT 机、第一块超级钢原型钢……纵然岁月辗转，旧的延续与新的发展已经融入东大人每一寸骨血中。

一、实事求是，遵循科学发展规律，善于探索新知

"实事求是"一词最初是由班固在《汉书·河间献王刘德传》中正式提出的："修学好古，实事求是"，用来称赞刘德认真、严谨的学习态度。在《论语》中，孔子强调要以诚实为准则，还强调在做人和处事的时候也要坚持诚实的态度。"由，诲汝知之乎？知之为知之，不知为不知，是知也。"孔子把诚实作为为学、做人、做事和与人交往的基本原则，并坚持将理论付诸实践，通过亲身实践来为学生们做榜样，用自己的经验指导弟子。孔子在用其一生来践行诚实的态度和做人的基本原则的同时，教导他的弟子们在做学问和生活中也要做到"实事求是"。《大学》作为另一篇儒家经典，与《论语》的不同之处主要在于，它侧重于从修身层面来指导众人，从个人自身出发，格物致知，正心诚意，由己及人，由小到大，最终实现治国、平天下。

唐代颜师古把《汉书》中的"实事求是"一词注解为"务得事实，每求真是也"。《大学章句》第五章补传中有："所谓致知在格物者，言欲致吾之知，在即物而穷其理也。盖人心之灵，莫不有知，而天下之物，莫不有理。惟于理有未穷，故其知有不尽也。""实事"在这里还包含着形而下之器，也就是所谓物；而"是"在这里还包含着形而上之道，也就是所谓理。所以"实事求是"在这里演化成了"即物穷理"，在格物致知的基础上，通过对个体事物的认识和研究来寻找其中所蕴含的理。

古往今来，"实事求是"在不同时期和不同社会环境下都有着不同的含义。起初"实事求是"思想只是代表着诚实的治学态度、实践原则和正心诚意、修养自身。当人们再度倡导"实事求是"的时候提出了"即物穷理"和"知行合一"，使"实事求是"开始从经史考据学的立场向哲学认识论、实践观和道德

论的立场转化。在明末清初以及整个清代，学者们在秉持"实事求是"的治学态度的基础上，将其广泛运用于政治、经济、文化、生活以及整个社会的实践之中，又赋予其"经世致用"的新内涵，将其从过去一直运用于人民的学习生活的微观层面上升到运用于解决政治、经济、社会等问题的宏观层面。在经过数千年的发展之后，"实事求是"的内涵更加丰富，涉猎范围更加广泛。随着不同时期的社会具体实际变化，学者们也逐渐意识到认识与实践之间的辩证统一关系。在经过历史这场风雨的洗礼之后，"实事求是"从治学发展到修身，从个人的亲身实践发展到整个社会的宏观实践，其内容更加丰富、完善，意义更加广泛、深远。毛泽东从哲学理论知识上对马克思主义进行了学习和思考，并且在革命过程中不断地总结经验。他先提出了"没有调查，就没有发言权"的著名论断，强调了实践是认识的来源，实践在认识过程中的基础性地位。后又提出了系统的"实事求是"的思想。他在《改造我们的学习》中对"实事求是"重新进行了全面、详细和具体的阐释。他说："'实事'就是客观存在着的一切事物，'是'就是客观事物的内部联系，即规律性，'求'就是我们去研究。我们要从国内外、省内外、县内外、区内外的实际情况出发，从其中引出其固有的而不是臆造的规律性，即找出周围事变的内部联系，作为我们行动的向导。"

邓小平提出的"解放思想"是以"实事求是"为基础的，是站在历史唯物主义的基础上，用发展的观点来认识问题、解决问题。坚持实事求是不是一劳永逸的，在一个时间一个地点做到了实事求是，并不等于在另外的时间另外的地点也能做到实事求是，在一个时间一个地点坚持实事求是得出的结论、取得的经验，并不等于在变化了的另外的时间另外的地点也能够适用。我们可以将实事求是理解为一个历史过程，一个不断实现着统一与发展的历史过程。

在当今社会中，"实事求是"仍然是人们在学习研究实践中的基本准则。既要本着"实事"的态度客观真实地去认知，也要深刻理解"求是"中不断追求真理的科学精神。特别是在创新活动中，更要善于实事求是。遵循科学发展规律，持"怀疑"态度敢于挑战权威，善于探索新知，是所有创新活动的出发点。

创新是人类特有的认识能力和实践能力，是人类主观能动性的高级表现。从认识的角度来说，就是更有广度、深度地观察和思考世界；从实践的角度来说，就是能将这种认识作为一种日常习惯贯穿于具体实践活动中。在创新的三层含义中，无论是从无到有的"创造"，还是以新代旧的"更新"，或是固而思变的"改变"，都必须坚持"实事求是"这一原则。

东北大学初建时，王永江题写"知行合一"四字为校训，是针对当时年轻人浮华之气日盛，力戒他们不存虚浮侥幸心理，对学业实事求是，少说话、多做事。为力戒纸上谈兵，学校于1923年冬季开始筹建东北大学工厂，使学生能够在实践中求得真知，巩固所学。为了锻炼学生的动手能力、创造能力、独立分析问题和解决问题的能力，东北大学从欧美进口大批教学实验仪器，建立起了全国一流、设备完善的实验室。到1930年，全校已有实验室39个。

东北大学实验课要求学生通过独立思考完成。没有实验指导书，没有图表，也没有数据，学生只能自己制订实验原则、自己设计图表和实验步骤，教师只是进行启发式的指导。如果实验结果不对，必须重新做。这种做法，对于培养学生的实践能力和创新能力产生了良好的效果。这种知行合一、实事求是的实践精神延续至今，成为东北大学创新文化不可或缺的一部分，滋养了一代又一代东大学子。

中国工程院院士、东北大学教授王国栋在多年的育人实践中不仅把他"做真科研，真做科研"的科研"真"经传递给了他的弟子，而且把"千教万教，教人求真"的育人"真"经分享给了一代代的青年教师。

科学研究是一所大学的强校之本，是高校服务国家创新驱动发展战略的必然选择。创新性的课题是在国民经济主战场的实践中产生的，是由问题转化而来的，这些问题应来源于行业的需要、国家的需求。真做科研、做真科研，这已经成为东北大学科研创新的着力点。

志行万里者，不中道而辍足。科学发展离不开探索性思维，科学研究本身就是一种探索性活动。正是有了一代又一代科学工作者前赴后继的探索，才有了科学技术的不断进步。在东北大学，有这样一个科研团队，他们创办了国内最早的工业企业电气化专业，自己设计、试验、制造了我国第一台模拟电子计算机，他们响应国家的号召，在向科学进军中取得了丰硕成果。

研制我国第一台模拟电子计算机: 打开通向信息现代化、产业化的大门

浑河之北，南湖之滨，东北大学在这里蓬勃发展了100年，共和国第一台模拟电子计算机在这里诞生。

当年风华正茂的年轻人，如今已是鬓发斑白。然而，提起第一台模拟计算机，每个人都显得很激动，这是课题组上下一心、团结协作的结果，也是我们的一笔宝贵财富，时至今日仍具有启发和激励作用。

在20世纪中期研制计算机十分必要

20世纪50年代中期，经过专业调整，电力系建立了国内最早的工业企业电气化专业，开设了电工原理、电子技术等课程。在教学和实验过程中，教师们普遍感到，为了分析控制系统的过渡过程和品质因素，急需研制一种能够计算和分析的实验装置。当时，美国、苏联等发达国家已研制出模拟式电子计算机。但是这种计算机需要使用多种精密元器件，工艺要求很高，在我国还无人问津。既然外国人能搞出来，难道我们就搞不成吗？自动控制教研室李华天等教师经过讨论和分析，认为我们既要坚持科学精神，又要破除迷信，应当研究和制造出自己的计算机。

1956年，著名科学家钱学森从美国辗转回国后，到沈阳进行科学考察，并为我校教师作了专题学术报告。李华天的经历与钱学森有些相似，都在美国留学，学的都是控制专业，又先后回到祖国——李华天在哈佛大学取得硕士学位后，于1950年毅然举家回国，而钱学森则费尽周折，直到1956年才从美国绕道回国。在与钱学森的交谈中，李华天介绍了电力系的教学工作，并提出研制模拟计算机的设想。钱学森认为，计算机不仅对教学和科研有作用，而且对工业、军工等许多领域都有极为重要的作用，因此，

研制计算机是十分必要的。

李华天立志搞出我们自己的计算机

李华天担任教研室副主任，主要讲授电工原理等课程。作为课题负责人，他很清楚这副担子的分量。当时，模拟计算机刚刚问世，相关的技术资料非常少。学校除了有一本介绍苏联 M-2 型计算机的书，别的资料一点都没有。他跑遍了书店和图书馆，搜集到有限的书刊资料。听说清华大学从苏联进口了一台计算机，李华天和恩毓田连忙赶到北京清华园，一边不停地参观，一边不断地询问。没有现成的图纸，没有定型的线路，一切都要从零开始做起。李华天面对一堆技术资料，夜以继日地探求着、思索着。经过一段时间的苦心钻研，他终于"破译"出模拟机的原理、结构和具体线路。紧接着，他又开始了紧张的方案设计。进口元器件是不可能的，设计方案必须建立在国内的基础上。经过反复修改，他在较短时间内就拿出了总体设计方案。与此同时，他还为教研室全体教师和实验人员讲授了计算机原理。

设计方案是否可行，还要通过实验来验证，然而实验却一次次失败了。经过多次实验和分析，主要原因是元器件质量不过关。模拟机的核心器件是运算放大器，运算放大器的关键元件是电子管。如果不能解决运算放大器和电子管的问题，模拟机便成了水中月、镜中花。针对实验中出现的问题，李华天和课题组进一步修改和完善了具体线路。大家反复实验，逐步探索，立志搞出我们自己的计算机。

困难再大也没有我们的决心大

东大学子展现出超人的毅力。20 世纪 50 年代的科研工作，既没有经费，又缺少元器件，一切都要靠自己动手解决。在今天看来，研制的难度是无法想象的，几乎是天方夜谭。然而，困难再大，也大不过课题组的决心。大家为了一个共同的目标，知难而进，在"一张白纸"的基础上，描绘出壮美的图画，创造出人间的奇迹。模拟机急需一批电子管，并且对管子的质量要求很高。当时，抗美援朝战争胜利不久，从朝鲜战场上运回一批战利品，其中就有一些电子管。这一消息使课题组大喜过望，恩毓田和徐文廷与有关方面联系后，立即赶到滑翔机场，从废旧的飞机上拆下一部分电子管，搬回实验室后，又一个个检查、一个个测试，这样总算解了燃眉之急。运算放大器要用各种阻值不同的电阻，而又买不到这些电阻。刘占鳌等实验人员不等不靠，想方设法自己制作。他们用锰铜线作电阻丝，用毛笔杆作支架，先把锰铜线一段一段剪下来，测准阻值后，再一圈一圈地绕到笔杆上，最后用螺钉把笔杆穿起来，固定到盒体上。这样的绕线电阻，他们连续做了五六百个。为了加快进度，刘占鳌把行李搬到实验室，夜间也在焊件和实验。一个问题解决了，新的问题又接踵而至，最棘手的是放大器零点漂移问题。课题组经过多次实验和分析，终于找出了"零漂"的症结，主要是电网质量问题、噪声干扰问题和元件温度系数问题。为了克服"零漂"的难题，课题组人员动了许多脑筋，一种方法不行，再换另一种方法。对于温度系数大的元件，全部做了老化实验，然后又逐个进行严格的检查和测试。运算放大器采用4组不同的电源供电，而且全部是直流稳压电源。通过采取这些有效的措施，较好地解决了"零漂"问题。

东北大学的模拟机是全国最棒的

经过几个月的艰苦努力，由东大教师和实验人员自己设计、自己试验、自己制造的我国第一台模拟计算机终于成功面世！"衣带渐宽终不悔，为伊消得人憔悴。"这台模拟机，凝聚着东大人的汗水、心血和智慧，更承载着中国人的志向、理想和希望。整台计算机由运算主机、操作台和电源等几部分组成。其中，主机又由十多个单元盒体组成，这些单元盒体可以根据需要自由连接。经过正式试验和测试，东大研制的模拟机运行速度快，计算精度高，整机性能也比较稳定。这台模拟机不但能做加减运算，而且可解微分方程，最高可解到6阶。

继东大之后，哈尔滨工业大学等国内少数单位也在进行模拟机的试制工作。苏联著名计算机专家卡冈参观了我国的几所大学后，到东大参观考察。他看了模拟机的演示实验，询问了研制情况，不住地点头称赞。卡冈认为，这是他看到的中国最好的模拟机。这台模拟机曾被运到北京展出，受到许多同行的赞扬。此后，许多单位不断派人到东大参观学习。一时间，模拟机成为同行关注的一个焦点。

模拟计算机研制成功后，课题组又开始研制更先进也更复杂的数字计算机，1958年9月研制出样机。参与研制的几位教师和实验技术人员都认为，尽管当时大家的积极性空前高涨，包括学生在内，共有一百余人参加了试制工作，但是当时的电子元器件质量普遍较差，不能达到装机的要求，只做到了局部运行，而不能实现整机运行。从实际运行情况来看，数字计算机只是取得了局部成功，而没有达到完全成功。学校通过模拟计算机和数字计算机的开发研制，普及了计算机科学知识，培养和锻炼了一批人才，为专业的发展奠定了基础。1959年，学校建立了国内最早的计算机专业，并将工业企业电气化专业部分学生转到计算机专业学习。1961年，学校培养出国内第一批计算机专业毕业生。20世纪70年代后，在李华天教授的主持下，学校的计算机专业取得了突飞猛进的发展，在国内率先开展了办公室自动化、计算机局域网、多媒体技术等方面的研究，涌现出一大批最新的科技成果，培养了一大批计算机方面的优秀人才。

从教学实验需求出发，东大人在无数次的失败中逐渐"破译"出研制模拟计算机的核心技术，在一张白纸的基础上构建并实现了模拟计算机的设计方案。与今天的PC机相比，这台计算机占地30平方米，堪称庞然大物。然而就是这个庞然大物，打开了中国通向信息现代化、产业化的大门，为中国的信息技术发展写下了光辉的一笔。随着它的诞生，计算机科学也在东大校园里生根发芽，在中华大地上蔓延开来。

创新的本质是突破，就是要在科学实践中突破旧的思维定式、旧的常规戒律，在学习与研究中发现问题。习近平总书记强调："问题是创新的起点，也是创新的动力源。"只有坚持问题导向，才能推动科学不断向前发展。人类认识世界、改造世界的过程，就是一个发现问题、解决问题的过程。批判精神则是发现问题的关键，没有批判就没有创新和发展。自动控制领域首次出现的以中国人名字命名的"谢绪恺判据"，率先在国内提出的"系统节能理论和技术"，具有世界领先水平的超级钢的开发和产业化，在生命科学领域首创的致病隐球菌活体动物荧光酶成像技术……一代又一代东大人在科学研究中不断地发现问题、寻找规律。

科研"顽童"丁辰：实验室中坚守科学之美

2013年，美国杜克大学一位年轻博士的论文引起了轰动。他提出，要将铜离子抵抗致病菌侵袭的研究由生物体外转入生物体内，他首创的致病隐球菌活体动物荧光酶成像技术可以帮助科研人员获得更精准的判断。

他，就是丁辰，在中国生命学科研究整体式微的情况下，再一次刷新了业界对中国人科研能力的认知。

丁辰，东北大学青年特聘教授，博士研究生导师，神经研究所副所长。2009年9月在爱尔兰都柏林大学获得博士学位。2009—2013年，在美国杜克大学药理与癌症系从事博士后研究。

坚持：独立的科研人

微生物一直被认为是"最低等生物"，有些研究人员不屑于对细菌、病毒、真菌等微生物进行研究，认为无论是从研究模型还是从研究成果来看，都很难作出有价值的科研成果，要想在国际顶尖期刊上发表高分论文更是希望渺茫。

然而，丁辰和他的伙伴们却对微生物"情有独钟"。"我们所研究的微生物是有潜在的导致人类疾病可能的病原菌。"丁辰认为，通过研究发现病原菌在致病过程中所扮演的角色、它的致病途径以及人体的免疫系统在抵抗病原菌感染中所扮演的角色，就可以精准地破解致病菌的感染途径，并有针对性地提出疾病解决方案。

在丁辰的研究中，"铜离子"与"致病菌"是一对关键词。如何更好地利用二者之间的"平衡"来解决实际问题，一直是他思考的方向。

2012 年，丁辰大胆质疑当时在生物体外研究铜离子抵抗致病菌的侵袭机制，提出要将研究转战生物体内。丁辰解释说，铜离子就好比电视机中的二极管，只有把二极管放在电视机内才能显示成像，而在电视机外二极管则不具备这个功能。丁辰认为，在生物体外研究铜离子抵抗致病菌的方法是错误的。

在丁辰看来，搞科研一定要敢于说真话，不要盲目崇拜所谓权威。

经过一年的苦心钻研，丁辰通过多个研究模型以及前沿技术，系统阐释了铜离子参与免疫的直接证据，明确了肺部铜离子代谢抵御真菌感染时的重要抗菌机制，为深入了解哺乳动物铜离子代谢功能提供了理论依据和重要实验数据。

他在实验过程中首创的致病隐球菌活体动物荧光酶成像技术，开创了领域内第一次通过活体动物实验来证实肺组织铜离子参与免疫防御的机制，揭示了铜离子在免疫学中不可替代的作用，为研究新型隐球菌铜离子代谢提供了技术支持，而且为深入探讨新型隐球菌肺内感染的预防与治疗提供了理论基础。

鉴于该理论研究的学术价值，世界上最权威的生命科学期刊之一 Cell 子刊 Cell Host & Microbe 发表了这项成果，影响因子为12.33，并被评选为当月期刊中的亮点文章（Featured Article）。因为在新型隐球菌领域的重要贡献，丁辰入选美国杜克大学"感染学学者"(Duke Scholar in Infectious Disease)。

Guilhem Janbon, June Kwon-Chung, Nancy Keller, Bernhard Hube 和 Sascha Brunke 等科学家评论该成果揭示了铜离子代谢参与真菌毒性的重要性, 为其他病原菌的铜离子代谢的研究开辟了新的可能性。

这一研究成果被 *Nature Reviews Microbiology* 期刊评为研究亮点栏目（Research Highlights）, 被国际著名科学新闻网站 Science Daily 报道, 并相继被国际顶尖杂志 *Nature Reviews Microbiology*, *Nature Chemical Biology*, *Cell Host & Microbe* 和 *Plos Pathogens* 等论文引用。

"成果被发表时是很激动的", 从开始研究铜离子代谢, 丁辰的科研之路并不顺畅, 回想起最初的选择, 4 年的坚持, 收获了 2 篇影响因子在 10 以上的高水平论文。这一刻, 丁辰更加坚信, 要坚持做一个"独立的科研人"。

坚定: 证明自己

2000 年, 18 岁的丁辰孤身一人飞往爱尔兰求学深造。异国他乡, 道阻且长, 谨记困难只会使强者更强, 丁辰默默承受寂寞与艰辛。

成绩优异的他本科毕业后得到了直博的机会, 成为导师实验组里第一个"外国人"。第一年, 他四处观摩、求教, 想尽办法学习配方和实验手段, 从一个人人都不待见的"门外汉"华丽逆袭, 成为导师的得意门生。到了后来, 导师甚至经常主动找他探讨科研课题。

2009 年, 丁辰听从导师的建议到美国杜克大学做博士后。对于科研方向, 丁辰从不盲目跟风, 他选择从当时相对冷门的铜离子代谢着手研究。

然而, 实验室此前从未有过此类研究, 既没有实验所用的试剂、耗材, 也没有相关实验经验。很多人都不理解他的选择, 在实验室的组会上, 也有过激烈的争论。什么都没有, 怎么办?"我只能自己想办法, 一切都从零开始。"这也激发了丁辰的斗志,

"越有人质疑，就越不能服输。我选择的道路就一定要走下去。"

生物学实验是一个旷日持久的工程，它需要一定的周期。一个月、两个月，甚至一年、两年，才能有些微的进展。

两年后，丁辰的论文《病原菌中的铜离子：金属干预》（*Copper in microbial pathogenesis：meddling with the metal*）在国际著名学术杂志 *Cell* 子刊 *Cell Host & Microbe* 发表，影响因子为 12.944。

此前，学术界对于铜离子参与真菌致病性的研究还处于模棱两可的状态。丁辰的这篇综述性论文系统性地归纳了现今生物界中对于人类重要病原菌的铜离子代谢研究，更宏观地阐述了铜离子代谢参与真菌与宿主之间的作用。让业内人士清楚地明确当时铜离子代谢的进程和瓶颈。文章被评为当年的"特色综述"（Featured Review），5 年内被引用 73 次。

坚守：科学之美

在国外生活了 14 年，丁辰一路拼搏找到了自己的位置，也拥有了丰硕的成果。以第一作者发表 SCI 论文 9 篇，其中 2 篇发表在 *Cell* 子刊 *Cell Host & Microbe* 上，影响因子均在 10 以上。

2013 年，当得知东北大学成立了生命科学与健康学院时，丁辰知道，他的机会来了。在这里，丁辰用短短几年的时间，完成了从学者到学术团队带头人的角色转换。

作为一名"80 后"年轻博导，丁辰总能很敏锐地捕捉到科研灵感，更敢于挑战权威。在丁辰看来，别人提出的想法和理论不一定就是最终的结果，而他做的很多研究都是在颠覆一些常规想法。

美国国立卫生研究院（National Institutes of Health）的彼得·威廉姆森（Peter Williamson）教授是隐球菌研究领域知名专家。他认为，隐球菌铜离子摄取对于真菌的致病性至关重要。业界普遍采纳他的论断，并且一直对活体动物采取"整体分析"方法来分析隐球菌铜离子摄取对真菌致病性的影响。

丁辰对此始终持怀疑态度。丁辰认为，隐球菌铜离子摄取对于真菌致病性的影响取决于感染的器官。例如，在肺部和脑部感染时，铜离子摄取对于真菌致病性起到的调控作用是截然相反的。因此，他提出了在真菌乃至其他病原菌的研究中，对于不同组织器官进行单独评估的必要性，而非传统的整体分析。

当然，要反驳别人的观点，至少要提供十倍的证据。

每一天都在失败中度过，每一天都在坚持中前行。7个月后，丁辰和他的学生孙天舒用彼得教授的特有菌种完成了指定实验，证实了在病原菌的研究中应该针对不同组织器官进行独立评估，成功推翻了彼得教授"整体分析"的论断。

"事实证明，我们是正确的。"丁辰说。

2014年11月，丁辰作为共同通讯作者、揭示新型隐球菌铜离子代谢参与哺乳动物肺内和脑内感染新机制的论文在国际著名科技期刊 Nature 子刊《自然通讯》（Nature Communications）上正式发表。

在生命科学领域，丁辰已经从事研究18年，但他那份对科学强烈的好奇心和高涨的研究热情从未随时间而减退。敢于质疑权威、挑战权威是他创新的起点，对科学信念的坚持、在实验室中的坚守是他科研成功的秘诀。丁辰，将自己最好的科研年华奉献给东北大学。

"惟创新者进，惟创新者强，惟创新者胜。"习近平总书记强调，"强起来要靠创新、创新要靠人才。"高等教育肩负着培养创新型人才的使命，如何提升当代大学生的创新能力始终是高校履行人才培养职能的重要命题。多年来，东北大学构建了全方位全过程互动式的创新创业教育模式，着力培养了"善创意、会创新、能创造、勇创业"的拔尖人才，助推创新创业教育迈上新台阶，实现了从"双创初体验"到"特色全覆盖"的华丽转身。

张鑫：执着于星空的"仰望者"

宇宙，因其无垠的时空蕴藏无穷的奥秘一直吸引我们去探索。虽然揭开宇宙之谜的路是想象不到的遥远，但人类探索与发现的脚步从未停止。

2011 年，东北大学理学院张鑫的"全息暗能量研究"项目在国际上首次提出全息标量场暗能量模型，对暗能量和宇宙加速膨胀的研究作出了实质性贡献，被国际学术界公认和广泛引用，推动了暗能量领域研究的发展。

张鑫，继 30 岁即成为东北大学最年轻的教授之后，再一次成为众所瞩目的焦点。

幽深宇宙的探秘者

自牛顿提出万有引力定律以来，物质间存在相互吸引的"万有引力"几乎成为人类的共识。然而，"暗物质"和"暗能量"的发现却"颠覆"了这一认知。1998 年，人类首次观测到宇宙正在加速膨胀，"暗物质"和"暗能量"的概念随即被提出，物理学界急需一种新的基础理论模型来重释宇宙的面貌。

中国科学院的李淼研究员率先提出了一个全息暗能量模型，在该模型中，量子引力理论的一些无法确定的细节都被归入一个唯象参数 c，而 c 值能否确定，就成了这一模型是否具有解释力的关键。最终成功确定 c 值的，就是来自东北大学理学院的张鑫教授。2005 年 8 月 23 日，张鑫发表的论文《Ⅰa 型超新星观测对全息暗能量的限制》首次利用各种观测数据的联合确定了关键参数 c 的值，在全息暗能量的研究方向上产生了重要的影响。这篇重要论文迄今已被引用超过 200 次。

紧接着，张鑫项目组在国际上首次提出了全息暗能量的标量场有效描述，构造了全息精质和全息精灵等模型；首次提出了全息循环宇宙模型，并于 2007 年 3 月 12 日发表了《重构全息精质》论文、2007 年 9 月 13 日发表了《循环宇宙中的全息暗能量》论文。在一系列工作中，项目小组克服了很多理论和数据处理技术上的困难，编写了一套暗能量模型观测数据分析的数值计算程序，不仅能对一般暗能量模型进行观测限制，还能处理像全息暗能量这样动力学演化由一组微分方程决定的暗能量模型的观测检验问题。这个工作因其重要性从一开始就面临着激烈的竞争，他们抢先得到了正确的答案。此后，这一系列工作一直得到国际众多学者和研究组的广泛引用。

除了暗能量领域，宇宙中的其他奥秘也深深吸引着张鑫。

古老的中微子是婴儿宇宙的信使，要想俘获它们，首先要了解它们如何在银河系中结团。2018 年，张鑫与北京大学高能物理研究中心张珏博士合作，在宇宙遗迹中微子的引力结团效应研究中取得重要进展：在 N 单体模拟中发展了一种重要的计算方法——重加权方法，使得只利用一次模拟即可得到不同中微子质量和相空间分布下的中微子密度轮廓，从而研究宇宙中最古老的中微子如何在银河系中结团。该项成果在 Nature Communications 上发表，这是中国高校科研工作者在世界科技最前沿的中微子研究领域取得的一次突破性进展，关系到人类能否将对宇宙的认知推进至宇宙年龄仅为 1 秒的时期。

哈勃常数刻画了宇宙当前的膨胀速率，精确测定哈勃常数是宇宙学中一个基本而重要的任务。然而近些年，利用早期宇宙观测测量的哈勃常数值与利用临近宇宙距离阶梯确定的值出现了明显的差异，这一问题被称为宇宙学的"哈勃常数危机"。张鑫教授发表于国际著名期刊 JCAP（《宇宙学与天体粒子物理学杂志》）的论文 Can the H0 tension be resolved in extensions to ΛCDM cosmology？（作者包括博士生郭瑞芸、张敬飞教授和张鑫教授）对哈勃常数危机做了深入讨论，总的结论是，目前流行的各种扩展模型其实没有一个可以真正解决哈勃常数的不一致性问题。事实上，这是一个具有重要意义的结论，毕竟"可证伪性"是区分科学与非科学的标志。这篇论文引起了国际同行的广泛关注，并获得英国 IOP 出版社 2022 年度"中国高被引论文奖"（China Top Cited Paper Award）。

2022 年 12 月 5 日，被称为"世界巨眼"的平方公里阵列射电望远镜（SKA）在澳大利亚和南非正式开建，在这个势必孕育重大科学发现并将深刻影响天文学和基础物理发展的伟大工程中，张鑫教授和他的团队又一次为世界所瞩目。当年 11 月，科学技术部国家遥感中心下发国家重点研发计划平方公里阵列射电望远镜专项 2022 年度项目立项通知，东北大学理学院张鑫教授团队主持的项目"中性氢巡天和宇宙学模拟"获批立项，东北大学为项目牵头承担单位，张鑫教授为项目负责人，参与单位包括中国科学院国家天文台、中山大学、北京师范大学、中国科学院新疆天文台和西安电子科技大学。

在人类认知宇宙的重大机遇面前，在国家致力于取得重要突破的研究方向面前，张鑫教授和他的团队永远一往无前。人类文明已经走过了漫长的岁月，其间有那么一些人，他们的好奇心从未有过哪怕短暂的消失，张鑫教授就是这样一位宇宙真理的追求者。探索的意志驱使着他不断在无穷无尽的苍穹中寻找新的方向，向着无垠的宇宙远征。

潜心科研的耕耘者

求学路上的科学梦想犹如远方的灯塔一直指引照亮着张鑫。他用常人难以想象的毅力和勇气在理论物理研究的海洋中扬帆起航，破浪远行。

基础科学的研究需要阅读海量文献、编程、计算等。"真正想成功，就得全身心地投入。"张鑫是一个追求完美的人，一件事情没有做到最好他就决不罢休。为了检查一个程序的错误，他从早到晚泡在办公室挨个仔细检查代码，熬到深夜是家常便饭。为了保持敏感度，他每天早上起床第一件事就是上网浏览国际预印本库，他每周都要浏览 *Nature*，*Science*，*PRL* 上的相关研究论文。正是这种追求完美的态度，使张鑫总能对学科最前沿的发展动态作出超前的判断。

2014 年，美国加州理工学院、哈佛大学等几个大学的研究人员组成的 BICEP 2 团队首次精确测量到了宇宙微波背景光子的一种非常重要的独特的极化模式，这个测量结果非常重要，但是与普朗克卫星测量结果有矛盾之处。看到这个结果之后，张鑫敏锐地察觉到，"这二者之间的不一致性很有可能是来自我们宇宙学模型当中忽略的惰性中微子的存在"。沿着这个思路，张鑫立刻投入到研究中。经过紧张的工作，几天之后，他得到了计算结果，与他的预想是一致的。张鑫团队很快将研究结果总结成论文，发表到国际预印本库上。而同一时间，美国芝加哥大学的著名宇宙学家 Wayne Hu 研究组与张鑫团队做了相同的工作，但却晚了 4 天。Wayne Hu 研究组在文中承认张鑫团队的工作先于他们完成。

成果发表仅一个月，就被宇宙学领域内著名学者引用 50 余次。2015 年 1 月，诺贝尔物理学奖获得者 George F. Smoot 特别关注了张鑫关于惰性中微子的研究成果，认为该成果表明了惰性中微子模型可以解释普朗克数据与宇宙微波背景极化数据间的不一致。

基础科学研究之路遍布荆棘，有幸达到顶峰的人少之又少。靠着对科研执着追求的精神和永不言败的信念，张鑫始终披荆斩棘，朝着峰顶奋力攀登。

星空梦想的领航者

一沓演算纸、一块黑板、一台电脑……

张鑫在自己的梦想之路上跋涉前行，却并不孤独。他乐于将自己的理念和态度分享给他的队友和学生们，感染和引导着更多的人将目光转向那浩瀚的宇宙，将希望与梦想播向那无尽的苍穹。

东北大学物理学的基础较为薄弱，张鑫竭尽全力改变这种状况。他为本科生开设了新颖的高级科普课程"宇宙与生命"，为研究生开设了"高等量子力学"等课程。作为学术带头人，张鑫一直坚持给本科生上课，并且经常为学生讲授学科前沿知识。听了张鑫的课程之后，很多老师和学生都"锁定"了目标，纷纷投入宇宙学前沿研究。

"张老师讲课旁征博引、深入浅出，把宇宙天体那么深奥的理论讲得妙趣横生，一下子就把我们吸引住了。"傅天赋自从听了张鑫老师的课，就对宇宙学产生了浓厚的兴趣，进入张鑫老师的课题组进行进一步学习，并参加了国家大学生创新计划。在张鑫的悉心指导与帮助下，傅天赋本科阶段就以第一作者身份在国际著名学术期刊 *The European Physical Journal C* 上发表了文章。

2008 级应用物理专业本科生马京哲在张鑫的指导下获得了第十二届"挑战杯"全国大学生课外学术科技作品竞赛一等奖，这是东北大学多年来首次在这一重要的全国竞赛（论文类）中荣获一等奖。2010 年 5 月，马京哲在张鑫的指导下参加了国家大学生创新实验项目，最终完成了一篇高质量的研究论文，发表在国际著名物理学期刊 *Physics Letters B* 上。*Physics Letters B* 是物理学研究的国际权威期刊，影响因子为 5.255。这也是我校本科生首次在影响因子 5.0 以上的国际期刊上发表文章。

学生们每一篇高水平论文的完成都离不开张鑫从选题、开展研究到论文写作各方面的悉心指导。他总是把学生的名字放在论文第一作者的位置上，把自己的名字写在最后。"第一作者对于学生来说很重要，这是他们迈出科研第一步的好途径。"张鑫说。

从对科研一无所知到选定个人的研究方向，从推导、编程、计算到撰写出可读性强的科研论文，需要学生们找到自己的研究兴趣，掌握科学研究的方法。整个过程蕴含了太多的细节，也凝聚着张鑫的滴滴心血。张鑫，正一步步地将他的星空梦想传递给学生。

不驰于空想，不骛于虚声。虽枯燥而艰难，却甘之如饴。浩瀚的星空在我们眼中没有尽头，但在他们眼中却离他们越来越近……张鑫，正与他这群仰望星空的年轻伙伴们，脚踏实地地走在探索宇宙奥秘的路上。

东北大学哲学学科的文脉历史悠久，源远流长。早在 1928 年，梁漱溟、杨荣国、萧公权等著名哲学家就在东北大学创办了哲学系，这是当时东北唯一的哲学系，并很快成为全国知名的哲学研究中心和人才培养摇篮。新中国成立后，著名哲学家陈昌曙、远德玉教授等传承了东北大学的哲学文脉，并结合东北老工业基地的地域特色不断进行理论创新，确立了具有东北工业特色的科学技术哲学研究方向。特别是在改革开放后，东北大学的科学技术哲学发展较快，成为国内科学技术哲学研究的重要阵地，被誉为科学技术哲学的"东北学派"。

东北大学科学技术哲学学科：
先贤引路，开疆拓土

东北大学科技哲学肇始于改革开放浪潮，那个时代对于中国来说既是历史发展的伟大转折期，也是各项事业繁荣上升的难得机遇期。常说时势造英才，但换个角度来看，一个时代之所以能够在历史长河中描摹出壮丽的画卷，勾勒出浓墨重彩之笔，也正是因为一辈辈英雄豪杰于长空搏击风雨，于潮头翻卷涛浪。陈昌曙先生作为东北大学科技哲学的开山之祖，正是把握了最佳的机遇期，为东北大学科技哲学的发展创造了良好的开局。

1978 年，中国的知识分子迎来了自己的春天，陈昌曙也和千千万万的中国知识分子一样满怀着热情迎接这来之不易的科学的春天。陈昌曙参加了由邓小平主持的全国科学大会，备受"科学技术是第一生产力"思想的鼓舞。就是从这个时候起，他除了继续进行认识论和科学方法论的研究，也开始思考技术哲学的一些理论问题。1982 年 10 月 1 日，陈昌曙在《光明日报》发表了第一篇严格意义上的技术哲学论文——《科学与技术的统一和差异》，成为中国较为系统地进行技术哲学研究的标志。随后，陈昌曙又陆续发表了《技术是哲学的研究对象》《试谈对"人工自然"的研究》《科学技术的发展要求我们做些什么——谈自然辩证法工作中的几个关系》等论文，中国技术哲学学科的创建就此拉开序幕。同年，东北大学成立了全国第一个以技术哲学为研究方向的研究所——技术与社会研究所。这个研究所的成立标志着中国技术哲学研究开始走向建制化。它既是我国技术哲学研究的重要基地，也是陈昌曙传播其技术哲学思想、实现其研究纲领的学术田园，为中国技术哲学的发展培养了大批人才。陈昌曙以这个研究所为基地，团结东北三省的高校，特别是哈尔滨工业大学、大连理工大学的学者，共同培植技术哲学的幼苗，收获技术哲学的果实，逐渐形成了中国技术哲学研究的"东北学派"。1982 年，东北大学开始招收自然辩证法专业硕士研究生；1984 年，首批自然辩证法硕士研究生毕业。

陈昌曙先生为东北大学科技哲学的奠基发挥了无可替代的作用，自先生始，我国开创了具有工程传统的中国技术哲学研究方向。从 1980 年到 2001 年，经过 20 余年的努力，陈昌曙先后发表 60 余篇探讨技术哲学问题的文章，为工程传统的中国技术哲学发展绘制了清晰的学术图谱，在国内外学术界产生了广泛的影响。陈昌曙指出，中国的技术哲学要研究中国工程技术的实际问题，要实现人文学者和工程技术人员的对话，中国的技术哲学应该是让工程师听得懂的技术哲学。这是陈昌曙对中国技术哲学研究的基本要求。同时，陈昌曙也提出了中国的技术哲学研究应该有自己的学派，他联合志同道合的老战友远德玉先生，在学术上并肩作战了 20 多年，共同借鉴日本的技术论研究，与日本的技术论学者星野芳郎展开学术交流。1986 年，陈昌曙和远德玉合著出版了《论技术》，对"什么是技术"作了详细的叙述和介绍，并明确提出了技术过程论的观点。1990 年 4 月，两位学术泰斗再次并肩作战，共同完成《技术选择论》一书。在此期间，他们对辽宁的工业企业进行了大量调查分析，从过程论的视角分析了技术的本质和属性。

在陈昌曙先生的带领下，东北大学科技哲学研究不断发展，取得进步，为社会主义现代化建设贡献力量。陈昌曙先生指出，要通过技术哲学研究促进当代中国科学与技术的协调发展。20世纪80年代，陈昌曙从中国当时的科技发展实践出发，对科学与技术进行哲学上的分析，从马克思观点出发提出技术是科学转化为生产力的中介的重要思想，为实现科学技术的生产力功能提供了理论基础，为注重基础科学研究同时要大力加强应用研究的科技政策的制定提供了科学依据，促进了当代中国科学与技术的协调发展。陈昌曙还倡导要建构有中国特色的"人工自然"理论。陈昌曙认为，技术哲学就是自然改造论，廓定了作为自然改造论的技术哲学的基本内容。他指出："人工自然"就是自然改造论的一个基本概念，是技术哲学的逻辑起点。与国外学者从存在论的角度来定义技术不同，陈昌曙创造性地借鉴了马克思关于人工自然的思想，提出了自己的"人工自然"理论。1985年，在《哲学研究》上，陈昌曙发表了《试谈人工自然的研究》，将人工自然界定为与天然自然相对而言的第二自然，同时通过严密的哲学分析给出了天然自然与人工自然的区别，指出人与自然界关系的几个层次。到20世纪末《技术哲学引论》出版，陈昌曙提出的具有中国特色的"人工自然"理论日趋成熟。

一个学科的发展方向要由其所研究的基本问题来引导，东北大学科技哲学在陈昌曙先生的努力下，创造性地提出了引导中国技术哲学发展的基本问题。如同恩格斯通过讨论"哲学的基本问题"引导辩证唯物主义哲学的发展一样，在技术哲学领域，提炼其基本问题也具有构建研究纲领的意义和价值。20世纪80年代，陈昌曙在《技术是哲学的研究对象》一文中就初步构建了技术哲学的研究框架，从宏观上、整体上对技术哲学的研究方向作了初步探索。2000年前，陈昌曙一直没有公开讨论或构建中国技术哲学的基本问题，不愿意构建宏大体系。2000年以后，他开始意识到提炼中国特色的技术哲学研究基本问题的时机已经成熟。2000

年 10 月 14 日，他出席了在清华大学召开的"第八届全国技术哲学研讨会"，会上提交了《技术哲学基础研究的 35 个问题》这篇带有研究纲领性的论文，指出技术哲学作为一门学科存在的可能和具有的水平，取决于它是否具备学科特色，取决于在基本理论上回答的问题。对于技术哲学来说，没有特色就没有地位，没有基础就没有水平，没有应用就没有前途。技术哲学的研究要有生命力和现实意义，必须立足于自己的学科特色，依靠高水平的基础研究，加强应用研究。这篇文章以问题的形式提出了技术哲学研究纲领，技术哲学的学科定位和性质、技术哲学研究的理论意义、技术哲学的本质、科学与技术的关系、技术的价值、技术发展的规律性等 6 个方面提出了 35 个至关重要的问题，对中国后来的技术哲学研究产生了历史性的深远影响。

二、与时俱进，肩负历史责任和使命，站在时代前列

"君子之学必日新，日新者日进也。不日新者必退，未有不进而不退者。"这为北宋程颐在《二程集·河南程氏遗书·卷第二十五》中的经典之语。他认为，君子学习一定要做到日新，日新就是每一天都要有进步。清人张伯行释曰："君子之为学也，必刻励其功，濯旧见以来新机，使其所得有日新之益。……若不日新，便是心有间断，私欲相乘，非昏则倦，日退必矣。未有半上落下，能站得住，不进而不退者。"这与《增广贤文》中的"学如逆水行舟，不进则退"一样，都阐述了进取的重要性。

日新月异的现代社会处于瞬息万变之中，要跟上时代节拍，我们更须与时俱进、积极进取、奋发前行。与时俱进，是哲学意义上的"发展"，是客观事物在自我否定过程中的"螺旋式上升或波浪式前进"的状态。

与时俱进，是求真务实的要求和结果，是开拓创新的正向收获，是新一轮坚持马克思主义科学精神的起点。与时俱进，是马克思主义科学精神的本质要求，也是坚持马克思主义科学精神所应确立的价值目标。科学精神最基本的要求是求真务实、开拓创新。弘扬科学精神，就要坚持解放思想、实事求是，勇于面对科技发展和各项工作中的新情况新问题，通过研究和反复实践，不断创

新，不断前进；就要热爱科学、崇尚真理，依据科学原理和科学方法进行决策，按照科学规律办事；就要勤于学习、善于思考，努力用科学理论、科学知识以及人类创造的一切优秀文明成果武装自己；就要甘于奉献、攀登高峰，为祖国为人民贡献一切智慧和力量，敢于战胜前进道路上的任何困难和艰险，始终勇往直前。

作为现代大学，要紧跟时代的发展而前进，发展要有新思路，改革要有新突破，开放要有新局面；要坚持实施科教兴国战略，大力推进教学、科研、社会服务和管理机制的创新，努力为先进生产力和先进文化的发展，为维护和实现最广大人民的根本利益不断贡献智慧和力量。

创新的核心是"新"。自古以来，从第一次社会大分工到第二、第三次社会大分工，从农业文明到工业文明、知识文明，人类社会的每一次文明进步莫不是由当时具有决定性意义的重大技术和制度创新所牵引出来的一整套经济、社会、政治、文化、生态体系模式的重构。只有不停地创新，才有持续的生命力。因此，"与时俱进"是创新必不可少的表现之一。

一所大学的办学特色伴随着大学的建设和发展逐渐积淀而形成。作为传授知识、发展知识、创新知识，推动学术进步的场所，引领社会发展是大学肩负的责任与使命。在 100 年的建校历史中，东北大学时刻以高度的责任感，紧跟时代步伐和社会发展需要，在技术创新、转移和产学研合作方面形成了自己的办学特色。

在建设初期的 20 多年里，东北大学身负"应社会之需要，谋文化之发展"，知识救国、人才强国的责任感，励精图治，从严治校，为今天的学术繁荣、人才沃土打下了坚实的根基。新中国成立后，东北大学积极响应国家的号召和指挥，根据当时的国内形势，调整办学方针，以"办学强国"取代"办学救国"。乘着改革开放的东风，东北大学适时提出"双为"方针，发出了新时期大学服务社会主义建设的时代先声。东北大学正是在这种精神的指引下，始终把"扎根社会、引领发展"作为自身的责任和使命，把"科教兴国、人才强国"作为自身的目标和任务，主动适应国家经济社会发展需要、迎接科技发展潮流，敢为人先，励志强国。

在新的时代背景下，大学应当承担怎样的使命，应有怎样的担当？面对中国走新型工业化道路、建设创新型国家的机遇和挑战，基于对国家需求、学校定位、自身优势的深入考虑，东北大学将学校发展的远景目标定位为"在中国新型工业化进程中起引领作用的'中国特色、世界一流'大学"。这一目标定位，明确了东北大学在新时期的使命，也体现出东北大学在新时期的担当。

实践发展永无止境，改革创新永无止境。每一个时期，创新的基础和条件都不一样，创新的形式和主线也不一样。"创新决胜未来，改革关乎国运。科技领域是最需要不断改革的领域。"习近平总书记在中国科学院第十九次院士大会、中国工程院第十四次院士大会上的讲话中强调："中国要强盛、要复兴，就一定要大力发展科学技术，努力成为世界主要科学中心和创新高地。"当今世界，新科技革命和全球产业变革正在孕育兴起，新技术突破加速带动产业变革，对世界经济结构和竞争格局产生了重大影响。科技创新已经成为提高社会生产力和综合国力的战略支撑。

科技创新能力是高校竞争力的重要体现，是学校持续发展的动力和源泉。多年来，东北大学紧扣时代脉搏，坚定实施科教兴国战略、人才强国战略和创新驱动发展战略，坚持创新是引领发展的第一动力，加强对关键共性技术、前沿引领技术、现代工程技术、颠覆性技术的攻关创新，努力成为推动中国特色新型工业化道路发展的主力军。

向地球深部进军

向地球深部进军！习近平总书记的号召，将人们的目光引向地球深部。抚顺，红透山铜矿，中国有色金属的支柱型企业，1000，1500，1659 米，企业不断挑战极限，刷新金属矿山深部开采纪录。这种勇气和自信源自他们身后强大的安全保障团队——东北大学深部金属矿山安全开采教育部重点实验室。

实验室常务副主任李元辉表示，地下采矿超过 800 米，情况就十分复杂，岩爆等地压问题突显。实验室一直努力研发岩爆监测技术和控制方案，为矿山安全生产保驾护航。

2010年，东北大学面向国际学科前沿、面向国家重大工程、面向国民经济主战场，成立深部金属矿山安全开采教育部重点实验室，吹响了向地球深部进军的号角。

"实验室党支部自成立之日起，就确定了围绕实验室建设中心工作开展党建的思路，凝心聚力，大团队创新，全力支撑向地球深部进军，为深部岩体工程解决实际问题。"实验室党支部书记杨成祥说。

通往地球深部的路充满艰辛。深地开采极易诱发大体积塌方和岩爆等灾害，对国家财产和生产安全造成重大威胁。实验室积极承担国家重大工程项目，深入一线，监测安全隐患，寻找破解方案。

在海拔3400米的高原深埋隧道监测时，姚志宾等人直面强烈的高原反应和频发的岩爆，不断自我调整，最终适应了环境，融入了紧张的工作。在三山岛金矿工作的安龙博士，每天要花50多分钟的时间坐矿车到900多米深的矿底，在高温高湿、环境恶劣的井下工作四五个小时。但想到能为矿山解决实际问题，他认为所做的一切都是值得的。

"现场工作条件艰苦，为了坚定大家报效祖国的理想信念，党支部积极开展传承'五四煤'精神、责任使命教育、健康减压等丰富多彩的活动，润物无声地培养全体党员的奉献精神。"实验室副主任张凤鹏说。

实验室科研人员频繁出入埋深1000多米的深部采场，探索出新型采矿方法和开采技术，为深部资源安全、高效、绿色开采提供技术支撑。

党建护航，攻坚克难。实验室强调原始创新性研究，自主研发出高压硬岩全应力应变曲线真三轴装置等系列化的深部工程科学实验设备，成为深部工程安全的"守护者"，并创造了巨大的经济效益和社会效益。

你若花开，蜂蝶自来。"国际非常规地质力学研究中心""中加深部开采创新研究中心"等国际科研机构相继成立。实验室"以我为主"的国际合作模式，吸引了美国、挪威、加拿大等国众多顶尖专家学者参与实验室工作。

实验室在不断取得重大科研成果的同时，还积极为青年人提供参与实践的机遇，搭建高水平科研平台，让他们在真刀真枪的实战中健康成长、快速成长。刘造保教授、王者超教授、徐帅副教授等一批优秀青年教师在实验室快速成长为科研骨干，成为向地球深部进军的生力军。

随着科研团队的壮大、实力的增强，实验室不断拓展新的研究领域，正向着页岩气开采、深部地热开发利用、交通隧道工程、油气地下存贮、水电工程等更广阔的领域阔步前行。

一流的团队，培养一流的学生。实验室坚持以本为本，通过大学生走进实验室、本—硕—博传帮带等机制培养学生。毕业生年年都是就业市场的"抢手货"。

实验室老教师田军表示，"我从事实验室工作已经36年，亲眼见证了实验室的快速发展。我全身心地投入工作，就是源自对这个集体的热爱。人们都说我是实验室的老黄牛，其实，每个人都把实验室当成自己的家，无私奉献，兢兢业业！"

实验室党支部于2017年被评为辽宁省先进党支部，2018年被评为全国党建工作样板支部。这是一个充满生机和活力的集体。在这里，个个都是精兵，人人都是先锋。他们正向着"国际一流科研机构和顶尖人才培育中心"的目标奋勇前进。

多年来，东北大学构建了科技创新、科技成果转化与工程化、科技成果产业化与高新技术企业孵化三大平台架构，走出了一条产学研相结合、科技创新体系上中下游密切配合的高新技术企业发展道路。

从世界科技发展大势看，科学技术从来没有像今天这样深刻影响着国家和民族的前途命运。只有在更高层次、更大范围发挥科技创新的引领作用，不断增强科技实力和创新能力，才能实现建设世界科技强国的奋斗目标。

建校百年来，东北大学紧密结合国家和地方实际，以区域经济社会发展需求为导向，明确目标，加强学科和队伍建设，逐步形成了面向基础产业的特色优势学科（冶金、材料、机械、矿业等）、面向战略性新兴产业的优势学科（自动化、计算机、生物医学工程等）和人文社会科学学科（科技哲学、管理、行政学等）协调发展的格局。高层次拔尖创新人才不断涌现，服务国家区域经济社会发展的能力不断提升。

以实干创新，应国之所需

特厚板、大规格型／棒材产品广泛用于超大型基建、重载货运专线等国家重大工程，以及航母舰船、高铁动车等重大装备的关键承压、承重、耐磨部件制造，是中国制造、国家安全不可或缺的钢铁材料，具有重要战略意义和巨大经济价值。因其特殊的服役环境，对组织均匀性、性能等质量要求极为严苛。

我国现拥有大断面连铸生产线80余条，但因铸坯的中心偏析、疏松等凝固缺陷一直未能得到根本解决，极大制约了产品的成材率、生产效率及服役稳定性。为此，东北大学朱苗勇教授团队历经10余年攻关，研发了适用于我国"一线多产"的动态重压下关键工艺与装备技术，形成了从原理、装备、技术到应用的完整知识产权体系。在2020年度国家科学技术奖励大会上，东北大学为第一完成单位、东北大学冶金学院朱苗勇教授为第一完成人的"连铸凝固末端重压下技术开发与应用"项目荣获国家科学技术进步奖二等奖。

突破关键工艺技术，开启世界"领跑"模式

"连铸"即连续铸钢，是钢铁生产中使钢水凝固成型的主要方法，与传统模铸方法相比，具有大幅提高生产效率和金属收得率及铸坯质量、节约能源等显著优势。目前，我国钢铁年产量已经突破11亿吨，其中98%以上都采用连铸方式生产。"连铸是整个

钢铁制造流程的中心环节，直接决定着生产效率、产品质量与性能。"朱苗勇介绍，"一个企业的连铸水平，反映了企业整体的生产技术水平。"

连铸凝固末端重压下技术，即在连铸机的凝固末端，充分利用铸坯"内热外冷"高达 500 ℃温差的固有特点，在厚度方向实施 10% 以上的大变形压下，从而消除偏析提升均质度，焊合缩孔提升致密度，全面提升大断面铸坯的心部质量，从根本上解决了高端大规格钢材产品无法大批量稳定生产的难题。

项目组在唐钢、攀钢建成投产国际首条可实施连续、动态重压下的宽厚板坯、大方坯连铸生产线，开辟了低轧制压缩比生产高端大规格钢材的新途径。技术实施后，产品质量指标优于国外产线。产品已广泛应用于北京大兴国际机场、冬奥会核心区、上海前滩国际商务区等多项重大工程，以及远洋货轮、煤机等重大装备。生产的 75 kg/m 长尺重载钢轨组织性能更加均匀稳定，服役寿命提升了 60%，形成 100 m 长尺重载钢轨生产能力，在我国"西煤东运"主干线朔黄线与"中国重载第一路"大秦线铺设率分别达 99% 和 90%，年通货量超 8 亿吨，保障了我国电煤供给生命线稳定运行。近 3 年为企业创造直接利润 11.74 亿元。

与国外同类技术相比，项目独创形成的"多段 / 多点＋动态"重压下技术，具有适用性强、产品覆盖全的显著优势，研制的世界首套具有动态重压下功能的装备，能力强、寿命长。目前项目技术已在河钢、鞍钢、宝武等重点钢企的 9 条产线推广应用，并已输出韩国现代钢铁等国际先进钢铁企业和意大利达涅利等国际顶级设计院。

"重压下技术是我国科技工作者对世界连铸技术的重大贡献，必将引领国际连铸技术发展的新潮流。这项技术实现了高端大规格宽厚板、型棒材产品的高效低成本稳定生产，对冶金技术的自主创新具有显著的引领示范作用。"中国工程院院士王国栋表示。

目前，项目技术已成为新建大断面连铸机的优选或标配技术，可为海洋工程、能源石化、交通运输等重点行业领域提供高端大规格钢铁材料，全面服务国民经济主战场。

坚持原始创新，引领行业发展

朱苗勇从事钢铁冶金行业已有39年。1984年，朱苗勇考入东北工学院钢铁冶金系。刚入学时，他只想到毕业以后应该有份稳定的工作，但是这个想法因为一篇文章发生了改变。1986年，《人民日报》刊发《世界性的业绩》一文，介绍了东北工学院冶金专家萧泽强教授在国际上取得的学术成绩。"我觉得很自豪，我们中国也有这么了不起的教授，自己也应该有更高的目标。能成为萧老师的学生，是自己一生中很重要的一次选择。"朱苗勇回忆。

本科毕业，朱苗勇在研究生考试中以优异成绩成为萧泽强教授的学生，从此也对所学专业有了更深刻的认识。朱苗勇认为，20世纪八九十年代，我国钢铁研究领域理论方面的研究和国际上还是有一定差距的，高校应该在这方面有更多的创新，特别是理论上的创新。

1993—1997年，朱苗勇多次前往世界钢铁领军型企业——新日本制铁株式会社（新日铁）的先端技术研究所作访学研究，1998年前往瑞典皇家工学院做客座研究员。"在当时，国外的研究环境、条件还是更优越一些，除了专业领域的知识，他们做事精细、认真的态度，推动技术创新的经验做法，都给我很大启发。"

在外国人眼中，朱苗勇是难得的科技人才，瑞典方面还特意来沈阳邀请他到瑞工作，但朱苗勇认为："从内心讲，我还是有一种情结。我觉得还应该在国内的学校工作，还应该在东北大学。而且我们周围有鞍钢、本钢和一些其他企业，开展工作也比较方便。"

朱苗勇长期从事洁净钢冶炼、高效连铸、冶金过程模拟仿真与控制等方面的研究。他带领团队搞研发、走企业，直到现在，也坚持把每分钟都揉碎了用。"朱老师出差一般会选择下午或者晚上出发，这样白天可以上班工作，晚上可以赶路，第二天还可以工作。"团队青年教师邓志银说。

30 多年来，朱苗勇主持了国家创新计划、国家重大装备国产化创新、国家杰出青年科学基金、国家自然科学基金重点项目及企业合作等科研项目 70 余项。

近年来，研究团队开发的多项新工艺与装备技术引起了钢铁界的高度关注，对我国钢铁行业的转型升级、绿色发展发挥了重要作用。"钢的二次精炼理论与新工艺"探索出用模拟研究钢液中夹杂物行为的方法，揭示了钢液中夹杂物的去除规律和机理，为细小夹杂物的控制和洁净钢生产奠定了理论基础；提出了钢包底喷粉精炼新工艺并研制出配套装备，为形成新一代洁净钢冶炼工艺技术奠定了重要基础。"高效连铸理论与工艺研究"中，团队建立了一套研究、优化连铸中间包内腔结构的理论和方法；实现了连铸过程三维多场耦合的数值模拟，揭示并建立了反映钢渣卷混的特征值与弯月面处液面波高之间的内在关系，定量描述了连铸结晶器内钢凝固过程气隙和保护渣的分布规律及凝固坯壳的热－力学行为。特别是在微合金钢连铸坯表面裂纹控制研究方面形成了原创性技术，设计研制出高效传热的内凸曲面新型连铸结晶器，研发出实现凝固组织超细晶化连铸机二冷区控冷新技术，并规模推广应用于宝武、鞍钢、河钢及韩国现代钢铁等国内外 13 家企业 24 条生产线，成果获得辽宁省技术发明奖一等奖、冶金科学技术奖一等奖，2019 年申报国家技术发明奖进入会评。

朱苗勇认为，理论创新、技术原理创新应发挥高校在行业技术创新发展中的核心作用。轻压下、重压下技术原理和方法在国内是由东北大学率先提出的，最终在行业应用推广，发展成为企业"标配"。原始创新，是他一直以来的坚持："别人已经在做并形成优势的方向我们就不应再花时间，而是要用更多的时间思考行业未来的发展，多做引领、开创性的工作。"

"希望学生以后都比我优秀，为国家多作贡献"

作为东北大学先进冶炼－连铸工艺与装备研究所的负责人，朱苗勇十分注重团队建设，大力支持青年教师的发展，给他们创造机会练就本领、展示才华。研究所目前共有教师11名，朱苗勇根据不同教师的特点，帮助每个人设置了领域方向，让他们在各个项目中不断锻炼、成长。

"一项原创性的技术是很难实现的，需要几年甚至十几年的不断尝试和积累。"朱苗勇说，"我常跟团队的青年教师和学生们讲，如果容易做，那大家都能做出来了。要沉下心来，踏踏实实，以科学、严谨的态度对待每一件事，真正做出一些成果和贡献来。"

目前，朱苗勇已经培养百余名博士、硕士研究生，指导的《精炼和连铸反应器内夹杂物物理行为的研究》《高拉速连铸结晶器非正弦振动理论与参数优化研究》2篇论文获全国优秀博士学位论文提名奖。如今论文获奖者郑淑国、孟祥宁已经成为教授、博士生导师，在高效转炉炼钢、连铸结晶器振动研究领域形成了各自的特色。青年教师祭程（"连铸凝固末端重压下技术开发与应用"项目第三完成人，教授、博士生导师）则在连铸凝固末端压下提升铸坯内部质量研究方面不断做精做深。

冶金学科是东北大学的传统优势学科，要把这种优势传承、保持下去，坚持原始创新，加强课程、教材建设，注重人才培养，都是十分重要的方面。

除了担任国家级精品课"冶金学""冶金工程概论"主讲教师外，朱苗勇还倾注大量精力，主编国家级规划教材。《现代工艺冶金学（钢铁冶金卷）》是国内第一本冶金学系统教材，历经三次改版，现已被国内30余所开设此专业的高校指定为专用教材，发行量、影响力持续升高，2018年以第一名成绩被中国冶金教育学会评选为冶金类优秀教材一等奖，现已被辽宁省推选参评全国首批优秀教材。

为了加强对研究生综合素质和水平的培养，研究所与国内外高校、科研院所和企业等建立了长期、深入的合作关系，每年邀请国外知名教授来校进行学术交流和授课。鼓励并支持表现突出的研究生进行联合培养，先后有数人在美国、芬兰、瑞典等国完成联合培养并以优异的成绩取得博士学位。

一直以来，研究所的教师们要求学生"做真课题，真做课题"，不仅要能"顶天"，而且要能"立地"，鼓励他们深入企业一线进行一定时间的摸爬滚打，学真本事。因此，研究所毕业的研究生深受高校、科研院所和企业的欢迎，在新的工作岗位能够较快适应环境，表现出较强的职业发展潜力。成绩优异的研究生不仅获得国家奖学金和各种命名奖学金，还获得"2011计划"钢铁共性技术协同创新中心颁发的奖学金。

"我觉得我实现了当年留校的目标，特别希望培养的学生都能超过自己，不仅是为他们自身的发展，更重要的是为国家的发展多作贡献。"朱苗勇说。

在"大众创新，万众创业"的大背景下，高校人才培养怎样才能紧跟时代的需要，满足创新的需求呢？多年来，东北大学把握时代脉搏，一直走在教育改革前沿，通过优化理论课程、强化创新实践、深化专创融合，积极构建"科研＋竞赛＋孵化"的链条式培养体系，形成"创造－创新－创业"立体化教学架构，"产学研结合"和"创新创业教育"成为东北大学有目共睹、最鲜明的办学特色。

敢闯会创
让每一个双创梦想都拥有最靓丽的色彩

作为一所具有爱国主义光荣传统和创新创业基因的大学，东北大学在百年办学历程中，始终坚持立德树人，紧紧围绕经济社会发展对人才的需求，将创新、创业、创造教育视为专业教育的践行机、融合剂、倍增器，在国内率先提出了基于新工科的创新创业人才培养新模式，打响了国内高校"服务社会"领域的声望，取得了创新创业创造动能释放、创新创业人才辈出的可喜成绩。

优化双创生态，打通师生创新创业的"最后一公里"

良好的创新创业生态环境是激发创新活力、培育创新创业人才的先决条件。学校大力营造创新创业文化氛围，厚植创新创业文化土壤，实现创新创业教育软硬环境"双一流"。完善顶层设计，成立东北大学创新创业教学指导委员会，先后出台并革新项目、竞赛、创业活动管理办法，落实学生奖励政策，将竞赛、项目指导纳入教师晋升、考核；发挥创新创业教育导师联盟作用，加强校内外、专兼职相结合创新创业导师团队建设；实施创新学分，探索创新创业学分积累与转换制度；设立卓越奖学金，组织学生创新创业"校长奖章"评选活动，有效落实了创新特长推免激励政策；加大投入力度，多渠道争取资金支持，确保年均投入创新创业教育资金超过 1000 万元。2015 年，学院集聚优质资源打造专属化实践空间，建立近万平方米学生创新创业基地，创建 1923 咖啡及东创空间实践平台；2020 年启动院级学生创新创业基地建设，打造创新工程坊，真正实现了"政策、人员、场地、经费"四到位，打通师生创新创业的"最后一公里"，东北大学创新创业教育开启了新篇章。

深化思创融合，培育堪当民族复兴重任的时代新人

坚持为党育人、为国育才，坚持五育并举，系统推进习近平新时代中国特色社会主义思想进教材、进课堂、进头脑。编写《创业基础》等教材，实现"传统优势工科与创新方法引领"的融合，出版《创新方法在钢铁领域的应用案例分析》；探索实现思政课程与课程思政的有机结合，将创新创业活动开展过程中总结凝练形成的思政元素作为学校"课程思政"建设工作的有利资源，建立《东大双创人》等案例库，丰富东大思政课资源，讲出思政课中的"东大味道"，"电力系统分析"等课程入选教育部课程思政示范课，"创客启蒙"等课程被列为校课程思政示范课，学校获评教育部课程思政教学研究示范中心。持续开展青年红色筑梦之旅、未来企业家集训营、"责任·立德·成才"素质拓展训练营等

活动；连续 14 年开展创新创业工作颁奖盛典，凝聚榜样力量，众多卓越的双创学子正在成为引领校园风尚的主力军。

推进知创融合，构建双转化的卓越人才培养新体系

在东北大学，课堂理论教学与课下实践教学高度融合，内容丰富、形式多样的创新创业系列课程高达 100 多门。2015 年，学校创造性地开发了"众创式协同教学模式"，由专任教师协同企业高管共同开设"企业创新创业管理"全校性选修课，年选修人数超 5000 人。2016 年，由创新创业学院主导面向全校学生开设"创业基础"必修课，推广普惠性创业教育理念。2017 年，总结以往授课经验，以混合广谱模式进一步革新"创业基础"必修课，并以众创协同模式推广创新创业提升选修课。2020 年，以"三创五育"为特色打造"创客启蒙"精品课，以"教赛融合"模式打造实践课，进一步优化基础知识普及、专业课程融入、实用技能提升的梯度型、交错式创新创业教育课程体系。近年来，通过教学、课程模式改革、开展师资培训、组建教材编写团队、举办创新创业教学大赛等方式，创新创业教育已经实现各学院的全面覆盖。年均 500 多名专业教师投入创新指导，200 多位校内专业教师和校外企业家受聘创业导师，28 位导师入选全国万名创业导师库，创新创业教育理念正以全新的方式融入专业教育。

落实行创融合，打造实干报国的双创教育新生态

要让创新创业工作的成果最大限度地惠及每一个学生，这是东北大学创新创业教育的目标定位和发展要求。为此，学校积极构建多层次、链条式、递进式创新创业教育活动体系，确保不同层次、不同年级的学生都能参与其中。目前，在东北大学，每个年级的学生都有一个属于自己的科普节日，全校学生均有机会参加各类科技竞赛。通过实施想象力普培计划，学校成功打造大一创意节、大二科普节、大三科技节、大四创业节链条式精品科普活动，形成创新讲坛、大学生科普知识竞赛、创新思维擂台赛等科普品牌赛事 200 余项，2022 年参与学生总数突破 7 万人次；年

均实施以大学生创新创业训练计划为主体的"国家、省、校、院"四级创新创业项目 600 余项；实施双创竞赛七星分类，搭建分梯度、重交叉、可量化的"十有"科技竞赛实践育人体系，竞赛实现学科全覆盖；创办以"专创融合 模块教学 行动为先"为特色的创业先锋班，开展"创吧"创业基金争夺赛、未来企业家集训营、炼金训练营等具有鲜明时代特色的创业活动近百项；组建创新创业团队近千支，打造示范性学生创新团队 38 个，年均培养本硕博千余人；全校 55% 以上的学生深度参与过科研项目、科技竞赛、创业实践的训练，实现了学科链、产业链、人才链的有效衔接，科研成果转化为教学和学科内生资源的双转化机制逐步完善。

砥砺创新发展，谱写硕果累累双创育人华彩篇章

从 2007 年 9 月至今，东北大学创新创业教育实现了从"双创初体验"到"特色全覆盖"再到"示范强辐射"的华丽蜕变。截至目前，学校主导开展的国家级竞赛数量从 2007 年的 18 项增长到年均 70 项；省级以上竞赛获奖人数从 2007 年的 370 人增长到目前的超过 5000 人；以"国家大学生创新创业训练计划"为主体的本科生创新训练项目从 2007 年的 61 项增长到年均 600 项；以项目形式深度参与科研训练、创业实践的学生总数从 2007 年的 183 人增长到年均 2500 多人。通过参与创新项目，学生发表论文 1644 篇，申请专利 914 项；对标行业发展，双创实践孕育学生企业 102 家，提供就业、实训岗位 2000 余个；年均 1000 余人在国内享受盛誉的竞赛平台上斩获大奖，越来越多的东大学子在国际舞台上发出东大声音，绽放青春风采。东大学子在国际大学生数学建模竞赛中勇夺国际特等奖；在全国大学生机械创新设计大赛中获评"好设计"奖；在中国创新方法大赛中勇夺全国唯一金奖；ICPC 国际大学生程序设计竞赛世界总决赛世界排名第 62 名；中国国际"互联网＋"大学生创新创业大赛金奖排位赛第 5，获最具商业价值奖，学校获得高校集体奖（辽宁省唯一）。"挑战杯"中国大学生创业计划竞赛，学校两次捧得"优胜杯"；机器人创新团队包揽

海、陆、空机器人大赛冠军，成为机器人竞赛领头羊；在2022年全国普通高校大学生机器人竞赛指数中，学校获评A+，位居全国高校TOP2%、辽宁省首位；在2022年发布的全国普通高校大学生竞赛榜中，学校竞赛获奖数量排名全国第2，综合排名全国第7，领跑权威榜单。

文化传承，坚守双创教育初心；特色发展，彰显百年学府担当！近年来，东北大学特色教育模式先后得到光明日报、中国教育报、新华网、人民网等多家新闻媒体的充分宣传报道。学校先后入选教育部"全国高等学校实践育人创新创业基地"、科技部备案的国家级众创空间、"全国大学生创业示范园"（全国29所）、"深化创新创业教育改革示范高校"（首批百强示范校）、"全国创新创业典型经验高校"、"全国科学技术普及示范基地"、国家级创新创业学院，正在成为立足东北、走向全国的创新创业教育示范样板。面向未来，学校将继续遵循"夯实基础、挖潜培优、回归育人"的发展思路，坚定地走"创新型、特色化、开放式"发展道路，充分发掘各项资源，为学生注入创新创业基因，着力培养敢闯会创的拔尖创新创业人才，争取让每一个东大学子的双创梦想都绽放出最靓丽的色彩。

三、敢为人先，打破常规另辟蹊径，引领事业发展

敢为人先，顾名思义，就是敢于做别人没有做过的事，敢于走前人没有走过的路。它体现着一种"咬定青山"后的敢想敢试、锐意进取的精神风貌，体现着勇立时代潮头、善开风气之先、敢于争创一流的胆识魄力。敢为人先就是要做到自觉、自主、自愿地将人民群众的利益放在首位。敢为人先并不是鲁莽冲动，也不是不按照实际情况展开幻想，而是适时把握社会趋势，因时、因势、因地制宜地行动，始终保持对未知事物的好奇心和探索精神。

以往改革的艰辛历程，无一例外地镌刻着"敢为人先"的烙印；展望未来，正在推进的全面深化改革，注定是一场啃"硬骨头"、涉"深水区"的攻坚战，来自"险"与"难"的挑战将伴随改革的每一步。只有拥有"敢为人

先"的勇气、胆识，我们才有可能实现中华民族伟大复兴的中国梦。

敢为人先，是对时代、对历史的责任担当。中国正处在一个快速变革、发展的时代，加快改革发展是时代共识，百舸争流是这个时代最主要的特征。改革如逆水行舟，不进则退。在这一背景下，既要去除"比上不足比下有余"的故步自封心态，更须具备"慢进同样意味着退步"的紧迫感，自觉肩负起历史赋予我们这代人的使命。

敢为人先，是一种甘冒风险、直面挑战的胸襟。既然是先人一步，就必然有风险相伴，就必须直面前人没有经历的挑战，就可能面临更大的失败概率。包容失败，给予先行先试者鼓励，是一个社会成熟的标志，是一个国家积累、创新、前进的动力。这就需要全社会为敢于先人一步的挑战者营造良好的成长环境，以欣赏的眼光、鼓励的心态坦然面对失败，让先试者拥有"摔倒后爬起再来"的勇气。

要保持不满足的理论渴望和实践操作的好奇心，要不断丰富科学和社会科学的新疆域，不断把别人不敢做的事情拿来尝试一下，不断将理想化为丰富的实践行动，不断本着实事求是的科学精神，在尝试中总结经验教训。30 年前，以刘积仁为首的 3 名东大年轻人，在学校信息学馆一间空荡荡的教室里，以 3 台电脑和 3 万元经费起步，创建了计算机软件与网络工程研究室，从此鏖战商海，一路凯歌，创造了东北大学的一个神话，也创造了中国软件业的一个神话！

中国软件业的神话

20 世纪末 21 世纪初，一批来自东北大学的年轻人，在自己建造的软件园中，吹响了产业富国的号角，掀起了"数字圈地运动"。在他们的带领下，沈阳发生了翻天覆地的变化。如今的沈阳拥有中国最大的 IT 教育与培训基地，已经成为中国的 IT 产业基地。

　　而这场改变沈阳乃至全国经济发展格局的"数字圈地运动"是刘积仁等3个年轻人，以3台电脑、3万元科研经费创造的神话。

　　1988年1月，东北工学院计算机系计算机软件与网络工程研究室在信息学馆宣告成立。其实，说是成立了一个研究室，研究室的家产是相当寒酸、简陋的。工作场所是一间连张桌子都没有的空荡荡的教室，设备是3台电脑。研究室的正式成员只有3人。其中，牵头者是留美博士刘积仁，另外两位是赵宏和刘晓铭。

　　刘积仁从美国回来就想着要做事，新成立的研究室尽管寒酸、简陋，但毕竟可以挂牌营业，也算是名正言顺。

　　有米才好下锅炊。研究室成立的第一件事就是融资。刘积仁忙着申报基金项目。尽管没有深厚的资历，但幸运的是，项目报上去竟获批了，然而划拨下来的经费加在一起不到3万元。为了筹到更多资金，刘积仁拿着博士论文亲自跑"863"项目，结果又跑来3万元。这样，刘积仁就有了两个项目。只是，这两个项目都是分期付款，一次付1万元。当时他手里只有宝贵的2万元。

　　另外1万元的获得，实在有些偶然。一天，刘积仁正坐在他们那间又大又空的研究室里想心事，突然听到了敲门声。来者是个年轻人，自称在抚顺铝厂工作，说他们单位要做一个网络系统，希望找一家有能力的单位来帮助实施。当时刘积仁正为缺钱发愁呢，听说来活了，心里真是无比兴奋，不过他给年轻人卖了个关子，说，做这个嘛，一定要找技术实力强的单位。谁知，年轻人却说："我们已经去过清华，领导让我再到你们这里看看有没有人能做。"刘积仁一听，心里揣着激动问："你们与清华定了没有?"年轻人回答："没有。"说到这，刘积仁意识到，机会真的来了，便让年轻人去问清华的出价。

　　刘积仁要摸清华的底，说真的，他自己也不知道给抚顺铝厂搞这个网络系统应该收人家多少钱。年轻人在和清华联系了一通后又来见刘积仁，说："清华开了3万元的价。"刘积仁想也没想就说："我也开3万元。"不难看出，刘积仁对自己信心十足。年轻人顿时愣住了："你……你也不比别人便宜啊。"刘积仁笑了笑说："我的解决方案不比他们的差，更重要的是，沈阳离抚顺近，我们的服务肯定比他们好。"

事情就这样定下来了，但在商定合同条款时，刘积仁提出要抚顺方面先付1万元作为项目启动资金，供他们在实验室做项目使用，研发成功后到抚顺实施，而且，抚顺方面还要把他们的设备搬到实验室，同时派人过来与刘积仁等一同开发项目，理由是，顺便能为抚顺方面培养人才。

刘积仁讲得合情合理，操作方案切实可行，抚顺方面很爽快地在合同上签了字。

先是"虎口夺食"，而后又"借鸡生蛋"，刘积仁在起步艰难、处境困窘之中凭实力和机智获得了一笔宝贵的资金。

由此起步，凭借这"3个3"——3个人、3万元、3台电脑，刘积仁和他的战友们在艰难中开始了自己的创业之旅。

刘积仁为抚顺铝厂编制调度微机网络管理软件，到现场调试阶段，刘积仁一班人马开进抚顺铝厂。以后的几个月，他们没日没夜地干，一直忙到那年的小年夜。当刘积仁、赵宏、刘晓铭、柳玉辉等人工作结束，想找一个地方吃顿饭时才发现所有饭馆都打烊了。最后，几个饥寒交迫的大男人终于敲开了一家小饭店的门。大家都饿急了，要了很多饺子。实在吃不动了，他们就互相猜拳，谁输了就吃一个。就这样，这一年的"小年夜饭"成了他们艰辛创业历程中一个无比温馨的回忆。而我们看到的，是一种自信，是一个年轻团队善于抓住市场，巧妙掌握信息，科学应对挑战的果敢与坚毅。

东北工学院抓住中共沈阳市委、沈阳市政府建设南湖科技开发区和三好科技一条街的大好时机，启动学校东部科学园实体工程建设，不失时机地、果断地将体育馆以东包括部分学生宿舍在内的约6公顷土地划出来建设东北工学院科学园实体工程，建成了如今位于三好街的中国第一个以大学名称命名的科技园——"东北大学国家大学科技园"。

今天的东软已经将软件嵌入汽车、仪表设备、移动终端、数字家庭产品中，成为拥有员工2万余名、注册资本12亿元、总资产达上百亿元的上市公司。东软集团创造了众多全国第一：从中国第一个大学科技园到中国第一个计算机软件国家工程研究中心，从中国第一个大学软件园到中国第一个国家"火炬计划"软件产业基地……以东软集团为引领，维用科技大厦、软件大楼、东科电子市场等陆续落成，东北大学软件园成为东北地区最大的电子产品、元件集散地，成为中国东北的"硅谷"。

从"3个3"到规模宏大、赫赫有名的东软集团，从东北工学院刚刚留校任教的教师到东软集团的总裁，刘积仁一路征战，成绩斐然。

从一间简陋的教室到东大软件园，看似简单的地点搬迁，却经过了一番激烈的"斗争"，蕴含着一次富有智慧与前瞻性的科学决策。

20世纪90年代，东北大学创办IT产业，曾遭遇激烈的反对，甚至有一名教师找到校长，认为这是"逼良为娼"。在巨大的压力下，领导班子经过严肃认真讨论，统一了思想：第一，把企业放到开发区，建立科技园，让他们独立发展；第二，是放飞，就是上市；第三，明确大学与产业的关系是"培育"，而不是"办"，培育好了就要把它推向社会。

基于这样的共识，东北大学毅然决定，将学校办成高新技术企业的孵化器，放飞东软，容许东软到浑南高新区东大软件园更广阔的空间发展，造就一个世界一流的软件企业。这一决定使东北大学国家大学科技园的发展走在了全国的前列。

1995年6月23日，东大软件园奠基。1996年11月18日，东软人冒着大雪进驻各项设施并不健全的东大软件园。原国家科学技术委员会火炬办专家经过实地考察研究之后，决定授予东大软件园"国家火炬计划软件产业基地"称号，这也是我国第一个"国家火炬计划软件产业基地"。

服务社会是现代大学的重要使命。东软的成功放飞，激发了东大人构建高层次社会服务体系的热情，东北大学充分发挥国家大学科技园成果转化与孵化的功能，走出了一条产学研相结合、科技创新体系上中下游密切配合的高新技术企业发展道路。

同东软集团的创立和放飞一样，第一台国产 CT 机在这里诞生同样具有传奇色彩。而且，它的神奇之处在于，中国第一台国产 CT 机竟会诞生在一个以采、冶、机、电为主的工科院校。

从模仿到创新——国产 CT 机鼻祖诞生记

位于东软集团的 CT 机研制中心是一座朴实无华的 4 层小楼，然而这里却是每一位视察东北大学软件园的国家领导人必到的地方。这项具有世界领先水平的高端技术已历经 20 多年的发展历程，它的"鼻祖"就是第一台国产 CT 机。如果说我国第一台计算机在东北大学的诞生带有一定的传奇色彩，那么第一台国产 CT 机在这里诞生更似一段神话。它的神奇之处在于，中国第一台国产 CT 机竟会诞生在一个以采、冶、机、电为主的工科院校。

CT 机（computer tomography scanner）是"计算机断层扫描仪"的缩写，是现代医学临床影像诊断的重要设备，它能对人体全身各部位的占位性病变作出准确的诊断。十几年时间，从维修 CT 机到研制 CT 机，从生产一台样机，到生产大批量、多品种现代电子医疗器械，从一个小小的作坊，到现代化的厂房、现代化的生产线，从十几个人的研制组，到国家数字化医学影像设备工程技术研究中心……所有这些都是从两位年轻教师维修 CT 机开始的。

20 世纪 80 年代的中国还不能自主研制 CT 机，需要大量从国外购买二手 CT 机。1985 年，天津外贸总公司一次从美国英特瑞德公司引进 3 台 CT 机，其中一台置于唐山钢厂医院，不幸的是，这台 CT 机很快出了毛病。在这种情况下，沈阳市卫生局孙宝鑫局长提出引进竞争机制，采取招标的办法解决这台 CT 机修复的难题。

1988 年 12 月 2 日，东北工学院教师郑全录、李甲递的修复方案一举中标。他们二人接手后，以严谨的科学态度，从整机到具体部件，由浅入深地进行剖析、检测，很快就查出了故障的原因。之后，他们又废寝忘食，对症施治，仅用 2 个月的时间就使这台机器起死回生。后来又对其他 2 台机器进行了改进。通过对 3 台 CT 机维修的实践，郑全录、李甲递对 CT 机的制造原理和运行规律、CT 机主要部件与非主要部件的关系和相互作用，在认识上有了质的飞跃，在实际操作运用方面更是驾轻就熟。他们了解到由于我国不能制造 CT 机，每年要花费巨额外汇从国外进口，对此深感痛惜。同时，他们认为自己动手研制全身 CT 机的时机和条件已经成熟。1989 年 3 月 6 日，在"沈阳医学院附属中心医院 CT 机应用鉴定及新闻发布会"上，沈阳市领导郑重提出要东北工学院研制 CT 机。几天后，郑全录用最短的时间拿出了项目可行性报告，得到了当时东北工学院领导的支持。我国第一台 CT 机的研制工作实际上从这个时候就开始了。

经过 4 年多的努力，1993 年底，由我国研制、具有自主知识产权，性能高、价格低，适合我国国情的全身 CT 扫描机终于组装调试成功。1993 年 7 月，攻关组研制的第一台 CT 样机已组装完成。时任国家科学技术委员会副主任的邓楠前来视察，她详细了解了这台 CT 机的质量性能之后，满意地说："我看了那么多项目，只有这个才是真正的高科技产品。"但是后来，东北大学由于资金和机制都无法承载研制 CT 机，所以将技术成果送给了东北大学软件企业东大阿尔派公司。1995 年 12 月，东大阿尔派公司兼并了东北大学计算机影像研究中心，而后成立软件中心 CT 事业部，充满希望的 II 型 CT 机的研制工作全面启动。

1997 年 7 月，调试初步成功，第一台中国制造、具有全部自主知识产权的 CT 机诞生了。而随着 8 层 CT 机关键技术于 2003 年初突破，我国的 CT 机研制生产水平达到国际先进水平。CT 机的研制成功，带动了东北大学相关学科的发展。经国家教委批准，东北大学增设生物医学工程专业，1996 年开始招收本科生，2000 年开始招收硕士研究生。参与 CT 机研制的骨干力量徐鹏程和任孟阳作为东软在职进修的研究生取得了硕士学位。X 线机研制只用了半年时间，产品推向市场后，被广大医院认可，东软又成为国内 X 线机的排头兵。后来，又向 X 线机的广度发展，开发成功血管 X 线机、拍片 X 线机、直接数字化 X 线机（DR）。在"非典"期间，只用七天时间，又研制出移动式、可在病房使用的 X 线机，高频变换高压发生器等，使 X 线机产品成为公司的又一大支柱性产品。1999 年 9 月，CT-C 2000 全身 CT 扫描机等数字医疗器械产品通过了中国医疗器械质量认证中心的 ISO 9001 质量体系认证和产品质量认证，即 CMD 认证。随后，又通过欧洲 CE 认证，并于 2000 年 9 月取得德国莱茵公司正式颁发的数字医疗器械产品质量体系认证书和 CT-C 2000 系列产品质量认证证书；准许在其产品上使用 CE 标志。2000 年底，X 线机、磁共振机也通过了欧洲的 CE 认证；更难能可贵的是，螺旋 CT 和 035T 磁共振还通过了全球最为严格的美国 FDA 认证，实现了中国在这一领域零的突破。这意味着，东软研发生产的中国数字医疗器械产品已经获得了走向国际市场的通行证。东软的 CT、磁共振设备已经开始出口美国、欧洲、东南亚和非洲，成功地走向国际市场。

CT 机的成功研制，充分展示了东大人敢打必胜的精神气质，直面挑战、勇挑重责，引领科技前沿发展。在科技进步和发展日新月异的今天，东北大学依然保持着开拓创新、求真务实的势头，这个"工程师的摇篮"逐渐成为先进文化的辐射源、先进生产力的动力源。

时代的发展需要东北大学不断创新、不断进取。面对复杂的改革环境、艰巨的发展任务，今天的中国比以往任何时候都更加需要创新驱动。

创业路上的东大人

沈波：打造城市安全物联网

2016年11月底，东北大学、沈阳燃气、云安科技三方就联合建设城市燃气安全物联网系统项目签署合作框架协议，计划投资数十亿元对城市老旧燃气管网升级改造并健全安防物联网系统。负责整体物联网设计和关键核心传感器开发的云安科技创始人和掌舵者，却是年纪轻轻的东北大学在读博士研究生沈波。

"我时常关注新闻，看到各种安全事故及环境污染频发，让人痛惜。我们的国家和民族需要一个更加安全的未来，我要以此为人生事业，致力于安全领域。"沈波下定决心。2014年初，沈波毅然踏上创业这条荆棘遍布的道路，却迎来了现实的当头棒喝——资金短缺。为了快速获得足够的资金来支持梦想，沈波融合各领域知识，设计了一系列"黑科技"产品，均为全球首创，从而顺利拿到了数百万元的天使投资。资金问题刚解决，其他问题又接踵而至。作为一个以技术为主导的创业"小白"，各种能想象到的困难几乎都被沈波经历了一遍，他没赚到钱，反而背负了沉重的债务。但是，沈波并没有放弃。

2014年8月，沈波重拾自己的安全强国梦。结合云时代背景，依托东北大学、东北大学科技产业集团、沈阳东北金属材料研究院，创立了沈阳云安科技有限公司。公司从传感器功能材料开发、传感器及自动化生产线设计，到硬件软件开发等，形成了全产业链条。业务涵盖生产、环境、食品、健康、国防安全等国民生活的各个领域。

吸取上次创业失败的经验教训，沈波事必躬亲，既是产品的总设计师，也是业务员，材料专业出身的他也能写代码、焊电路板。经过几年的发展，公司已经初具规模，与沈阳燃气公司、东北大学联合研发城市燃气安全物联网系统，这一系统在沈阳全市逐步开展试点，开创了国内以城市为规模试点的先河。

"公司的业务正处于上升阶段，各个领域的安全防范产品也即将应用到市场，解决实际问题，可以避免很多安全事故的发生。"一想到产品马上就能发挥作用，起到实效，沈波笑得欣慰又自豪。

在读博士搞创业：订单突破千万

刘洪伟，是致力于打造中国版"天眼"的沈阳东深科技有限公司的CEO。2008年开始创业，成立深蓝工作室；2014年成立沈阳东深科技有限公司；2015年公司订单达500万元；2016年公司一季度订单就突破1000万元。从无到有，白手起家，刘洪伟实现了自己的创业梦。

学生时代，刘洪伟就在思索如何能不归于平凡，闯出自己的一片天；毕业后，他选择另辟蹊径，自主创业。然而创业是一条"一将功成万骨枯"的艰辛道路。

"大学生创业的成功率只有1%，也就是说，大部分人会失败，但既然还有1%，我就要成为那1%！"刘洪伟说。

万事开头难。创业初期，没有名气、经验欠缺的刘洪伟决定要踏实做口碑，拼下务实担当的品牌。

2014年，刚成立沈阳东深科技有限公司的刘洪伟团队经历了最艰难的一段时期：公司数十万元的款项一直不能付清，客户企业大环境不好、经营不善导致100万元的订单违约，造成整个团队前期的准备付之东流……资金、市场、人员等问题重重地压在他的肩上，这是残酷且致命的。刘洪伟也曾彷徨过，不知前路在何方。然而一时的挫折没有摧毁刘洪伟的创业初心。刘洪伟带着他的团队，夜以继日，几乎每天只睡两三个小时，如此一连半个月，终于克服了一个个难关，熬了过来，让客户和同行都感到惊讶和不可思议。

"对于创业者而言，其实很多时候我们都是在找一个对的人，不管是合作人还是客户，都是希望找到更值得信赖的人。"慢慢地，凭借"务实、有担当和感恩"的企业文化以及过硬的专业素质，刘洪伟团队逐渐在行业内赢得了很好的口碑。

飞得越高，才能看得越远，刘洪伟的坚持带来的是公司成长期的繁荣发展。公司业务不再是单一的软件定制业务，而是走多元化的发展道路，他开始着手新市场的开拓。2015年下半年，公司已经脱胎换骨，在创新创业的道路上有了突破性的进展。东深科技与中航工业集团等大型国有企业在系统开发等领域展开合作。

凭借自主创新的技术，公司宏图大展，一路高歌猛进。刘洪伟整合建立了智慧时代科技有限公司和沈阳东秦科技有限公司两家公司。

东秦公司致力于为"集团"提供硬件层面的支持，主要做智能硬件和前端硬件系统集成，目前已涉足智慧楼宇、智慧校区、智慧商场、智慧停车场等领域。公司现已与沃尔玛、大润发等大型商超建立合作关系。

有数据，没分析，掘金从何谈起？智慧时代科技有限公司则主要致力于数据分析业务的发展。公司主要为大型商超提供一整套针对目标用户小数据的采集、汇聚、融合、分析和反馈的数据分析平台，帮助商超和商业街向用户推荐其感兴趣的产品，同时做好痕迹管理，更好地为用户服务。

以智慧商场为例，东秦公司可为商超配置基本的智能硬件设备；智慧时代科技有限公司则通过硬件收集数据，将用户平时的购买习惯转化为信息进行存储，并建立相应的用户兴趣模型。当用户再次进入这一智慧商场时，可通过移动客户端收到相关通知，获悉个人习惯购买的品牌或商铺有哪些新近优惠信息等。可以预见，在不久的将来，刘洪伟的公司会为用户提供更优质的服务，提出更人性化的解决方案，开拓更广阔的市场发展空间。

"这是一个时代的到来，我们要抓住机遇，一路向前。"刘洪伟说。

曾振：用"舞指科技"舞出无声者的"心声"

2022 年，在第七届中国国际"互联网 +"大学生创新创业大赛中，沈阳舞指科技有限公司（以下简称"舞指科技"）勇夺金奖、最具商业价值单项奖。舞指科技致力于打造生物电信号领域的 Neuralink，通过基于生物电信号的神经接口，随时随地控制智能设备，成为万物互联的基础设施之一。

舞指科技构建了国际领先的从信号处理的 SIP 封装芯片到算法、数据库的一整套核心壁垒，对比国际当前行业指标提升 10 倍以上，解析动作数量突破 1000 种，准确率达到 90% 以上。公司创始人兼 CEO 是东北大学机器人科学与工程学院硕士研究生曾振。

据世界卫生组织统计，全球 5% 的人口，即（4.66 亿人）患有听力障碍，其中儿童有 3400 万人。全国第二次残疾人抽样调查结果显示，我国听力残疾人数（含多重残疾中的听力残疾者）达到 2780 万，而当今我国高水平手语翻译短缺的现象十分普遍，听力障碍人士在日常生活中与他人进行有效沟通通常较为困难。曾振和他的团队正在做的，就是搭建这个沟通的"桥梁"，试着在这片无声的原野上，种遍有声的花朵。曾振坦然道："我认为我们一直在做一件很酷的事情，帮助更多的听力障碍人士是一件很公益、很有意义的事情。"

读本科期间，曾振认识了辽宁省残联的一个朋友，他和姐姐都有遗传性听力障碍，幸运的是他的症状可以通过后天训练得到改善。在与这个朋友交往的过程中，曾振了解到中国手语翻译的数量严重短缺，而培养手语翻译也是一件长期且艰苦的事情，故而他萌生了"能不能用科技为听力障碍者做些什么"的想法，这一想法与中国残联和机器人学院的王斐老师不谋而合，于是两人开始组建团队，研究工作开始起步。

在王斐的带领下，曾振三人团队研发了一套可以帮助听力障碍者沟通交流的智能系统——"舞指科技"，这套系统由肌电臂环、云端数据、App 程序组成。臂环通过接收 21 维手部关键点的信息以及 8 维肌电信号信息，完成手臂运动轨迹的信息记录，再通过 AI 技术和标准手语进行对比，最终将其转化为文字、语音呈现于 App 端，成功实现手语与语言的转换。

在具体使用中，听力障碍者通过佩戴臂环用手语交流，臂环将肌电信号信息上传到云端，云端将信息数据转译成文字、语音后，传至"舞指科技"App，接收者通过该 App 将自己的语音转换为文字和手势图片再反馈给听力障碍者。如此，便完成了一轮交流的闭环。尤其是早期用户，舞指科技会为他们提供定制版产品，根据个人手语习惯，训练臂环更加智能，识别准确率也更高。

从 2018 年创立舞指科技，第一次参加中国国际"互联网＋"大学生创新创业大赛，到 2021 年代表学校站在全国金奖团队冠军争夺赛的舞台；从脑海中的一个想法，到落地生根成一个未来真正对社会有价值的产品，面对一次次的失败和打击，不懈的拼搏和自身的成长就是对青春最好的回报。

近年来，曾振和他的团队已经连续斩获了"创青春"辽宁青年创新创业大赛金奖、第十二届"挑战杯"中国大学生创业计划竞赛金奖等一系列奖项。在一次次实战中，团队不断发现产品不够完美之处，不断直面质疑、回应质疑，持续改进。最终在中国国际"互联网＋"大学生创新创业大赛中呈现出一套完善的智能系统。

项目的核心技术——肌电信号，是未来科技发展的一大趋势，目前，我国相关领域技术仍存在空缺，舞指科技团队一步步攻坚克难，向领域前沿稳步迈进；通过与中国残联、辽宁省聋协合作，团队收集了大量手语动作，为实际推广应用打下了坚实的基础；在克服了一个个技术难关和挑战后，团队构建了国际领先的从信号处理到算法、数据库的一整套核心壁垒；为了改进产品，成员们经常与听障者接触，邀请听障者进行产品试用，产品在一次次反馈中臻于完美。队员许轩奇表示，正是这些踏踏实实走出来的每一步，让他们在"互联网＋"大赛上场答辩和展示中"很有底气"。

2022 年，舞指科技作为冬奥会官方手语转换与翻译供应商，产品入选《残疾人基本辅助器具指导目录》，为来自各国的听障者提供跨国界、无障碍的沟通服务。与科大讯飞、小牛翻译等名企携手打造全球最大的中文手语数据库。公司天使轮获小牛翻译、洪泰基金、科大讯飞等知名机构投资，估值超 5000 万元。不仅如此，舞指科技的产品也已经应用于 AIOT "AI+ 物联网"、VR、AR、助残、军工等多个领域，和小牛翻译、洪泰智造、科大讯飞、中易康复、中国残联等行业头部企业及组织就产品协同研发及销售、生产基地建设、供应链整合等方面达成了深度合作。

2022 年 11 月 16 日，福布斯中国公布了 2022 年度 30 Under 30 榜单，舞指科技创始人兼 CEO、东北大学校友曾振成功入选该榜单，成为"社会企业 & 教育"领域年轻的新锐精英人物。

创新从来都是"九死一生"，但必须有"亦余心之所善兮，虽九死其犹未悔"的豪情。不管是科学研究，还是经营企业，都离不开创新。而创新所带来的第一风险就是很难得到认可，这才是对一个人的考验。东软集团总裁刘积仁曾说："当很多人看你很正常的时候，你在做的事情，往往不太容易成功，因为大家都看着正常的事情，机会就没有了。反而，别人认为比较困难的事情，我喜欢试一下。"刘英魁、刘洪伟、沈波、刘汉通……这些东大"双创人"身上折射出的正是一代代东大人敢于尝试、勇于承担的创新精神。

四、拓新善为，破解发展难题，拓展新领域，开创新局面

从本质上说，创新是创新思维蓝图的外化、物化，即通过创新活动来突破现状，最终实现其有益的效果。在创新的这一过程中，"拓新善为"是所有创新者达其所愿的关键所在。

拓新，即开拓、创新。开，张也，本义是开门。拓，举也，拓展。开拓就是开辟。创，始造；创新，是最先造出新东西。开拓是相对于继续而言，创新是相对于承接而言。开拓创新的整体意义，是在既有的条件下，拓展事物发展的空间，延长事物发展的时间，更新事物发展的品质。之所以说开拓创新是马

克思主义科学精神的外在体现，是因为开拓创新的拓展性、创造性、更新性，正是马克思主义科学精神的本质要求，是马克思主义科学原理所揭示的事物发展基本状况或基本规律的具体体现、崭新表现。开拓创新，是在开拓的基础上，前无先例、今无他例的认识活动与实践活动的辩证统一。开拓的前提是既存的"历史条件"和"实际情况"。没有既存的"历史条件"和"实际情况"，开拓就没有立足之空间和瞬息之时间。创新的前提是对既存的"历史条件"和"实际情况"的继承。没有继承，就无所谓创新。任何创新，都是在既有"历史条件"和"实际情况"之上进行的。开拓创新过程中的每一分每一秒，无不包含着开拓与继续、承接与创新的更替和统一，继续、承接着"已有的"，开拓、创新着"尚无的"。而一旦"尚无的"被开拓创新出来，又会被更广、更新的开拓创新作为前提条件继续、承接下来。因此可以说，开拓创新是在"有中见无"的基础上的"无中生有"。

开拓进取，要保持勇于改革创新的锐气，从新视角、用新思路解决问题，在深化改革上有所突破；开拓进取，要把工作热情和科学求实精神结合起来，在改进工作作风上有所突破；开拓进取，要突破难点、应对热点、创造亮点，在推进重点工作上有所突破。开拓进取，始终保持昂扬向上的精神状态，就要有不动摇的韧劲、不懈怠的心劲。这一韧劲源自对人民负责的政治责任，即使面临重重阻力，也不能动摇；这一心劲源自对事业负责的职业操守，即使承受巨大压力，也不容懈怠。开拓进取，始终保持昂扬向上的精神状态，就要有求上进的冲劲、思进取的拼劲。开拓进取，始终保持昂扬向上的精神状态，就要有不畏难的闯劲、会创新的巧劲。

善为是一种能力。善为彰显的是达到理想彼岸和奋斗目标的能力水平。早在革命战争时期，毛泽东同志就对谋事作出过"多谋善断，重在谋上"的精辟论述，以此指明做事要有方法，成事要有谋略。这里面体现的就是要有善为的策略和能力。事实上，正反两方面的诸多经验表明，在奋斗的目标和方向已经确定的情况下，善为是最为关键的影响因素。没有善为即蛮干，奋斗的梦想也将难以实现，甚至会南辕北辙。善于作为，不仅能够行之有效、出色地完成各项工作，而且能把各方面的资源和有利因素都富有成效地调动起来，这就是善为的魅力和效度。习近平总书记在接受俄罗斯记者采访时指出："我的执政理念，概括起来说就是：为人民服务，担当起该担当的责任。"要敢于担当，做到面对大是大非敢于亮剑，做到面对危机敢于挺身而出，在关键时刻能够站得出来、顶得上去。担当是"我不入地狱，谁入地狱"的牺牲，是"虽千万人，吾往矣"的豪迈，是"苟利国家生死以，岂因祸福避趋之"的坦荡。担当在我们身上也是一种品格，或醒着，或睡着。我们要唤醒担当，让担当始终清醒在人生的纵贯线上。这担当可以是敢做敢为、敢闯敢试、敢为人先的魄力，也可以是愿为人所不为、能为人所未为、敢为人所避为的能力与修为。

当今世界是一个智力角逐的战场，处于一个科技争春的季节。在创新科技日益升级转化中，原始创新成为竞争中制胜的杀手锏。原始创新，颠覆传统，亦重塑传统，这个过程需要有远见卓识，需要矢志不渝，更需要用科技成果引领社会经济发展，转化成推动社会发展的强大动力。

王国栋院士在与青年教师谈成长与发展时表示，搞科研，既要勇于创新、独辟蹊径，也要确定研究方向的稳定性，耐得住寂寞，"甘心板凳十年冷"。

多年来，东北大学扎实推进知识创新、技术创新、区域创新和成果转化创新体系建设，承担国家和地方委托项目3000余项，建立面向区域特色的成果转移转化中心12个，共建校企联合实验室（技术中心）36个。

东北大学坚持以服务国家重大需求和瞄准国际科学前沿为目标，紧密结合国家发展战略所确定的重点领域及前沿技术，着力提高自主创新和成果转化能力，产生了一批有重大影响的创新成果，为国家创新驱动发展战略作出了卓越贡献。完善了以东软控股、东软熙康等为核心的东软产业体系，培育了承担全国70%氧化铝生产线设计任务的东大设计院有限公司，孵化了东网科技等一批战略性新兴企业。实施"服务辽沈发展及东北振兴行动计划"，并建设中国东北振兴研究院、云计算产业园、健康产业园，有利推动和促进了区域创新体系建设和区域经济社会发展。

以柴天佑院士为学科带头人的流程工业综合自动化国家重点实验室瞄准学科国际前沿，开展新理论、新方法和新技术的研究，取得了一批原创性的研究成果，使我国在该领域处于国际领先水平，为我国流程工业实现绿色化与自动化、为振兴传统老工业基地提供了科学技术支撑，使我国的工业自动化走向了世界。中国从制造业大国向制造业强国迈进的梦想就此起步。

勇当国际自动化发展"引领者"

"中国独树一帜的研究特色，非常值得我们关注。""为全世界控制领域树立一个成功典范。"IEEE 控制系统协会前主席 John Baillieul 教授、奖励委员会主席 Lalit K. Mestha 博士这样评价东北大学自动化领域的研究成就。

"您是第一位在系统、机器人和自动化方面最高水平的国际会议上作特邀报告的中国学者……，您的研究课题充分证明您取得了国际领先的研究成果……"IEEE/RSJ International Conference on Intelligent Robotics and Systems 大会总主席、大会顾问委员会主席以及 IEEE 机器人和自动化学会主席这样评价东北大学柴天佑院士。

拥有中国工程院院士 2 人，国家自然科学基金委创新研究群体 4 个，20 余名国家特聘专家、"杰青"、国家级领军人才计划入选者以及 10 余名国家级青年人才计划入选者、"优青"等中青年骨干组成的流程工业综合自动化系统理论与技术创新团队。

研究成果获得国家自然科学奖二等奖、国家技术发明奖二等奖、国家科学技术进步奖二等奖、国际科技合作奖共 11 项，省部级特等奖和一等奖 20 余项……

这，就是东北大学流程工业综合自动化国家重点实验室——中国流程工业自动化领域的"排头尖兵"。

追求卓越，服务国民经济主战场

1992 年，刚刚结束澳大利亚国立大学访学研究的中国首批高级访问学者、东北大学教师柴天佑深刻认识到，我国流程工业要从制造大国走向制造强国，必须解决综合自动化问题。而如何采用综合自动化技术改造传统产业、提高工业企业的竞争力，正是当时世界发达国家关注的焦点。

不久，在学校的支持下，柴天佑组建了东北大学自动化研究中心。当他把东北大学自动化研究中心的牌匾挂在高大的建筑馆前时，研究中心只有3个研究人员和10万元固定资产。艰苦的科研环境没有令柴天佑退缩，他带领科研人员研制了智能解耦控制技术及系统，成功应用于复杂工业过程，开始了用自动化技术改造传统产业的初创工作。

1993年，东北电管局投资300万元在当时东北最大的火力发电厂之一——清河发电厂实施重大技术改造项目。柴天佑带领团队一举中标改造项目中10台100 MW发电机组集散控制系统设计工作。时间紧任务重，团队仅用一年时间就实现了电力系统发电机组的各项控制功能，而且使用了光缆等新材料，避免了大量信号电缆的敷设，年创经济效益1300多万元。该项目不仅成为中国发电机组控制采用计算机集散控制系统的成功范例，而且为自动化中心的发展奠定了坚实的基础。

"科技攻关，没有捷径，关键是有没有战胜困难的信念和勇气。"这是柴天佑教育工作人员和学生的一句口头禅。研究中心在柴天佑的带领下载歌而行，走上了用先进的科研引领社会经济发展的快车道。

2004年，研究中心与酒泉钢铁（集团）有限责任公司签署合同，为酒钢选矿厂进行自动化工程改造。大漠戈壁，环境艰苦，项目难度大，没有任何经验可以借鉴。课题组经过3年的不懈努力，使选矿厂实现了对生产各个环节的优化控制，操作人员减少50%，消耗减少20%，全厂节电725.40万千瓦时／年，成为我国选矿行业自动化水平最高的企业，创造了上亿元的经济效益。信息、有色与选矿等相关领域的李伯虎、孙传尧等六位院士一致认为此项目"整体技术水平国际先进。该系统是采用综合自动化技术改造与提升传统产业，用信息化带动工业化、走新型工业化道路的成功范例，具有广阔的推广应用前景"。

凭借在流程工业领域的良好声誉，实验室将研究成果应用到国内外数十个典型企业。如越南氧化铝生产过程自动化系统，项目总额3000多万元，以及巴布亚新几内亚瑞木镍钴项目中规模最大的冶炼厂区全流程自动化工程。在巴布亚新几内亚，实验室的年轻人经历了在异国他乡的艰苦历程。该项目工艺新、工序多、流程长、规模大，科研难度非常高。岳恒、李健、刘长鑫、卢绍文等一批年轻人克服恶劣环境和特殊气候的不利影响，冒着疟疾、霍乱等流行病随时"侵袭"的危险完成了科研攻关。项目组研发的镍钴冶炼全流程自动化系统，使浸出率和回收率指标显著提升。"在这个项目中，不仅要展示我们的实力，更要在国际自动控制领域树立起中国的一面旗帜。"岳恒感慨地说。

怀着对科技脚踏实地的执着毅力和对国家利益至高无上的责任心，柴天佑带领团队有力支撑共建"一带一路"，将"中国制造"推向了最优化的快车道。

通过长期科研一线作战，自动化研究中心羽翼日丰，锻炼了一支具备设计、研发、安装与调试大型自动化工程项目能力的研究队伍。1996年，获批国家冶金自动化工程技术研究中心；2004年，获批流程工业综合自动化教育部重点实验室；2011年，筹建流程工业综合自动化国家重点实验室，并于2013年8月顺利通过科技部组织的专家验收。

在柴天佑的带领下，自动化研究中心由小到大，从最初的3个人发展成为拥有70多人的一流研究团队。2017年，流程工业综合自动化国家重点实验室在信息领域32个国家重点实验室评估中获得"优秀"，成为中国流程工业自动化领域的"排头尖兵"。

坚持原始创新，引领国际科技前沿

早在20世纪80年代，柴天佑就率先在国际上提出多变量自适应解耦控制的研究理论，被誉为"来自中国的控制领域第一人"。他既是中国自动化学科发展的灵魂人物，也是国际自动控制领域的一面旗帜。

作为实验室的带头人，柴天佑带领团队确立了一个明确的目标定位——面向流程工业高效化与绿色化的重大需求，以难以建立数学模型的复杂工业系统为背景，以实现智能优化制造为目标，开展基础研究与前沿高技术研究。

于是，实验室瞄准国际前沿，把探索自动化科学问题与服务国家重大需求结合起来，从实际中提炼要解决的原始科学问题，把基础研究与应用研究相结合，创造性地开展流程工业综合自动化的理论、方法、技术与应用研究，在成功完成一大批国家重大项目和企业重大自动化工程项目的同时，不断开展系统深入的研究攻关，突破多项关键核心技术，取得了系统性的创新研究成果，形成了自主知识产权，有力推动了我国自动化学科的发展，使我国在相关领域跻身国际先进水平，为我国由"制造大国"向"制造强国"发展提供了科学技术支撑。

在两期国家"973计划"项目的资助下，实验室提出了复杂生产制造全流程一体化控制的新方向，经过10余年科技攻关，项目团队在国际上率先提出并建立了生产全流程多目标动态优化决策与控制一体化理论与方法，并成功应用于工业界。相关成果于2018年获教育部自然科学奖一等奖，2019年荣获国家自然科学奖二等奖。项目成果的研究方向更被写入国际自控联合会(IFAC)引领未来自动化发展方向白皮书 *Systems & Control for the Future of Humanity*，作为未来国际自动化发展方向之一。

实验室还研发了以节能降耗、提高产品质量和生产效率为目标的数据驱动的耗能设备智能运行反馈控制技术及装置，并广泛应用于电熔镁、选矿和氧化铝行业，显著降低了能耗物耗指标、提高了产品质量与产量。2013年，研究成果荣获国家技术发明奖二等奖。

多年来，复杂生产制造全流程一体化控制系统理论与技术、复杂工业过程智能运行优化控制理论与技术、复杂工业过程混合智能建模方法与技术、复杂工业系统多目标动态优化决策方法等一系列标志性研究成果的开发和应用，在国际上产生了重要影响。

近几年，实验室在国际顶级期刊 IEEE 汇刊和 IFAC 会刊共发表论文 300 余篇，其中，5 篇论文获国际顶级控制理论和控制技术期刊最佳论文奖，10 余篇论文获 IEEE 和 IFAC 系列性国际会议最佳论文奖。柴天佑应邀在美国、英国、加拿大、日本等国举行的 IFAC、IEEE 国际会议上作大会特邀报告 30 余次，引起了国内外广泛关注与高度评价。东北大学流程工业综合自动化国家重点实验室的原始理论创新，在国际控制领域贡献了中国智慧。

打造人才高地，探索高水平工科人才培养创新模式

一个个"唯一"、一项项"首次"……实验室辉煌成就的密码是什么？那就是拥有一支具有国际先进水平的研究团队、具有强大的团队合作能力和协作精神。

实验室打破以往单打独斗的科研工作模式，以学科带头人为核心，以创新团队建设为重点，将团队成员分为学术研究和前沿高技术研究两类，分类进行管理与考核；倡导有序竞争和团队合作，在共同完成重大科研任务目标的过程中，促进团队成员的成长和发展，实现集体和个人的双赢。

实验室还积极为青年人才的成长创造条件、搭建平台，邀请引智基地的海外学术专家和海外知名教授为青年教师授课、与实验室的青年教师成立科研小组，建立一对一的培养模式，从研究方向、科研工作、论文发表等方面全方位指导和帮助青年教师。此外，一批青年教师和博士生先后被派赴英国曼彻斯特大学，美国麻省理工学院、密歇根大学、卡内基梅隆大学等世界知名高校学习深造。

目前，实验室形成了院士领军、青年人才支撑的"基础研究—技术攻关—应用验证"全链条创新团队，形成了一个国家重点实验室内拥有 4 个国家创新群体的人才景观。

一直以来，以柴天佑为首的团队教师始终在思考，如何培养具有创新能力的卓越工程师，为中国的创新发展提供人才支撑。

"要在工程科学技术领域有所作为、取得重大成果，必须培养以工程为背景的基础研究与应用研究相结合的学风，勇于实践，

力。"在柴天佑看来，人才培养不能千篇一律，应该各具特色，只有抓住学生的特点充分挖掘其在某一方面的潜力，才能培养出国家需要的卓越人才。他经常教育学生要"在战争中学习战争"，这成为每一名在实验室学习过的学生的座右铭。

为了培养引领未来技术发展的创新型工程科技人才，在学校的支持下，柴天佑院士于2016年领衔创办了工业人工智能研究生创新实验班。组建了由院士、国家级领军人才计划入选者、国家杰出青年科学基金获得者等组成的研究生培养团队。将科学研究与教学深度融合，课堂教学与科研实践活动相结合，从课程体系、授课内容、授课方式、研究过程管理以及学生的学习能力和创新思维方式培养等方面进行创新，研发配合新的课程体系的教学实验系统，开展创新型自动化工程科技人才培养模式的研究和实践。

"作为一名教师，不仅要做好教书育人的本职工作，更要有推进教育事业发展的使命感和责任感，要把教育发展作为自己毕生的事业并用最大的热情和勇气为之奋斗，这是每一名教育工作者的神圣使命。"柴天佑说。

至今，实验室共培养中国工程院院士2人，"杰青"与国家级领军人才计划入选者16人；培养的多名毕业研究生在美、英、澳、墨等国大学做教授，或在国内研究院所或知名高技术公司（华为、阿里、百度、大疆、金山、中兴、京东、网易等）从事科研和技术研发工作。实验室培养的研究生具有很强的创新能力，他们结合工程实际，在国际顶级期刊发表论文130余篇，并在2019年第11届国际小型无人飞行器竞赛中勇夺中国首个室外组冠军。

拓展开放交流，奏响智能制造国际强音

实验室依托教育部国际合作联合实验室、辽宁省"一带一路"联合实验室、国家留学基金委创新人才国际合作培养项目和2个学科创新引智基地（"111计划"）开展广泛而深入的国际交流与

合作。引智基地的 Frank Lewis 教授获 2019 年国际科技合作奖。

近年来，实验室与国际合作单位联合承担科技部战略性国际科技创新合作重点专项等项目 30 余项。实验室成员应邀在 IFAC 和 IEEE 等系列国际会议作大会特邀报告近百次；国际合作成果荣获国际科技合作奖和中国政府友谊奖。2019 年起，实验室还创办了"工业人工智能国际会议"，旨在推动深入国际交流和领域发展。

实验室研究成果获得国际权威专家的高度评价，国际控制领域最高学术组织 IEEE 控制系统协会三任主席 F.Bullo 教授、M.E.Valcher 教授和 R.Tempo 教授来访后均在业界顶级期刊 *IEEE Control Systems Magazine* 上撰文赞扬实验室："实验室声誉很高，是一个真正独一无二且令人敬佩的研究中心。""柴教授取得的成就在国际自动化领域不可比拟……"

把握发展机遇，开辟工业人工智能新天地

当前，世界主要发达国家将面向工业领域的人工智能研发作为人工智能研究主要方向之一。随着数据积聚、高效算法、计算能力、网络设施等不断演进和高速革新，人工智能正加快在经济社会各领域渗透发展，人工智能与工业自动化的深度融合必将助力工业人工智能新领域的蓬勃发展，成为下一代智能制造新技术的基础和新一轮工业革命和产业变革的核心驱动力。

柴天佑院士表示，人工智能作为一门新的交叉技术科学，是 21 世纪科技发展的一大主流方向。面对新形势新需求，实验室应结合学科发展基础及优势，牢牢把握工业人工智能发展的重大历史机遇，紧扣发展、研判大势、主动谋划，开展多学科联动交叉合作研究，提升在工业人工智能领域科学研究原始创新能力、高层次人才培养能力、重大科技成果产出能力和国际学术影响力。

为此，他领衔创办了工业人工智能国际会议，并且在东北大学发起创建了工业人工智能研究院。实验室还与国家工程技术中心，以及华为、北京东土科技、北京三联虹普、辽宁罕王集团选

矿厂、浙江达峰集团等各领域高技术公司建立联合研发与实验基地，开展工业人工智能与工业互联网创新发展研究。

此外，柴天佑院士牵头负责的中国工程院重大咨询项目"工业互联网创新发展战略研究"致力于工业人工智能技术和工业互联网发展战略研究，将为我国在该领域的未来发展指明方向。

未来，实验室将进一步聚焦人工智能国际发展前沿，以未来新一代工业自动化、智能化为研究对象，潜心于工业人工智能基础理论和基本方法源头创新，力争率先建成世界一流的工业人工智能学科知识创新高地；致力于工业人工智能关键核心技术突破和颠覆性创新，不断提升服务国家重大战略和区域发展振兴的能力和水平；积极推进工业人工智能技术工程化和产业化，加速成果转移转化；统筹推进相关领域科教融合，培养一批工业人工智能学科一流人才；协调推进多元开放合作，成为具有全球影响力的工业人工智能学术交流与国际合作平台，促进多学科交叉融合、协同创新，为我国工业人工智能领域的战略发展贡献东大智慧和力量。

重视自主创新，以创新为取舍的准绳，是东北大学流程工业综合自动化国家重点实验室人人奉行的一条"金科玉律"，谢植教授也不例外。他从研究生开始就从事温度测量研究工作，经过20多年的努力，终于给出了一个较理想的解决方案——黑体空腔钢水连续测温方法与传感器。

掌控钢水温度的"脉搏"

炼钢、连铸过程就是控制钢水温度和成分的过程，因此，钢水温度是非常重要的工艺参数。温度过高或过低都会对产品质量造成影响。如钢水温度偏高将导致钢水质量下降、能耗增加、原材料消耗量增大和拉漏事故率增加等，这就是冶金生产中的"高温钢"问题，解决问题的关键环节之一就是准确及时地测量钢水温度。然而，由于实际环境条件非常恶劣，连续准确地测量钢水温度一直是一个没能较好解决的世界性难题。许多从事钢铁冶金检测技术研发的科研人员在为此而不懈努力。

东北大学信息科学与工程学院谢植教授从读研究生开始就从事温度测量研究工作，经过20多年的努力，终于给出了一个较理想的解决方案——黑体空腔钢水连续测温方法与传感器。

2006年1月9日，全国科学技术大会在人民大会堂隆重开幕，"黑体空腔钢水连续测温方法与传感器"获得国家技术发明奖二等奖。谢植教授作为获奖代表登台领奖，受到了党和国家领导人的亲切接见。会后，面对媒体记者的提问，儒雅的谢教授给出了一个简洁的回答："20年风雨，人生一刻。"

二十年辛苦磨一剑

在钢铁冶金工业中，铂铑热电偶几乎是高温介质内部温度测量的唯一方法。国内外钢水连续测温也主要集中在"双铂铑热电偶＋保护管"方法的研究；但因铂铑热电偶昂贵，测温成本高，企业一般不采用。企业目前应用的钢水测温方法是消耗式热电偶人工间断式测温，满足了低成本的要求，但准确性要受人为因素影响，而且不能实时监控钢水温度。

如何在介质温度高（1460~1600 ℃）、侵蚀性大（O，Mn，S）、烟尘和高温环境等恶劣条件下满足高测量精度、高可靠性和低成本的苛刻要求？谢植提出可用黑体空腔理论给出一个新的研究方向。但传统的黑体空腔理论存在许多不确定因素，如何完善黑体空腔理论，使之能够真正解决钢水连续测温的难题，成为他所研究的课题。谢植教授自20世纪80年代初期读研究生时开始，跟随高魁明老师从事黑体空腔理论的研究，在烦琐的公式推导中过着充实的生活。

查资料，做计算，面对复杂的公式和数据，一干就是十几个小时,谢植每天沉浸在自己的科研工作中。1989 年,他与老师联合出版了《红外辐射测温理论与技术》一书,书中系统总结了对黑体空腔理论的研究成果。1991 年,他获得国家自然科学基金青年基金资助,进一步深入研究黑体空腔理论。

经过艰苦细致的研究,谢植从理论上证明了黑体空腔理论发展史上两种独立的理论在漫射条件下是统一的,解决了该领域困惑多年的难题;提出了计算黑体空腔有效发射率分布的矩形区域近似法;提出了黑体空腔不等温系数新的理论概念,拓展了经典黑体理论,建立了评价黑体空腔品质特性的温度判据,推动了国际上对黑体评价不明确的现状的解决。这使他在黑体空腔理论方面的学术水平居于国内领先地位,对黑体空腔理论的完善和发展作出了贡献,获得了国家教育委员会科技进步奖(理论研究类)二等奖。

1990 年,谢植荣获第二届中国青年科技奖。面对荣誉,谢植保持着谨慎的态度。在他心中,理论研究成果只是为科学实践奠定了基础,只有应用于科研实践才能发挥应有的价值。于是,谢植开始了基于黑体空腔理论的钢水连续测温产品研发的艰苦历程。

衣带渐宽终不悔

谢植教授严谨的科研作风、理论联系实际的能力,以及特有的创造精神和求实精神得到了学校领导的肯定及国际同行的认可。在学校的支持和国外专家的邀请下,他于 1993 年作为客座研究员前往德国联邦物理技术研究院(PTB)温度测量研究室,从事"高精度双热管黑体辐射源"的研究。1993—1994 年,他获得英国皇家学会 The Royal Fellowship,在英国国家物理实验室(NPL)温度研究室从事"激光辐射测温技术"博士后研究。两年的时间,他对国际同行在测温方面研究的基本情况有了深入了解,认为借助黑体空腔理论的测温方法与外国的研究方法相比具有更大的优点。

为了继续自己未完成的科研工作,谢植毅然放弃了国外优越的工作环境。1995 年归国，他立即投入到科研实践中。在收入微薄的 90 年代中期，搞科研是一件十分困难的事情，需要投入、投入、再投入。由于当时学校的科研经费紧张，企业对科研的重视也不够，谢植的科研工作在几乎没有任何经费和人员支持的情况下悄悄开始。那是一段艰苦的岁月，谢植回忆："最惨的时候，连同工资只剩下 20 元钱。我花了 5 元钱坐火车到鞍山，寻求支持。"但任何艰难困苦都无法阻止谢植对理想的追求，他每天专心于自己的科研工作。

在他的不懈努力下，一个个困难迎刃而解。2000 年，他终于取得了突破性的成功，发明了黑体空腔钢水连续测温方法，研制出具有实际应用价值的测温技术，并于 2001 年获得首届中国仪器仪表学会科学技术奖。

"是金子总会闪光"

产品研发难，新技术的推广应用更难。习惯了与教学和科研打交道的谢植，做新技术推广工作也同样思维缜密。他将产品的设计理论、应用范围、与传统方法相比的突出优点等企业可能关注的问题均作了细致的说明。谢植一直坚信"是金子总会闪光"，在他的耐心介绍和详细数据面前，各钢厂终于采用了他的测温方法和测温管。

与传统铂铑热电偶连续测温方法相比，黑体空腔钢水连续测温方法和测温管在成本、测量精度、稳定性等方面均占优势。短短几年，已有宝钢、首钢等 30 多家国内企业使用黑体空腔钢水连续测温系统，它以低成本解决了冶金工业钢水连续测温的难题，改变了钢铁生产一直用偶头间断取样钢水温度的局面，推动了钢铁行业的技术进步，并取得了显著的社会效益和经济效益。

2001 年 3 月，王大珩、杨嘉墀、金国藩三位院士提交国务院的《关于振兴我国仪器仪表产业对策与建议》中指出："黑体空腔式钢水连续测温仪、微波等离子体炬光谱仪、柔性控制系统、高强度聚焦超声肿瘤治疗系统等多项产品技术上领先国际水平。"在

2002 年的成果鉴定会上，由殷瑞钰、李正邦院士等组成的鉴定委员会也给出了同样的鉴定意见："……该研究成果在理论上和技术上有重要的创新性，并在同类技术中居国际领先水平；……其研究成果堪与当年作为冶金一大发明的钢液浓差定氧媲美。"

2005 年 1 月 25 日，钢水连续测温方法和测温管获得美国发明专利证书，迈出了走向世界的重要一步，而后又获得了俄罗斯发明专利证书。与此同时，日本、韩国等也接受了谢植教授的专利申请。谢植教授 20 多年的科研成果已得到全世界的认可，他发明的全新的黑体空腔钢水连续测温方法将为全世界冶金工业检测技术的发展作出重要贡献。"中国制造"不仅提高了实验室在国际上的影响力，而且占领了世界市场。

破解国家发展技术难题、服务国民经济，是高校的重要任务之一。冶金学院姜周华团队参与完成的"高品质特殊钢绿色高效电渣重熔关键技术的开发和应用"正是这样一个项目。该项目实现了我国电渣技术从跟跑、并跑到领跑的历史性跨越，彻底打破了西方发达国家长期的技术封锁和市场垄断，对提升我国特殊钢产业整体竞争力具有重要的战略意义。

领跑国际电渣冶金技术
支撑中国高端装备制造

2020 年 1 月 10 日，2019 年度国家科学技术奖励大会在人民大会堂隆重召开。会上，以东北大学为第一完成单位、东北大学姜周华教授为第一完成人的"高品质特殊钢绿色高效电渣重熔关键技术的开发和应用"项目荣获国家科学技术进步奖一等奖。

该项目历经 10 余年产学研用合作研究，采用"基础研究—关键共性技术—应用示范—行业推广"的创新模式，系统研究了电渣重熔工艺理论，创新开发绿色高效的电渣重熔成套装备和工艺及系列高端产品，节能减排和提效降本效果显著，产品质量全面提升，系列关键技术和总体经济技术指标均处于国际领先水平。

项目的成功实施，为我国探月工程和载人航天发动机、世界首套 AP1000 核电主管道、CAP1400 第三代核电示范项目、福建霞浦第四代核电示范工程、C919 大飞机、三峡总公司单机容量世界最大的乌东德水电站和白鹤滩水电站、超超临界压力火力发电站、大型风电、大型盾构机等重大工程、重大装备解决了一系列"卡脖子"技术和材料难题，有力支持了我国高端装备制造业发展，为保证国家战略安全作出了积极贡献。电渣产品出口到 50 多个国家和地区，形成了巨大的经济效益和社会效益。

瞄准国家重大战略需求，十五年孜孜磨一剑

电渣重熔是生产高端特殊钢和特种合金的主要手段，可占高端精品特钢产量的 90% 以上，其产品广泛应用于航天航空、先进武器、轨道交通、先进核电、超超临界火电、特大型水电、海洋工程等高端装备制造领域最尖端部件的制造。

2003 年前，我国的电渣重熔技术存在电耗高、污染重，效率低、成本高，质量差等问题，高端特殊钢制备技术长期落后于西方发达国家，严重影响了国家重大工程和重大装备建设，威胁国防安全和经济安全。

大国重器，牵涉国运国脉，关系民族盛衰

"核心技术、关键技术是买不来、要不来、讨不来的。只有把核心技术掌握在自己手里，才能不再受制于人。"面对发达国家长期的技术封锁和市场垄断，以东北大学姜周华教授为带头人的特殊钢冶金团队瞄准国家重大战略需求，联合宝武特种冶金、舞阳钢铁和通裕重工等多家企业，依托国家重大专项、"863 项目"及东北大学有关政策支持，针对新一代电渣重熔技术开展了原始创新和科研攻关，十五年磨一剑，终于取得了重大理论和技术突破。

"我们先后与数十家企业展开合作，集冶金、材料、机械、自

动化、计算机、检测仪表等多学科交叉创新，多专业、跨行业、跨学科进行产学研用联动。"姜周华介绍，"在这样一个从理论研究到技术研发，再到生产应用的系统性工程中，个人的能量是很有限的，项目依靠的是集体的力量，是大团队协作。"

团队突破了传统电渣理论的局限性，创立了高端特殊钢材料电渣重熔制备的两大理论——"CSP 超高洁净度控制"和"SCOM 均质化凝固理论"，为高端材料的高质量稳定制备奠定了理论基础。基于 CSP 和 SCOM 理论，形成了"高洁净、高均质电渣重熔成套技术与装备""特厚板坯和特大型钢锭电渣重熔技术""半连续电渣重熔实心和空心钢锭的成套技术及装备""电渣重熔过程节电和除氟技术"4 大技术创新点，自主研发了一系列高品质特殊钢绿色高效电渣重熔关键核心技术、装备及产品。

高洁净、高均质电渣重熔成套技术与装备全面提升了电渣钢洁净度，实现了均质化凝固，集成了全密闭可控气氛电渣炉及"一键式"智能化控制系统，突破了国外气体保护电渣炉及其控制技术垄断，炉内气体含量、电极插入深度和熔速控制精度等关键技术指标均优于欧美国际先进装备。特厚板坯和特大型钢锭电渣重熔技术解决了传统电渣三相不平衡、钢锭中心冷却强度低、凝固质量差等问题，基于多项核心技术，通裕重工世界上首次生产了 AP1000 核电主管道用特大型电渣锭，舞钢全系列水电用特厚板满足了世界最大水电机组的材料急需。半连续电渣重熔实心和空心钢锭的成套技术及装备改善了传统电渣生产效率和成材率低、电耗高、筒型锻件制备难度大和成本高等问题，大幅度提高了材料收到率和生产效率，使电渣生产连续化、高效化，显著降低了生产成本。团队根据渣系与能耗之间的内在关系，开发了低氟节能预熔渣及短网优化设计方法，构建了电渣节能理论，开发的低氟节能预熔渣以及碱法干湿双联高效除氟技术，解决了电渣生产能耗高、氟严重污染的共性技术难题。

工艺、装备、产品的全过程研究，全面实现了电渣生产连续化、高效化和低成本化，在绿色化、生产效率和质量等多方面指标均优于具有国际先进水平的欧美企业，完成了我国电渣技术从跟跑、并跑到领跑的跨越。

"得标准者得天下"，三十年坚守得始终

说起与电渣冶金的渊源，姜周华曾在《电渣冶金的物理化学及传输现象》(东北大学出版社，2000年出版）一书前言中回忆："最早接触电渣冶金是在1982年，当时我还是大学四年级的学生。姜兴渭教授给我们讲授了'特种冶金'课程，其主要内容便是电渣冶金。通过课堂学习，我了解到电渣重熔法可以生产出从几克重的假牙到几百吨重的大型发电机转子毛坯，其应用范围涉及国民经济的许多领域，这使我对电渣冶金技术产生了浓厚的兴趣，从此便与电渣冶金结下了不解之缘。"

彼时，中国的钢铁产业还着重于解决"量"的问题，长期处于粗放型发展阶段，对于主要针对高端精品特钢冶炼的电渣重熔技术几乎无人问津。在最不受关注、支持经费最紧缺的日子里，姜周华甘坐冷板凳，继续坚持从事电渣冶炼研究，同时默默培养团队。他坚守自己的科研兴趣，也坚信自己的预判："在新的世纪里，电渣冶金技术仍将具有强大的生命力。"20年里，他的团队做了大量基础性和应用性研究工作，为日后的项目研究打下了坚实的基础。

事实证明了他的判断。2000年前后，随着我国工业发展步入新阶段，高端装备制造业迅速发展，一系列重大工程、装备对高端材料需求激增，我国钢铁产业开始从产量向质量转变、从粗放向精细转变。在21世纪开始的10多年中，电渣冶金技术在国内外得到了快速发展。

2003年，"高品质特殊钢绿色高效电渣重熔关键技术的开发和应用"项目立项，常年奔波于全国各大钢铁企业的东北大学特殊钢冶金团队又有了新的目标——开发新一代电渣重熔技术，为国之重器解决材料方面的"卡脖子"难题。中钢邢机、宝武特冶、舞阳钢铁、大冶特钢、兴澄特钢、邢台钢铁、通裕重工、攀长钢

等数十家企业都留下了他们的身影。

冶金行业生产现场环境艰苦，并伴有一定的安全风险，很多研究人员并不愿意去现场。但姜周华对此态度明确："现场不能不去。"

科学原理如何转化为技术？新的技术如何实现？怎样在生产中不断完善？理论与实践之间，隔着很多复杂难解的工程问题。"实验室研究只考虑有限的变量因素，但到了生产现场，可能就是成百上千个，有一个因素解决不了，就难以进行下去。"姜周华说，"电脑上种不出稻子，电脑上也炼不出钢来。不到生产现场没法掌握第一手资料，理论和实践脱节，就搞不好研究，也解决不了实际问题。"

近年来，项目团队理论研究受到国际学术界普遍认可和广泛关注，有关论文多次登上国际期刊的杂志封面。目前在国际电渣学术研究方面，东北大学SCI检索论文在全球292个研究机构中排名第一，姜周华个人排名第一。系列关键技术和总体技术经济指标，包括产品质量、生产效率、成本、节能减排等指标均处于国际领先水平。

标准是技术的制高点。

成立于1906年的国际电工委员会（IEC），是世界上成立最早的国际性政府间标准化机构，负责有关领域的国际标准制定、修正等工作，堪称技术领域的"联合国"。其标准的权威性为世界所公认。

项目第一完成人姜周华被推举为电渣炉国际标准工作组组长，成为当时仅有的两项国际行业标准的制定者，大大提高了我国在国际标准制定中的地位和影响力，引领了我国电渣技术在国际上的话语权。2005年，姜周华被国际电工委员会授予最高奖项——"IEC1906"国际标准奖，成为我国获此殊荣的第一人。

2020年，姜周华结合最新研究成果牵头新修订的两项电渣炉国际标准正式颁布，继续引领国际电渣冶金技术的发展。

手握核心关键技术，支撑中国高端装备制造

一直以来，产学研用相结合，全方位为国家、区域经济建设和社会发展提供技术支撑是东北大学的传统优势和办学特色，学校充分发挥对社会的科技辐射和服务功能，积极向国家发展主战略靠拢，向经济和社会发展实际需求靠拢。

东北大学特殊钢冶金团队秉承这一优良传统，目前项目成果已经推广到 60 多家企业的 325 台成套装备中，市场占有率为 61%，为我国重大工程和国防建设研制了系列关键核心材料，填补了多项国内外空白。

宝武特冶的电渣钢为首次探月工程、神舟六号载人航天、第三代核电、700 ℃示范电站作出了贡献。

通裕重工建成了世界首台百吨级三相三电极电渣炉，生产的百吨级电渣钢成为世界首套 AP1000 核电主管道关键材料。

舞钢电渣锭断面尺寸和单重均为世界第一。电渣特厚板用于 C919 大飞机工程中世界最大的 8 万吨模压机支撑件；全系列水电特厚板满足世界最大水电机组关键部件要求，成功用于单机容量世界最大的乌东德水电站和白鹤滩水电站……

乌东德水电站位于四川省凉山彝族自治州会东县与云南省昆明市禄劝彝族苗族自治县交界的金沙江下游河道，是我国继三峡、溪洛渡之后的第三座千万级巨型水电站，发电机组单机容量高达 100 万 kW，为世界之最，对发电机内部钢板的质量和性能要求极高。由于这样的高端特厚板材我国从前根本无法自主生产，于是工程设计部门规定：150 mm 以上的钢板全部要从国外进口。

在工程实施阶段，特殊钢团队自主研发的特厚板坯和特大型钢锭电渣重熔技术已经成熟，能够制备出世界上最厚的高质量板坯电渣锭，板坯截面尺寸可达 2000 mm×950 mm，最大重量达到 50 吨，也可以为巨型水电站水轮发电机组提供对 Z 向性能有特殊要求的 265 mm S500Q-Z35 钢板和 350 mm S355J2-Z35 钢板。

为了证明其对进口产品的可替代性，全国 40 多名冶金、材

料、机械和水利等行业顶级专家学者云集三峡总公司，经过详细论证，一致认为产品的性能和质量全面优于进口钢板。至此，多年来我国重大工程高品质超厚钢板"一定要进口"的历史被彻底改写。

在 C919 大飞机项目中，很多部件都需要通过模锻制造，即在专用模锻设备上利用模具使毛坯成型而获得锻件，飞机起落架就是其中之一。对于如此规模的模具用钢，对其极高的标准和要求可想而知，国内无此先例。关键时刻，特殊钢团队自主研发的成套设备、工艺制造出的特厚板产品——390 mm 高质量 20MnNiMo 电渣钢——脱颖而出，成功应用于 C919 大飞机制造起落架的 8 万吨模锻压机（为世界最大模锻压机）支座，使得价格高昂、交货时间漫长的进口钢板在性能、质量领先的国产产品面前完全失去竞争力。

用于高铁、盾构机、精密机床的高端轴承、齿轮钢，用于航空发动机、重型燃机、700 ℃先进超超临界发电站的耐热钢和高温合金，用于航天工程、深海工程、第四代核电的特种不锈钢……新一代电渣重熔技术不断为中国高端装备制造业提供解决"卡脖子"难题的材料。

项目为我国探月工程和载人航天研制了发动机核心部件涡轮盘，填补了国内空白；制备出世界首套 AP1000 核电主管道用 70~100 t 316LN 大型电渣钢锭，填补了国际空白；电渣耐蚀合金应用于 AP1000 和 CAP1400 第三代核电示范项目；为我国福建霞浦第四代核电示范工程提供特厚电渣钢板，实现第四代核电（钠冷快堆）用钢国产化；电渣高端轴承钢和模具钢进入国际先进行列，全面替代进口。电渣产品出口到 50 多个国家和地区，主要完成单位成为国内外许多制造业巨头的高端材料供应商。成果应用以来，新增产量 285 万吨，新增产值 570.8 亿元。近三年新增产值 92.27 亿元，利润 13.98 亿元。

大国有重器，百炼淬成钢。东北大学特殊钢冶金团队将同众多踏实肯干的中国钢铁人一道，不断助力我国向着钢铁强国之列迈进。

钢铁，工业之粮食，大国之筋骨。铁矿石，钢铁工业的粮食，位于钢铁产业链的起点，是我国最重要的战略性矿产资源之一。虽然铁矿总储量位居全球第四，但我国是贫矿多、富矿少的国家。铁矿资源禀赋差、难利用，进口量连续多年超过10亿吨，对外依存度持续超过85%，这已成为我国钢铁工业安全运行的重大隐患。

"从国家铁矿石资源的实际出发，让铁矿资源优质优用、劣质能用，降低国内铁矿石的生产成本和对外依存度，保障国家铁矿资源的战略安全。"这是东大矿物加工团队的理想，更是东北大学原始创新、科技强国的报国初心。

千淘万漉虽辛苦，吹尽狂沙始到金

我国贫杂铁矿石储量达200亿吨以上，采用常规选矿技术无法有效利用。部分矿山受采矿工艺、运输方式等因素制约，将大量贫杂铁矿石剥离，当作废石排弃；部分贫杂铁矿石虽获得利用，但存在精矿产品质量不高或回收率低的问题，导致资源浪费和环境污染。

在"蓝天保卫战"如火如荼进行的形势下，自主研发新技术、实现贫杂铁矿石的绿色开发利用迫在眉睫、势在必行。怎样提高铁矿资源的接续保障能力和市场风险防范能力？怎样使我国成为贫杂铁矿石资源化利用技术的领跑者？怎样为保护绿水青山作出东大人特有的贡献？

国家使命，战略所需，正是东大人挺身而出的时候。东北大学韩跃新教授团队和鞍钢集团矿业有限公司校企携手，20年磨一剑，从原始理论突破，到自主开发分步—分散协同浮选技术，再到新型浮选药剂研发，用一套"组合拳"一举破解了含碳酸盐铁矿石和极贫赤铁矿石资源化利用的世界性技术难题，为我国复杂难选铁矿资源的绿色高效开发作出巨大贡献。

变废为宝，"吃干榨净"难选铁矿资源

鞍山式铁矿，总储量超过 200 亿吨，占全国铁矿石储量的 20% 以上，是鞍山成长为"共和国钢都"的先决条件。然而，其中极贫赤铁矿石有数十亿吨，此类贫矿全铁品位仅为 15% ~ 20%。由于受到采选技术、装备和浮选药剂的制约，这部分铁矿资源一直未得到有效的利用。

"铁矿资源不可再生，必须想法吃干榨净，多给子孙后代留点儿。现在国家花在探矿、找矿上的投入不小，如果能做好'节流'工作，把现有资源充分利用好，也相当于找到了新的矿藏。"在矿物加工领域奋斗了 30 余年的韩跃新教授，以强烈的忧患意识，探索着更充分利用我国铁矿资源的出路。

基于对国家矿产资源战略安全深切的责任感，韩跃新教授团队从 2003 年起，就开始研究鞍山地区贫杂铁矿资源选矿难题。他们一次次深入到选矿厂调查铁矿选矿情况，在他们的选矿生涯里，鞍山广袤的矿区，成为他们的校外大实验室。功夫不负有心人，一线的扎实调研，让他们找出了最核心的问题：含碳酸盐铁矿石难以用常规方法分选。

去粗取精，用来形容选矿，真是再合适不过。团队成员把矿样带回实验室，开始对其中的每一种矿物及其在浮选过程中的特性进行昼夜不息的观察和分析。

经过成百上千次试验，他们欣喜地发现，含碳酸盐铁矿石中的碳酸盐矿物主要是菱铁矿和铁白云石，难以分选的一个主要原因是含铁碳酸盐矿物易泥化，细粒菱铁矿在赤铁矿和石英表面黏附罩盖，进而使各种矿物的表面特性趋同、可浮性接近，导致有用矿物的分离极为困难。

"病灶"找到了，难题便迎刃而解。韩跃新教授带领着团队骨干印万忠、李艳军、朱一民及"80后"年轻人高鹏、刘杰、孙永

升、李文博等一起，将含碳酸盐难选铁矿资源的开发利用作为主攻方向，从理论、技术和应用装备各个方向分别击破，并在实践中捷报频传、全面丰收。

——建立微细粒矿物相互作用能的数学模型，计算微细粒矿物之间的相互作用力，首次创立"固—固罩盖界面调控"浮选理论体系。

——基于"固—固罩盖界面调控"浮选理论，在国际上首次发明含碳酸盐铁矿石的分步—分散协同浮选新技术。

——开发出贫杂铁矿石高效分离协同组合浮选药剂体系。

——研发成功极贫赤铁矿石"粗粒湿式强磁预选"新技术。

点石成金，变废石为宝石，这不是"魔法"，这是东大矿物人的青春、智慧、汗水和坚守！

从2003年开始着手研究，到2019年获国家科学技术进步奖二等奖，韩跃新教授团队咬定"贫杂难选矿"不放松，一系列丰硕的创新成果不断涌现，为企业带来福祉，为百姓带来天蓝、地绿、水清。

含碳酸盐铁矿石"分步—分散协同浮选"技术在鞍钢集团东鞍山烧结厂投产后，浮选总回收率提高了5个百分点，截至2018年底，已累计处理含碳酸盐铁矿石2380万吨，生产铁精矿740万吨。

新型浮选药剂体系在东鞍山烧结厂应用后，浮选尾矿铁品位降低2.3个百分点以上，浮选矿浆温度由40.5 ℃降低至28.5～30.5 ℃，减少了加热蒸汽用量，显著降低了燃料成本；近三年累计节省原煤8.73万吨，减排二氧化碳17.85万吨；同时减少了二氧化硫、氮氧化物、粉尘等污染物的排放。

据团队成员李艳军教授介绍，以往大量贫杂铁矿石被剥弃到排土场，成为"废石"，不但大量占用土地，严重破坏自然景观和生态环境，还极易诱发滑坡和泥石流等地质灾害，直接威胁着周边居民生命财产安全；同时排土场废石中的铁资源未能合理利用，造成了巨大的资源浪费。

这个项目的实施，让绿色矿山建设取得了实实在在的效果。据统计，这个项目减少固废堆存量约 4700 万吨，节约占地面积 63 万平方米，降低排土场征地成本 2.5 亿元以上，保护了土地资源，也减少了征地、搬迁等社会问题，实现了矿山行业可持续发展。

实干的汗水，收获沉甸甸的果实。项目的研究成果在东鞍山烧结厂、鞍千矿业、齐大山选矿厂及河钢司家营铁矿等多家企业实现了工业化应用，近三年累计新增直接经济效益 26.57 亿元，获授权发明专利 19 项，出版专著 6 部，发表论文 107 篇。

中国工程院院士孙传尧等行业专家表示："项目针对含碳酸盐赤铁矿石研制开发的分步浮选工艺及其工业应用，达到了国际领先水平，扩大了我国可利用铁矿资源的储量，显著延长了矿山的服务年限，在同类矿山具有广阔的推广应用前景，为保障我国钢铁工业的安全运行乃至国民经济的可持续发展起到了积极作用。"

知行合一，把论文写在连绵的矿山上

群雁高飞看头雁。矿物加工与粉体技术研究团队在难选铁矿领域的成功，是在学术带头人韩跃新教授的带领下，一个集体携手同心、发挥特长，多年朝着一个共同的目标奋斗的结果。

"创新、探索、团结、快乐"，是这个团队的科研文化，更是课题组最宝贵的精神财富。是的，难选铁矿选矿试验就是韩跃新教授和团队成员的燃情岁月，经过试验的煅烧，他们都百炼成钢，众志成城。连绵的矿山里，有他们最美好的青春、最火热的事业。

"进行分步浮选连续试验时，老师、学生近 20 人不间断工作 3 天 3 夜，忘不了试验获得成功后每个人激动的笑脸，忘不了课题组成员连续多天的紧张讨论，真是一分耕耘，一分收获！"团队骨干印万忠教授感慨地说。

实验室成果如何向工业化生产转化？这是一座看似不可逾越的大山，特别是铁矿石中碳酸盐矿物到底含多少才能保证"分步浮选"技术适用？"刚开始开展分步浮选连选试验时，我们从早晨 7 点到晚上 8 点连续开展了多天试验，但是均没有达到预期指标，

大家非常失落。但是韩老师一直积极乐观，鼓励大家不放弃，组织我们认真总结经验，最终找到了问题所在。韩老师制定了职责清晰、分工明确、统一指挥的试验运行制度，确保每一个操作细节都稳定一致。最终，我们取得了连选试验的成功，为工业调试积累了经验。"青年骨干高鹏沉浸在回忆里，激情点亮了他的眼睛。

创新成果的取得绝不是灵光乍现，而是课题组十几年长期研究工作的积累，从基础研究、技术研发到工业应用，环环相扣，缺一不可。"正是在固—固罩盖、交互影响等基础研究的成果上，才能成功提出含碳酸盐难选铁矿石的分步与分散协同浮选技术，进而在工业上获得巨大的成功。"韩跃新教授说。

大项目是历练青年骨干绝好的途径。李文博，这个脸上总是挂着笑容的"85后"，从学生时代就开始和韩跃新教授共同进行难选铁矿资源的高效开发利用工作。

他笑称："科学研究苦中有乐。在鞍千矿业考察时，为了取到泵池的样品，需要把泵池十几厘米的大阀门打开。在阀门开启的瞬间，巨大的压力，把矿浆喷满老师和同学的全身，为了让考察样品具有代表性，一天需要开启多次，大家都笑称这是'入行的洗礼'；在东鞍山烧结厂，每每听到企业人员说出一句肯定的话，如'分步浮选解决了东烧厂多年的大难题'，工作的疲惫顿时就化解了。"

提起选矿，大家总会觉得这是一个"男人的世界"。但在韩跃新教授课题组，几名女教师勇挑重担，为攻克难题尽献芳华。

儒雅而知性的朱一民教授，本科毕业于清华大学应用化学专业，她几十年奋战在选矿药剂研发领域。"含碳酸盐铁矿石浮选使用的药剂成百上千，如何使用药剂将铁矿石中的矿物分离，是其中的重要一环。新型常温高效铁矿石浮选药剂体系，正是解决浮选过程能耗高、效率差的一剂灵药。"朱一民创造性地提出了分子结构设计新理论，自主研发了组装有伯胺、仲胺、醚胺等多极性基的浮选药剂，浮选药剂合成技术更加精准，让浮选温度降低10 ℃以上，不仅分选效果好，而且节能降耗。

2008年3月，退休已10余年的刘慧纳老师接到了一个电话，得知朱一民教授瞄准了选矿药剂这个研究方向，她撂下电话就赶到了实验室。浮选药剂，是刘慧纳退休前最精通的研究方向。"如果能把我在浮选药剂方面的经验与朱一民教授的化学功底结合，一定能够发生让人意想不到的'化学反应'。"

刘慧纳每天早晨8点风雨无阻地来到实验室，从调整好设备的运行状态，到站在浮选机旁指导学生做实验，这位"蛮拼"的实验室奶奶，用8年日复一日的坚守，像识途老马一样与朱一民在选矿药剂领域相携同行，为人才培养殚精竭虑。

青年教师刘杰休婚假时，课题组事务繁忙，需要人手，而其他同事都奋战在项目一线，她主动返回办公室，协助大家完成校内工作。

后起之秀成长的脚步扎实稳健。孙永升，在读博期间就表现出超强的科研能力，博士研究生一毕业就被破格提拔为副教授。孙永升深深体会到，搞科研，一定要持之以恒、不轻言放弃，细节决定成败，完成一项大的科研任务，团队统一指挥、有序配合非常重要。

独行快，众行远。"我们的团队就像选矿一样千淘万漉，有着共同理想和目标的人走在一起，去完成我们的绿色选矿梦。"韩跃新教授说。

岁月磨砺着这支队伍，奋斗壮大着这支队伍。2019年，矿物工程系科研经费首次突破4000万元，"铝工业典型危废无害化高效利用关键技术研究与示范"获得"十三五"国家重点研发计划资助，"复杂难选铁矿石悬浮磁化焙烧预处理与高效分选基础研究"获得国家自然科学基金重点项目资助，难采选铁矿资源高效开发利用技术国家地方联合工程研究中心获批建设后，进入发展的春天。

科技兴则民族兴，科技强则国家强。党的十八大以来，以习近平同志为核心的党中央把科技创新摆在国家发展全局的核心位置，坚持走中国特色自主创新道路，大力建设创新型国家和世界科技强国，加快建设科技强国，努力实现高水平科技自立自强。大学的灵魂，就在于独立的思想和精神，尤其是经长期积淀形成的富有自身特色的办学精神、治学传统和文化底蕴，这是大学最富个性的精神特征，也是学校的凝聚力和生命力之所系，是大学历久弥新的动力和源泉。回顾东北大学悠久的历史，我们深切地感受到：东大之所以为东大，正是因为有一种穿越时空的精神，在百年的岁月中一以贯之，代代相传，并在不同的历史阶段得到弘扬和拓展，激励历代东大人不懈探索前进，取得了举世瞩目的成就。这种精神包括实事求是的科学作风、与时俱进的发展态度、敢为人先的开创意识和拓新善为的历史传承。这就是东北大学 100 年发展史上一脉相承的文化气质。

第五章
卓越：东北大学的追求

　　卓，意指高超、不凡，古代诗文中大量出现，例如"卓然见高枝""卓然千古高著""帝功卓然"等；越，意指度过、超出，古代诗文中也大量使用，例如"三尺严章难可越""溪深路难越"等。卓越一词往往作为形容人的才能或事业成就的褒义词使用，取意为"非常优秀，超出一般"："惠示古赋近诗，词气卓越，意趣不凡，甚可喜也"（苏轼《答李鹰书》）；"杭州太守李晓园先生，政声卓越，而于文翰之事，谦让不遑"（袁枚《随园诗话》）；"昔龙门司马氏作《史记》，蔚成一家言，其目光之卓越，见解之高超，为班范以下诸人所未及"（蔡东藩《清史演义·自序》）。

　　卓越既是客观事实的描述，也是主观价值的判断，是人类在漫长的历史实践中寻求和向往的一种存在，它意味着更高的升华、更远的前行、更深的探索，它不仅存在于个体之中，也存在于群体乃至整个国家和民族甚至整个人类社会之中，对卓越的追求推动人类社会不断演进。中华民族在漫长的文明发展史中从不缺乏卓越之识、卓越之举、卓越之才，大到万国来贺的天朝卜邦，小到鬼斧神工的雕梁画栋，知名如纵横捭阖的名臣良将，无名如走街串巷的手工艺人，无法一言以蔽之。当今中国正在以中国式现代化全面推进中华民族伟大复兴，中国之路、中国之治、中国之理在世界的影响力逐步扩大，全面建设社会主义现代化国家在新的历史条件下向着卓越阔步前行。

　　一个国家、一个民族、一个时代对卓越的追求最先体现在教育领域，特别是高等教育领域。古往今来，作为学术殿堂和人才摇篮的大学一直以卓越为目标和理想。美国哈佛大学原校长德里克·博克曾就如何追求卓越专门发表文章，斯坦福大学原校长约翰·汉尼斯教授认为"卓越是大学的一个核心价值观"，曾经成为世界高等教育中心的德国 2005 年正式通过德国大学发起"卓越计划"，清华大学在百余年奋斗历程中培育了"爱国奉献、追求卓越"的光荣传统，这也标注了新时代中国高校的共同价值追求。

习近平总书记指出，我们对高等教育的需要比以往任何时候都更加迫切，对科学知识和卓越人才的渴求比以往任何时候都更加强烈。在中国高等教育现代化发展的高速路上、在中国高等教育的百花园中、在以教育高质量发展助力中国式现代化的冲锋队中，东北大学以当仁不让之姿站在历史和时代的前沿。东北大学是有着深厚底蕴和光荣传统的高等教育重要阵地，自诞生之日起便将卓越作为自己的文化追求，其志存高远、卓尔不群、止于至善的追求，历经沧桑却初心不改。

一、志存高远，胸怀远大的理想抱负，为时代增添高度和厚度

诸葛亮在《勉侄书》中劝诫道："夫志当存高远，慕先贤，绝情欲，弃凝滞，使庶几之志，揭然有所存，恻然有所感。忍屈伸，去细碎，广咨问，除嫌吝；虽有淹留，何损美趣？何患于不济？"纵观历史，志存高远是中华民族追求卓越征途上的逻辑起点和行动之源。战国百家中墨家的经典《墨子·修身》提倡"志不强者智不达"，将"志强"作为"智达"的必要条件。南朝宋史学家范晔在《后汉书·虞诩传》中记录道："志不求易，事不避难……"彰显了一种立志高远并知难而进的人生观和价值观。北宋著名思想家、教育家张载在《正蒙·至当篇》中论述道："志大则才大，事业大……"表明了要有卓绝的才干和作为必须树立远大的志向，而张载自身更是立下了"为天地立心，为生民立命，为往圣继绝学，为万世开太平"的鸿鹄之志并终其一生践履。明代著名思想家、文学家、哲学家王守仁在《教条示龙场诸生》中提到："志不立，天下无可成之事……"这是他一生经略四方、救世安民的精神支点。清代著名思想家、史学家顾炎武在《与三侄书》中写道："若志在四方，则一出关门，亦有建瓴之便。"这也是其一生明道救世的思想源头。志存高远，是中华民族深植血脉的基因和久而弥坚的根骨，贯穿在五千年悠久文明的传承发展中。一个

生生不息的伟大文明始终滋养着中华的沃土，始终奔涌着前行的力量，谱写了一曲波澜壮阔的苦难辉煌。

历数社会主义的发展历程，特别是中国特色社会主义的发展脉络，志存高远是暗含在发展过程中的内驱动力和精神根基。马克思在 17 岁时的高中毕业论文《青年在选择职业时的考虑》中写道："如果我们选择了最能为人类而工作的职业，那么，重担就不能把我们压倒，因为这是为大家做出的牺牲；那时我们所享受的就不是可怜的、有限的、自私的乐趣，我们的幸福将属于千百万人，我们的事业将悄然无声地存在下去，但是它会永远发挥作用，而面对我们的骨灰，高尚的人们将洒下热泪。"列宁在求学期间便以国家和民族的解放为己任，当参加学生运动被捕时，17 岁的列宁表达了对旧社会、旧制度的蔑视："是的，一堵墙，不过已经腐朽了，一推就倒了，我们可以从上面跨越过去。"正是一步步矢志不渝的斗争、跨越，列宁创建了布尔什维克党，领导了十月革命，建立了世界上第一个社会主义国家——俄罗斯苏维埃联邦社会主义共和国，缔造了苏维埃社会主义共和国联盟，被全世界的共产主义者普遍认同为"国际无产阶级革命的伟大导师和精神领袖"。毛泽东在 16 岁离家求学前将一张纸条夹在父亲账簿里，上面写道："孩儿立志出乡关，学不成名誓不还。埋骨何须桑梓地，人生无处不青山。"邓小平自少年时代就立志匡扶社稷、救国救民，16 岁赴欧洲勤工俭学，并在那里开启了作为一名共产党员的革命生涯。他是中华人民共和国的开国元勋，也是中国改革开放和现代化建设的总设计师，他改变了 20 世纪后期的中国，也影响了整个世界。习近平总书记在党的十九大报告中提出："广大青年要坚定理想信念，志存高远，脚踏实地，勇做时代的弄潮儿，在实现中国梦的生动实践中放飞青春梦想，在为人民利益的不懈奋斗中书写人生华章！"志存高远，是社会主义发展建设历程的鲜明底色和理想基点，引领着一个勇担历史重任的政党不断创造人类社会发展史上的奇迹，引领着一场改天换地的伟大建设，推动着久经磨难的民族实现从站起来、富起来到强起来的历史飞跃。

细察现代大学的演进过程，不同阶段、不同背景、不同形态的大学所产生的深远影响都映射出其志存高远的惯性延续和传统承继。中世纪大学的兴起发展了科学和知识，活跃了当时的思想文化活动，促进了城市的发展和繁荣，在一定意义上为文艺复兴和宗教改革做了准备，在推动人类文明进步中发挥了积极作用。近代大学的发展助力英国成为全球领导第一次工业革命的国家，为拿破仑的文治武功、革命大业、帝国辉煌提供了思想的、技术的、艺术的支持，引领德国成为第二次工业革命中最重要的国家。19世纪末期，美国将英国的教化型博雅书院、德国的研究型大学和美国的专业学院三者融合为一体，把传授知识、科学研究和服务社会有机融合，大学进入了现代大学模式，而世界也进入了所谓"美国世纪"。中国的现代大学教育以1917年蔡元培在北京大学的改制为起点，于20世纪20年代到40年代出现了第一个黄金期，涌现出以北京大学、清华大学、南开大学，以及西南联大为代表的具有现代大学精神的高等学府，这个时期造就了整整一代我们至今仍然缅怀的各个学科领域的学术大师和辉煌的学术成就。但更难能可贵的是，中国现代大学的黄金期处于中国浸透了血与泪的一段历史时期，在内忧外患、国仇家恨、山河破碎、民不聊生的黑夜里，中国现代大学点亮了一束光，照亮了国家和民族的未来。

在这弥久不衰的光明中，有一颗火种源自白山黑水，它就是东北大学，而"自强不息、知行合一"的校训精神正是东北大学精神的最好写照。

《东北大学校训》试释
彭定安

编者按：上学期期末，学校校园文化建设委员会对校训进行了重新审定，确立"自强不息、知行合一"为东大校训。校训是学校制定的对全校师生具有指导意义的行为准则，它反映学校的独特气质，体现学校源远流长的文化底蕴。本学期学校校园文化建设委员会恳请彭定安先生结合东大实际，从传统文化的角度对校训进行全面阐释，彭老在百忙中成文——《〈东北大学校训〉试释》。"我看校庆"专栏全篇刊登此文，旨在增强师生对校训的认识，并以此为契机推动学校校园文化建设。希望广大读者积极投稿，阐发自己对校训的理解。相信"自强不息、知行合一"的校训，对于激励全校师生员工进一步弘扬传统，增强对学校的荣誉感、使命感，继续奋发努力，把东大早日建成国内一流、国际知名的现代大学，一定会起到重要的推动作用。

日前，我有幸应邀参加学校80年校庆校园文化指导委员会的工作会议，在这次会议上经过广泛论证、专家征求意见，东北大学的校训确定为：自强不息、知行合一。

这一校训的内容很好，含义丰富，而且词语优雅、合辙押韵，读来朗朗上口。两个短语均取自中国传统典籍，流播广泛，向为国人所重视。它们既是中国传统的哲学命题，又是中华文化的精髓，在中华民族文化——心理性格的形成和精神构建的历史中，发挥过并且仍然在发挥着巨大的作用。尤其在20世纪前半期，在中华民族处于生死存亡、外御列强内抗顽敌的历史时期，更是对全民族发挥了鼓舞斗志、激发热情、指导正确思想路线与实践精神的作用。在新的世纪和改革开放时期，这两个精神哲学命题和实践行为指导，又具有了新的文化意义和认知价值。这是传统与现代的结合。

这一校训的两个短语中，"自强不息"是东北大学老校长张学良对东大学生的要求，"知行合一"则是东北大学第一任校长王永江针对当时年轻人浮华之气日盛，力戒他们不存虚浮侥幸心理，对学业实事求是，少说话、多做事，而提出来的。事实上，它们都具有东北大学老校训的意义，曾经发挥过作用。现在又将其合并起来使用，组成新的校训，既具有东大传统精神，又赋予了新的意义，这是继承与创新的结合。

对于校训的这两句话，如何在更广泛和深邃的意义上去把握，是我们的一项迫切任务，也是一件富有意义的工作。"言之无文，行之不远"，识之不深，其行亦浅。如果只是在词语的肤浅意义上了解，在行动上，也不免会流于浅薄浮泛。因此，在大家共同理解、把握、诠释新校训的过程中，我愿谈一谈自己的认识，未必确当，谨作为参与讨论的发言，以就教于大家。

1. 先谈一点接受学方面的认识，也许有利于我们的解释。按照接受学的说法，人类的语言是历史地形成的，随着社会的发展变化而不断地变化；因此，语言具有社会性、历史性、生成性。也因此，任何一个词语，都含有它的社会的、历史的内涵，其意义是发展的、变化的，一个历史时期，有其新的理解和接受。这不是说词语没有固定的含义，而是表明词语提供意义基础，每一个词语都有它的"原意"，而人们在理解和解释时，自然会也应该加上自己的生活经历、文化修养和知识结构所形成的理解框架、接受屏幕和解释体系，并赋予词语"意义"。这"意义"是在词语"原意"的基础上产生的，也是理解者、接受者在"原意"基础上创造的。所以，在理解、接受和解释一个词语时，人们要掌握它们的这种丰富内涵，才能理解深透。

而要做到这一点，理解者就要提高自己的前知识结构的水准。正是在这个意义上，黑格尔说同一个成语，在青年人和老年人那里，意义是不同的。

因此，对于来自传统典籍的校训的"词语意义"的理解，必须掌握它的"原意"，又要赋予新义，从现代生活角度和以现代理解框架去创造"意义"。这既是传统的，又是现代的，是传统与现代的结合，是接受与创新的结合。"抛开古人说今话"，是不行的；"死抱着死魂灵不放"，也是没出息的。

2. 校训的第一句"自强不息"，出自《周易》中的干卦的象传，其词云："天行健，君子以自强不息。"它的原意是说，天总是刚劲强健而运行不止的，君子观此象而感应身受，因而发愤图强奋斗不息。后人多取其第二句"自强不息"而用之，以鼓励、赞誉人们精神振拔、意志坚强、努力奋斗、自强自立的精神志气。《辞源》上解为"不断努力"，意思虽然简单了一些，但把主要精神和意义实质说出来了。在19世纪末、20世纪初以来，尤其是20世纪的前50年里，中华民族灾难深重，列强宰割、日寇侵吞、反动统治倒行逆施，人民一面是痛苦沉沦、屈辱偷生，一面是挣扎反抗、浴血奋战，并且在民族战争、解放斗争中，不断取得胜利，走向光明。在这个争取自由解放的斗争长途中，"自强不息"是使用最多最广泛，也是给全民族以激励鼓舞的口号和精神号召。

东北大学作为东北地区的文化旗帜和精神堡垒，在沦陷后的东北地区，在东北沦陷后的中国，张学良老校长以"自强不息"训导师生，其意义更为特殊，更具有鼓舞斗志、激励精神的巨大作用，而当东北大学流亡关内以后，这"自强不息"的号召，更带有一种悲壮的气氛，具有既鼓舞自己又鼓舞全民族的作用。

在中国人的精神发展史中，在中华性格的发展过程中，中国人锤炼自己的坚强意志、铸造自身的人格力量时，总是以"自强不息"这一规训作为座右铭，作为精神指引和实践导向。可以说，自强不息在中国人的精神发展史上发挥了巨大、悠久、深邃的作用。它是中国人性格形成和人格培养的砥砺之石、冶炼之炉和行为圭臬。

因此，也可以说，"自强不息"这一词语和思想，是中国文化的积极因素的代表之一，是中华性格的特征之一，是中国传统的精神瑰宝，是先进文化前进方向的代表。

因此，我们取而用之，作为校训的内涵，正是继承民族文化传统，取用民族精神资源，也表达了继承历代民族志士、革命先烈和改革前驱的崇高志向和英雄伟业的志向。

3. 当然，取用民族精神文化资源，不能停留在原地，不应该只停滞在"原意"的基础上，而要与时俱进，注入时代精神、涵盖社会内涵、吸纳现代理念。现代的自强不息，改革开放时期的自强不息，远不只是抵抗列强、救亡图存了，现在内涵更丰富、精神更积极、品格更崇高了，而且打破了民族局限，参与了世界事业，服务于全人类的伟业。现在的自强不息，是中国人要振兴民族、走向世界，在许多世界事务中，既居于前列又举足轻重，在经济发展和文化创造上，恢复昔日的荣光，再度显现辉煌。在个人的性格养成、人格培养上，"自强不息"的引导意义也都更积极、更科学、更崇高、更现代了。

21 世纪的自强不息的现代民族，21 世纪的自强不息的现代人，——这就是自强不息的现代导向、现代意义、现代内涵。

4. "知行合一"是中国传统的、基本的、具有核心意义的哲学命题。"知"指知识；"行"指行动。中国古代在这一哲学命题上，划分为三个派别，一派主张"知"是"行"的基础，有知而后能行，"知"指导"行"，"行"受"知"的支配。一派则主张"行"是"知"的基础，离开"行"则无法得"知"。还有一派则主张知行合一，认为"知"即是"行"、"行"即是"知"。北宋的大哲学家程颐是"'知'乃'行'的基础"这一派的代表。他强调"以知为本"，指出："知之深则行之必至，无有知而不能行者。知而不能行，只是知得浅。"明清之际的大哲学家王夫之则是"'行'乃'知'的基础"这一派的代表。他说："知也者，固以行为功者也；行也者，不以知为功者也。行焉可以得知之效也，知焉未可以得行之效也。"明代的王守仁则是"知行合一"说的代表。他说："知者行之始，行者知之成""只说一个知，已自有行在；只说一个行，已自有知在。"在现代，这一哲学命题，仍然为我国思想界、理论界的一个论题。孙中山主张"知难行易"学说，可以看作先行后知。他举例说，有一次他家里的自来水龙头坏了，一直弄不好，后来请了一位工人来，他只轻而易举地弄一下，就修好了；所以孙中山说知道道理、理论是难的，而行是容易的。现代教育家陶行知则是另一种主张。陶曾改原名为"知行"，以后又改为"行知"，这以后就以"行知"名闻世。这名字的变化，反映了他的认识的变化：先重视知，可以视为主张"知是行的基础""知比行重要"；后来则反过来了。正是在这种认识的基础上，他批判地改造杜威的实用主义，提倡"教学做合一"，创办生活教育社和工学团，形成了适合中国国情的"生活教育"思想体系。在"知"与"行"的关系的认识与论辩上，提法的不同往往与时代精神和论者的针对性有关。孙中山为了唤醒民众、发动革命，改变人们的愚昧落后思想，树立进步意识、革命观念是主要的步骤，故强调"知"的重要和首要性。而陶行知在 20 世纪 20—30 年代民族危亡之际，针对许多人尤其是国民党统治阶层和部分知识分子的"口头爱国"和"五分钟热血"，提倡"行"的重要，强调行为先，也是自然的、有意义的。

我们现在讲"知行合一"，已经不完全等同于原来的意思，而是立足于马克思主义，主张知行统一，两者是一种实践的、辩证的关系，"知"是在实践（"行"）的基础上产生的；然后，在总结、反思"行"的基础上，产生了"知"；再后，又以"知"（意识、观念、理论）指导"行"（实践）。如此循环往复，不断辩证地发展提高。这是一个人类在实践的基础上，不断实现马克思所说的"在改造客观世界的同时改造主观世界"、又以"改造——提高了的主观世界进一步并更好地去改造客观世界"的过程。

5.《校训》将两个短语合在一起，成为一个完整的意思，既有"自强不息"的爱国意识、民族精神和传统文化思想性格，又有坚持实事求是精神，重视实践也重视知识的，理论与实际结合、实践与理论统一的思想作风与工作作风，以及教学做统一的优良学风。从认识论到方法论都有了。

我们在遵循《校训》培育学生，以及每个人自觉形成与熔铸自身的思想品格与文化精神时，固然要接受传统的诠释，吸取传统的文化资源和文化精神，这样做，可以使我们的理解与实践具有更深厚的历史渊源、文化内涵和传统精神。但同时，还可以和应该注进时代精神和现代的、科学的思想与方法。在21世纪，面对全球化经济与文化，面对知识经济、信息社会、高科技发展与科技革命，面对计算机文化和网络化突飞猛进的发展，以及面对高等教育的改革，人类知识和认知体系的新的发展和新范式的形成，自强不息和知行合一，都具有了新的内涵、新的精神、新的文化品位，并由此导致了思想与行为的准则与规范的不同。今天的自强不息，是要继承并发扬光大东北大学的爱国主义传统，继承、发扬民族精神与文化传统；是要在建设中国特色社会主义和中国现代化进程中，走在高教改革的前列，让东北大学在已有的基础上与时俱进，不断创新，成为一流高等学府，培养出适应新世纪需要的新型的、高知识高智能的、全面发展的综合型人才。今天的知行合一，则是要坚持理论联系实际、知与行统一的实事求是的思想路线和学风、文风，接受、传播科技与人文社科的新知识，既用高科技武装头脑与技能，又以新的人文文化涵化精神与心性，做到既能言又能行，言行一致。

以上，不揣浅陋，对《校训》作了一些尝试性的解释，未必确当，容或有误，愿意接受批评指正。

从历史的维度、现实的维度、未来的维度娓娓道来又铺陈开去，在沈阳、北平、开封、西安、三台辗转迁徙又复土还乡，在人才培养、科学研究、社会服务、文化传承与创新、国际交流与合作中躬身耕耘又砥砺奋进，面向世界科技前沿、面向经济主战场、面向国家重大需求、面向人民生命健康，一路弦歌不辍、一路火光不灭，东北大学胸怀远大的理想抱负，以天下为己任，成就东大之大。

东大之大

1923 年，东北大学第一个喊出了"不受外人侵略，兴办大学教育"的口号，打破了日本企图通过教育进行文化殖民和侵略的阴谋。

1926 年，东北大学校办工厂正式成立，规模和实力居当时国内高校第一，开创东北大学产学研相结合的优良传统。

1928 年，东北大学开办国内首个建筑系，囊括了"中国建筑四杰"中的梁思成、童寯，我国建筑史上的一代宗师梁思成及其夫人林徽因为创建东北大学建筑系作出了杰出贡献。机械学家、教育家刘仙洲倡导"工读协作制"教育思想，自编中国大学工科第一套教科书。

1930 年，冯简在东北大学执教并兼任中央广播事业管理处总工程师，负责主持在南京建设当时远东功率最大的 75 kW 广播电台。这是第一座完全由中国人自己创建的电台，当时被誉为"东亚第一、世界第三",即远东功率最强的广播电台。

1931 年，东北大学成为中国第一所流亡大学，辗转北平、开封、西安、三台，始终不绝抗日求存、教育救国的薪火。

1932 年，东北大学学生刘长春成为中国奥运参赛第一人，用实际行动向世界表明，中国没有灭亡，东北大学正举起救国的火炬。

1935 年，一二·九运动中，东北大学学生走在游行队伍的最前面，成为运动的主力和先锋。

1936 年，西安分校师生纪念一二·九运动一周年请愿游行，点燃西安事变导火索。

1949 年，邱竹贤院士参加了新中国第一座电解铝厂——抚顺铝厂的建设，生产出新中国第一块铝锭；主编中国铝工业史上第一本铝冶炼教材《铝电解》，开创了新中国铝冶金教育的先河，被誉为中国铝业之父。

1951 年，毛泽东主席为毕业于东北大学史地专修科的丛德滋家人签发新中国第一张烈属证（第 00001 号）。

1952 年，陆钟武院士创建我国第一个冶金炉专业和冶金炉教研室，成为我国冶金炉学科的主要开创者和奠基人之一；冶金系教授许冶同的著作《钢铁材料学》出版，该书是由我国自主编著的第一本材料学著作。

1953 年，郎世俊教授主持创建了国内首个工业电气自动化专业，为我国培养了首批工业电气自动化专业人才。

1956 年，中国第一台模拟电子计算机在东北工学院诞生，整台计算机完全由以李华天为代表的东北工学院教师和实验人员自己设计、自己试验、自己制造。

1957 年，谢绪恺教授在全国第一届力学学术会议上首次提出多项式稳定的必要条件和充分条件，研究成果被钱学森、周培源、秦元勋等人认可，后被命名为"谢绪恺判据"。这是国际自动化学界第一次出现了以中国人名字命名的研究成果。

1959 年，东北工学院院长靳树梁主编了我国第一部专业教材

《现代炼铁学》。毛泽东主席赞誉他为"冶金界留德学派的代表人物"，周恩来总理尊誉他是"新中国钢铁冶金伟大的开拓者和奠基者之一"；1964年，靳树梁和他的团队解决了钒钛磁铁矿冶炼中炉缸堆积这一世界难题，这标志着我国在钒钛磁铁矿冶炼领域处于世界领先水平，为国家恢复生产和三线建设奠定了坚实的物质基础。

20世纪50年代末，闻邦椿院士开创了"振动利用工程"学科；1987年，"惯性共振式概率筛"获国际发明博览会"尤里卡"金奖和个人发明"骑士"勋章。

1960年10月，东北工学院被列为全国64所重点大学之一。

20世纪70年代初期，东北工学院与沈阳风动工具厂等研制了我国第一台坐标式井下掘进钻车，使我国凿岩钻车技术有了质的飞跃。

20世纪70年代，张嗣瀛院士创造性地建立了一套微分对策理论体系和方法，他是我国微分对策理论研究的开创者。1987年，张嗣瀛出版的《微分对策》一书，是国内唯一一本关于微分对策理论的专著。

1978年，东北工学院成为首批被恢复的全国88所重点高校之一。

在改革开放新时期，学校根据发展形势，面向经济发展主战场探索办学新模式，确立了既为冶金行业又为地方经济建设服务的"双为"方针，相继成立了辽宁分院、秦皇岛分院、继续教育中心，为国家建设和地方发展培养了大批优秀人才。

1980年，陆钟武院士创立了中国第一套钢铁工业节能理论和技术；世纪之交，提出"穿越环境高山"理论，有效指导我国的工业生态化建设。

1986年9月10日，学院举行研究生院成立大会，成为全国33所试办研究生院的高等学校之一，这是学校步入国家第一层次大学的主要标志。

1990年，东北工学院建成中国第一个以大学名称命名、被世界大学科技园协会接受为会员的科学园，不但推动了学校的发展，而且为辽沈地区乃至全国的信息产业化建设注入了活力。

1993 年，东北大学研制出中国第一台国产 CT 机，并于 4 年后由东软集团生产出可以投入临床应用的全身 CT 机。

1994 年，冯夏庭院士等编著《采矿工程智能系统》，在国际上开创智能岩石力学与智能开采新方向。

1995 年以来，方肇伦院士以全球领先的研究工作，成为国际流动分析与联用技术研究的一面旗帜，是中国流动注射分析领域的领军人和微流控分析奠基人。

1996 年，东北大学进入首批"211 工程"重点建设行列，成为中国面向 21 世纪实施"科教兴国"战略的先头部队。

1999 年，东北大学进入"985 工程"大学行列，吹响了向世界一流大学进军的冲锋号。

2002 年，在全国一级学科整体水平评估中，东北大学控制科学与工程学科排名第一，柴天佑院士率先提出多变量自适应解耦控制理论，被国际誉为"来自中国的控制领域第一人"，带领团队开创的全流程决策与控制一体化理论被写入国际自控联《引领未来自动化发展方向白皮书》。

2005 年，超级钢由王国栋院士领衔研制成功，在国际上连创四个第一，成为世界绿色钢铁轧制工艺的领跑者，助力中国从钢铁大国向钢铁强国迈出关键的一步，有力地支撑了国家现代化建设。

2006 年，东北大学获评"全国先进基层党组织"。

2007 年，东北大学获教育部"国家大学生创新性实验计划"首批实施高校资格。

2011 年，中国首个流程工业综合自动化国家重点实验室在东北大学揭牌，再次彰显东北大学在中国新型工业化进程中的引领作用。

2012 年 11 月，东北大学浑南新校区奠基。2014 年秋季正式投入使用。

2014 年，中国首个钢铁共性技术协同创新中心、重大装备制造协同创新中心通过教育部、财政部认定。

2014 年，东北地区第一个超级计算中心——东北大学云计算科技产业园落成。

2014 年，世界上首个科技孔子学院——白俄罗斯国立技术大学科技孔子学院揭牌。

2015 年，东北大学联合中国科学院沈阳自动化研究所和沈阳新松机器人自动化股份有限公司合作组建国内"985"高校首个机器人科学与工程学院，助力中国从"中国制造"走向"中国智造"。

2015 年，东北地区首个综合型智库机构——东北振兴研究院成立，并召开第一届东北振兴论坛。

2015 年，东北大学"东北老工业基地劳模文化"项目获批国家社科基金重大项目，成为东北大学建校以来获批的第一项国家社科基金重大项目，标志着东北大学在哲学社会科学领域的历史性突破。

2016 年，东北大学首次夺得全国大学生机器人大赛冠军，此后连续四年获得全国大学生机器人大赛总冠军，成为全国唯一连续五次代表中国出征亚太大学生机器人大赛的高校。

2016 年，东北大学与河钢集团有限公司联合共建国内首家校企合作实体化运作钢铁技术研发平台——河钢东大产业技术研究院。

2017 年，东北大学入选全国首批高校科技成果转化示范基地。

2017 年，东北大学科技成果产出与需求无缝对接已取得明显成果，在科技部近 3 年发布的全国技术市场统计年度报告中，东北大学输出技术成交额排名全国第一。

2017 年，东北大学入选一流大学建设高校，"控制科学与工程"成为"双一流"建设学科。

2018—2019 年，东北大学成为全国唯一一所同时入选全国首批 10 所"全国党建工作示范高校"、首批 10 所"三全育人"综合改革试点高校、首批 10 所"一站式"学生社区综合管理模式建设试点高校的高校。

2020 年，唐立新院士领衔成立东北大学工业智能与系统优化前沿科学中心，该中心是国内工业智能领域首个国家级前沿科学中心。

2021 年，教育部公布首批未来技术学院名单，东北大学未来技术学院入选。

2022 年入选新一轮"双一流"建设名单，新增"冶金工程"一流建设学科。

2022 年，由冯夏庭院士担任首席科学家领衔的重大科技基础设施"超大型深部工程灾害物理模拟设施"项目启动建设。

2023 年，东北大学迎来建校百年。学校将站在新的历史起点，踔厉奋发、砥砺前行，为建成在中国新型工业化进程中起引领作用的"中国特色、世界一流"大学而不懈奋斗。

…………

历史不会止步，追求卓越的脚步永远在路上。百年的时间，在历史的长河中只是短暂的一瞬；百年的成就，在历史的画卷中却是浓墨重彩的一笔。百年的东北大学有大楼、大师、大成就，也有大格局、大视野、大气魄。百年的东北大学步履铿锵、行稳致远，百年的东北大学攻坚克难、一往无前，百年的东北大学站在前线、走在前列。

古人云："古之立大事者，不惟有超士之才，亦必有坚忍不拔之志。""不谋万世者，不足谋一时；不谋全局者，不足谋一域。"1922 年，王永江在奉天公署内设大学筹备委员会，制定章程，积极筹办建校事宜；1923 年 4 月 26 日，奉天省公署颁发的东北大学校印正式启用，标志着经过艰苦筹建的东北大学正式成立；1923 年 7 月中旬，东北大学招考文、法、理、工四科第一届预科新生 310 余人，9 月在高师原校址正式上课，10 月 24 日，举行了隆重的开学典礼；1923 年 7 月，东北大学北陵校舍正式动工；1925 年 9 月，北陵校园中的理工大楼等建筑相继竣工，理、工两科先行迁入；1929 年 7 月 1 日，东北大学在理工学院大楼一楼大厅举行了第一届本科生毕业典礼；到 1931 年 9 月，有 4 个学院 24 个学系和 8 个专修科，教职员工 300 余人，拥有国内一流的师资队伍、办学环境、仪器设备，东北大学已发展为东北最高学府。

1929 年，张学良校长为《东北大学校刊》题写"奋起直追"四个字。他曾这样讲道："我国文化落后，国势贻危，愿求急起直追，非倍力倍速不可。"建校初期的东北大学跑出了东大速度，更以实际行动回答了"中国何时才能派出一位选手参加奥运会？中国何时才能派出一支队伍参加奥运会？中国何时才能举办奥运会？"这一百年之问。刘长春，1928 年进入东北大学学习，是东北大学体育专修科的首届学生；1929 年 5 月，刘长春代表东北大学参加第十四届华北运动会，取得了 100，200，400 米 3 项第一，并创下了 3 项全国纪录；1930 年，刘长春在第四届全国运动会上，再创 100 米 10.7 秒的全国纪录；1932 年，在张学良老校长的资助下，刘长春代表中国参加第十届奥运会，成为中国奥运第一人；2008 年，北京实现了中国举办奥运会的百年梦想，当奥运火炬在辽沈大地传递时，刘长春体育馆在东大学子的欢呼声中落成剪彩。历经沧桑、屡经坎坷，东北大学始终热血澎湃、奋进不止、引领前进的方向，这是东北大学与生俱来的速度基因和内生动力。

机甲少年的竞技青春

大赛捧金，竞赛夺冠，成果产业化，学生如何开启"开挂"模式，在创新创业实践中点燃青春，实现人生价值？ACTION 创新团队、T-DT 机器人战队、MC^3 机器人战队、RoboFirst 机器人战队、海洋之心机器人创新团队等一个个冠军团队登上领奖台，沈阳艾克申机器人技术开发有限责任公司、沈阳东深科技有限公司、沈阳森之高科科技有限公司等一个个科技企业不断创造市场价值，释放科技潜能。

梦想在这里变成现实

在东北大学有一个充满创新气息的地方，东大人都亲切地称这里为"机器人大本营"。这里活跃着许多为梦想而奋斗的机器人团队，他们拼搏在国内外各大科技竞赛的赛场上，向梦想发起一次次挑战。

ACTION创新团队成立于2002年，由信息科学与工程学院丛德宏教授指导，秉承"拒绝平庸，挑战极限"的信念，积极进行科技创新和技术突破。在全国大学生机器人大赛中创造四连冠的神话，五次代表中国出战世界大赛，获两次亚军、一次季军和多次"最佳技术奖"，孵化沈阳艾克申机器人技术开发有限责任公司，荣获全国"小平科技创新团队"称号。

T-DT机器人战队成立于2012年，旨在培养有独特主张、丰富想象力、超凡创造力的优秀青年工程师，由机械工程与自动化学院陆志国教授和刘冲老师联合指导，蝉联全国大学生机器人大赛RoboMaster机甲大师赛2019、2020冠军，荣获ICRA RoboMaster人工智能挑战赛全球总冠军。

MC^{3}机器人战队成立于2019年，依托流程工业综合自动化国家重点实验室，由国家级青年人才项目获得者、国家优秀青年基金获得者刘腾飞教授指导。团队首次参加无人机领域国际顶级赛事——国际小型无人飞行器竞赛（IMAV），便力克德国亚琛工业大学、荷兰代尔夫特理工大学、新加坡国立大学等世界知名工科高校的顶级无人机团队，一举夺得室外组冠军，这也是IMAV举办以来中国队伍首次夺取该奖项。

RoboFirst机器人战队成立于2021年，由机器人科学与工程学院贾子熙、闻时光两位老师联合指导，团队主要面向RoboCup机器人世界杯中国赛和中国机器人大赛两项五星级赛事。从1999年，东大机器人在巴西FIRA世界杯一举夺魁，到2021年，东大代表队在RoboCup世界杯中国赛全新亮相，始终有一股信念在他们心中激荡，有一种力量在他们胸中迸发。22年的跨度，东大精神仍然闪耀在每一位队员的心中。

海洋之心机器人创新团队成立于 2020 年，由机器人科学与工程学院的徐红丽教授和房立金教授联合指导，参加国内外水下机器人高水平赛事。初生牛犊，却不畏艰险，荣获 2020 年全国水下机器人（湛江）海底巡线竞速赛冠军，第九届全国海洋航行器设计与制作大赛"新概念创意设计（Ａ类）"一等奖等奖项。

从 1999 年徐心和老师带领东大牛牛代表队在巴西 FIRA 世界杯勇夺冠军，到如今驰骋赛场的"牛牛"已然功成身退，更多的东大机器人翘首企盼着亮相于国内外"竞技场"载誉而归，创新有为的东大机器人一直都在探索的路上。

东大专属的人才密码

"我们的梦想绝不止于桂冠加冕，我们的心之所向，是与时代的浪潮齐头并进，让全世界惊叹于中国智造，这是吾辈少年肩上的责任，是团队坚守的初心和无限梦想。"队员们骄傲地说！

通过大赛练兵、技术积累，创新的种子逐渐成长为创业的大树。

"在丛德宏老师的带领下，我和队友决定创建自己的机器人公司，希望把我们在 ACTION 创新团队学到的一些技术通过企业平台，真正投入市场，发挥作用。"2015 年，王海洋成立沈阳艾克申机器人技术开发有限责任公司，一件件具有极高技术壁垒且前景可观的产品华丽问世：竞赛模块机器人进入俄罗斯、新加坡等国外市场；下肢康复机器人迭代三级，低于市场价一半的新产品即将面世，给下肢伤残患者带去了新的希望，获得行业赞誉。2017 年，该公司成为国家级高新技术企业。

"利用先进的 AI 数据、融合算法和大数据处理技术，对人体进行全面分析评估，10 分钟内就能测出一个人的体能和体态。"2021 世界互联网大会，一套黑科技设备吸引了央视记者的目光。这套 TRACKING 动态体能评估系统就出自东北大学龚佳乐博士团队。

作为 T-DT 机器人战队的主要成员之一，龚佳乐一直坚持将理论与实践相结合的信念，勇于创新，敢于实践。2015 年，龚佳乐创办的沈阳森之高科科技有限公司获首届中国"互联网＋"大学生创新创业大赛全国金奖（辽宁省仅 1 项）。作为金奖获得者的指导教师陆志国被国务院原副总理刘延东接见。2019 年，森之高科获评国家高新技术企业。近三年团队共开展研发项目 12 项、获得科技成果 19 项、科技成果转化率 100％、科技成果转化年平均数 6 项以上，实现了营业收入四倍的年增长率，团队成绩斐然。

王海洋、龚佳乐是从团队走出的众多精英的一个缩影。从赛场走向市场的经历恰恰印证了东北大学"竞赛积攒经验—科技成果转化—产业化反哺科研"的良性循环模式，响应了国家"大众创业、万众创新"的号召。

多年来，东北大学机器人团队培育出 500 多名优秀科技立异人才，大多数队员毕业后都已进入具有高新技能的大型企业，比如美国 PME、美国硅谷、上海 ABB、深圳 DJI、长春一汽、深圳 FANUC、北京华为、飞思卡尔、合肥联发科等等，并成为核心成员；或前往清华大学、北京大学、浙江大学、华中科技大学等高校继续深造；其间也有些成员远赴德国、瑞典、加拿大、澳大利亚、美国、日本等国留学进修或留校持续从事科技立异方面的教学工作；还有 10 余人自主创业。

厚植科技创新人才培养的沃土

从课堂走向基地，从基地走向赛场，从赛场走向市场……

闪亮的成绩并非偶然，而是"一课一赛一基地一团队"东大经验的精彩实践。

建立机器人、智能车、程序设计等学生创新基地（学生创新团队）35 个，成立以学生科学技术协会为主的学生创新创业类社团 20 个，以混合广谱式在全校范围内开设"创业基础"必修课程，"竞赛机器人设计与制作"、"综合电子技术"等创新创业类通识选修课程，开展机器人寒暑假训练营、创新项目研究等活动，东北大学创新打造"理论课程学习—集训技能提升—竞赛实战练兵—产业实践创造价值"的完整人才培养和孵化链条，不同专业的学生以市场和应用为导向，开展知识学习、科技探索、交叉创新，为创新创业注入持久动力。

2015年9月，东北大学、中国科学院沈阳自动化研究所、沈阳新松机器人自动化股份有限公司签约协作组建国内"985"高校首个机器人科学与工程学院。学院创建"机·智"育人机器人创新创业基地，先后建成"智能汽车""舞指芯创""RoboCup机器人世界杯""水下机器人"四大实验室，大学生创新创业"梦工场"初见雏形。"舞指科技"团队在第七届中国国际"互联网+"大学生创新创业大赛上获得了金奖、最具商业价值单项奖，水下机器人团队两次出行参与失踪人员"搜救"行动，毕业生曾振创立科技公司造福听障人士，获得第十三届中国青少年科技创新奖，入选福布斯中国2022年度30 Under 30榜单。

"中国智造"离不开人才，世界科技的发展离不开智力支持。走在时代的前面，掀起科技的浪潮。目前，东北大学正在机器人与人工智能这一面向未来的战略性新兴领域为国家不断输出研究与应用的有生力量，为科技进步注入新鲜血液，为机器人产业注入强劲动力。

就是这样一群人，他们的梦想从未止步，他们的奋斗从未停下，他们代表了东北大学的速度，他们彰显了东北大学的高度，他们向着更高更远的晴空不断前行，一如东北大学自诞生起便承载着民族独立、国家富强、人民幸福的使命，在风雨兼程中呼啸奔腾，镌刻着时代的图腾，注释着时代的高度和厚度。在抗日救国时期，东北大学这一永不停息的文化列车辗转北平、开封、西安、三台，守护着复土还乡的执着信念和文化火种；百废待兴之际，东大学子将个人价值融入国家和民族的发展需要中，"五四煤"精神闪耀在每一个东大学子的身上；现代化建设时期，东大人把论文写在钢铁生产线上、写在祖国的大地上，在奔涌的钢流铁水中撑起大国脊梁；在第三次科技浪潮和第四次科技浪潮的冲击下，东北大学全力助力夯实"中国智造"的防波堤和瞭望塔；在中华民族伟大复兴的战略机遇期，东北大学毅然决然地走向边疆、走向山区、走向祖国和人民最需要的地方，用自己的所知所学所有书写新的时代篇章。

一年 VS 一件终生难忘的事

T302，沈阳北站开往乌鲁木齐站的列车，全程运行时间为52小时46分钟。2006年至今，这趟列车向西北边陲输送了近百名东大志愿者，他们用爱与信仰坚守在祖国最需要的地方。

"走，去西部支教"是一句生动又浪漫的青春誓言。然而，支教并不是一段说走就走的浪漫旅程。

2009年8月23日，东北大学新疆支教团抵达乌鲁木齐。

首发地昭苏是伊犁州直唯一的五类艰苦地区县。每天往返10公里，做饭、生炉子是生活必备技巧；常驻地布尔津，夏季毒蚊多，飞机洒药都消灭不了……看着他们，布尔津县高级中学前任校长张爱武心存疑问："他们能坚持下来吗？"

2006年8月28日，由张勇亮、杨铭茹、孙明哲组成的研究生支教团，首次走进新疆伊犁昭苏县洪纳海乡上洪纳海村小学，这是一所民族小学，授课对象为维吾尔族和哈萨克族学生。支教团张勇亮给记者展示了一张特殊的花名册，最长的名字（乌拉斯别克·布力德尔程·叶尔阿斯勒）15个字。为了尽快进入角色，支教团成员从攻克学生名字难关入手，他们将所有学生的名字按座位顺序写在教案第一页。每天晨起、间歇、睡前的首要任务就是记名字。记住了孩子们的名字，支教团就与孩子们更加熟络起来。他们还积极向民族老师请教并购买了专门的维汉、哈汉双语小手册，一年下来，支教团成员笑言他们可以顺利通过维语、哈萨克语等级考试。

东北大学艺术学院青年教师王玮的办公桌前摆着厚厚的备课

笔记，在多媒体教学手段盛行的今天，这些备课笔记显得有点格格不入，他说，这是当年支教养成的习惯。2011 年，学艺术设计的王玮走进了高一年级的历史课堂。"历史是高考科目呀。拿到课本备课后，自己预演了一下，一节课只讲了 10 分钟，剩下的 30 分钟怎么办？特别焦虑。"王玮告诉记者。为了讲好一堂历史课，王玮不落下任何一个旁听机会，课本上密密麻麻地写满了听课记录，报纸、杂志，但凡与历史有关的知识他都手抄、剪报，熬夜备课更是他的生活常态。就这样，厚厚的备课笔记，王玮一年就写了 10 多本，学生们说王老师的课每一分钟都是知识点。至今，王玮仍然保留备课到深夜的习惯，他说，这样，心里踏实。

"2000 元国家补助：罗扎生活费 500 元，罗扎入冬衣服鞋子 132 元，高考教材 35 元，电话费 100 元……"这是第十六届支教团团长刘雷的生活账单。哈萨克族高二女孩罗扎·别尔克别克的母亲身患精神疾病，父亲没有劳动能力，一家三口住在土坯房里。然而生活的窘迫并没有击垮这个坚强的女孩，她的学习成绩一直处在年级前列。"罗扎的故事深深地感动了我们。"刘雷和团员们不仅为罗扎买来新衣服、新鞋，又通过公益活动为罗扎争取到每年 2000 元的资助。2016 年 8 月，罗扎收到了伊犁师范大学的录取通知书，已经回到东北大学的刘雷听到这个喜讯，激动地流下了眼泪，当即决定坚持每个月从自己的生活费里拿出 500 元钱，帮助她完成大学学业。

在西部，像罗扎这样的孩子还有很多，他们的期待与未来是支教团扶贫助学的不竭动力。"记得收到第一份贫困学生资料时，队长默默地放在了桌子上，转身间，我们看到了七尺男儿的一行热泪，第一份贫困生资料上传后，我们 5 个人轮流刷新网站，只等'求助中'变成'已有资助意向'，当第一位资助人一次性资助了 5 位同学时，我们 5 个人紧紧地抱在了一起，泪水像泄闸的洪水。不让一个孩子因为贫困而失学！绝不！"这是支教团姚艾君支教日记中关于扶贫助学的普通一页。正是怀着这样的信念与坚持，10 余年来，支教团通过各类奖助学金筹集发放爱心善款百余万元，帮助失学学生重返校园；通过"安利彩虹"超市、"疆爱津行"公益项目，向社会募集教学设备、图书、体育器材等，极大地改善了支教地的办学条件。

刘雷手里有这样一组数据：全县 10393 名小学生，3000 多名中学生，1000 多名高中生。90% 的学生流失了，他们不相信知识可以改变命运。

为了改变这不相信，支教团成员跋涉万里山路，到全县 19 所中小学接力支教，他们开设爱心公益补习班，组织梦想讲坛，打造了融公益课堂、素质拓展、兴趣社团于一体的"筑梦学途"公益课堂体系，累计受教育人数超 2 万人。

2014 年 11 月 8 日，刘雷到达新疆布尔津县义务支教的第 91 天，晚归途中他从疾驰而来的出租车前救起了一名闯红灯的 10 岁小男孩。"生命面前不能有冰冷的理性判断，何况我是志愿者"，刘雷告诉记者。冲乎尔，北疆边陲，小镇只有一座桥，一条街，一个红绿灯。这里的地标式建筑知行楼正是出自刘雷之手。土木工程专业毕业的刘雷作为全县仅有的会 CAD 制图的三人之一，承担了冲乎尔镇寄宿制中学主楼和学生宿舍及教工宿舍的建筑图、结构图、施工图的绘制工作。2014 年，为感谢东北大学新疆支教团的奉献，冲乎尔镇寄宿制中学主楼命名为"知行楼"。谈到这座建筑，刘雷打开了话匣子："冲乎尔镇寄宿制中学是布尔津县最大的一所学校，那里的图纸大部分是从我这里出来的，当时主楼让我命名，我说我们学校的校训是'自强不息、知行合一'，那就叫'知行楼'。"

"我没想到他们坚持下来了，还做了这么多事情"。布尔津县高级中学校长夏丽萍告诉记者。

这种坚持是根植东大学子血脉之中的民族大义、历史担当，爱国人士黄炎培曾经拿着东北大学毕业生苗可秀烈士的遗书手稿影印本，向国人发出"三问"："诸君啊，我们不都是中华民族的一分子吗？不都是有担荷作新中国主义的使命吗？不都是接受苗烈士的期望者吗？"东大学子用自己的坚持回答了且继续回答着这历史"三问"。"是呀，应该把自己的所学、所知带到祖国最需要的地方去。""当我从西北走出去的那一天，我便立下了学成归来回报西部的志愿。"2020年毕业季，支教团成员李青坡和裴攀科给出了自己的答案。

"到西部去，到基层去，到祖国最需要的地方去"，用奉献与友爱改变我国乡村教育的现状。"用一年不长的时间，做一件终生难忘的事。"对于支教人来说，行走西部的岁月，很艰苦，但他们收获的青春风景，却很难忘。

二、卓尔不群，展现独特性和先进性，贡献东大智慧和方案

"夫唯大雅，卓尔不群，河间献王近之矣。""卓尔不群"一词最早出现于《汉书·景十三王传赞》，形容才智、道德超群出众的人。翻开中国经典诗书，"卓尔不群"多次出现。南朝梁钟嵘《诗品》："魏陈思王植……骨气奇高，词采华茂……粲溢今古，卓尔不群。"元代吴澄《王友三诗序》："宋三百年文章，欧、曾、二苏各名一世，而荆国王文公为之最。何也？才识学行俱优也，弟平甫、子元泽亦卓尔不群，英哲萃于一门，出于一时。"运用分解组合法理解卓尔不群，"卓尔"，即特立貌，超然高举貌，形容道德学问等方面的成就超越寻常，与众不同。《论语·子罕》："仰之弥高，钻之弥坚，瞻之在前，忽焉在后。夫子循循然善诱人，博我以文，约我以礼，欲罢不能，既竭吾才，如有所立卓尔。虽欲从之，未由也已。"再说"不群"。《汉语大词典》中"不群"词条下收了两个义项。一是"不平凡"。例如，杜甫《春日忆李白》："白也诗无敌，飘然思不群。"清代魏秀仁《花月痕》："不想也还有这潇洒不群的人，转教我自恨见闻不广，轻量天下士了。"二是"不合群"。例如，《南史·齐萧子云传》："子云性沉静，不乐仕进，风神闲旷，任性不群。""卓尔不群"也作"卓尔出群"，"出群"就是出众；也作"卓尔不凡"，"不凡"的意思更加显豁。可见在成语"卓尔不群"中，"不群"是不平凡、超群出众的意思。

大凡伟人，都在某个领域有着卓尔不群的建树或不同凡响的实绩。马克思是全世界无产阶级和劳动人民的革命导师，是马克思主义的主要创始人，是马克思主义政党的缔造者和国际共产主义的开创者，是近代以来最伟大的思想

家，曾 4 次被评为千年思想家。两个世纪过去了，人类社会发生了巨大而深刻的变化，但马克思的名字依然在世界各地受到人们的尊敬，从东方到西方，人们都在纪念这位国际共产主义运动的伟大导师，马克思的学说依然闪烁着耀眼的真理光芒。

习近平总书记指出，"无论时代如何变迁、科学如何进步，马克思主义依然显示出科学思想的伟力，依然占据着真理和道义的制高点。"马克思一生致力于人的解放和自由全面发展，中国共产党继承和发展了马克思主义思想，创造性地把"全心全意为人民服务"作为党的宗旨，把"人民"二字始终铭刻于鲜红的党旗上，不断为人民谋发展谋幸福。踏上新征程，在习近平新时代中国特色社会主义思想指引下，中国共产党人永葆赤子之心，以中国式现代化全面建设社会主义现代化国家、全面推进中华民族伟大复兴。

百年大计，教育为本。实现中华民族伟大复兴，教育的地位和作用不可忽视。东北大学在助力教育强国建设道路上始终保持着自身文化的独特性与先进性，并将其作为学校追求卓越的重要表现形式。作为大学文化的有机组成部分，东大文化独具特色，在彰显个性品质和鲜明特色的基础上，尊重历史与传统积淀，继续深化并发扬光大。众所周知，任何一种文化如果没有内在独特的精神气质和外在独特的表现，就会在泛文化时代被抹杀个性，只能人云亦云、亦步亦趋，没有了独特性就没有了先进性，因此，独特性是先进性的主要内容和表现形式。但是，仅有独特性也是不够的。文化如果丧失了先进性，不符合社会进步方向，不能体现先进生产力的发展要求，不代表人民最根本利益，也终将被时代所淘汰。东北大学的卓尔不群主要表现在独特性和先进性并举，以此为国计民生作支撑，为大学文化发展作贡献。

东北大学文化中所追求的独特是一种不失和谐的独特。孔子曰："君子和而不同，小人同而不和。"君子的和而不同，是和谐共生、互助共赢。东北大学信息科学与工程学院电气自动化研究所就是这样一个团队，追求内在的和谐友善，坚持实事求是，以"真建议"促进工作"真进步"，以"真科研"推动问题"真解决"，在攀登科研高峰的进程中团结协作、勇于担当。

信息学院电气自动化研究所入选首批 "全国高校黄大年式教师团队"

东北大学信息学馆 308 室，博士研究生们正在火热地进行着"头脑风暴"活动，以全国先进工作者张化光教授的名字命名成立的劳模创新工作室就在这里。工作室以张化光教授所在的电气自动化研究所为依托，在张化光的带领下，凝练出了"培养层次更高、数量更多的科技人才，多出成果、出大成果、出好成果"的"两更三出"奋斗目标。他们专注于智能控制这一高精尖的前沿领域，专啃"高大上"的科研硬骨头，探寻着产学研用结合、造福社会的创新答案。近年来，全体成员共实施了 30 余个创新项目，获得国家级科技奖励 3 项，在高精度泄漏检测定位技术和面向节能的复杂配电网监测等领域取得了巨大的经济效益和社会效益。

在张化光的带领下，工作室涌现出一批"能征善战"的创新尖兵，有荣获沈阳市五四奖章的冯健，全国百篇优秀博士论文提名奖获得者王占山，入选教育部新世纪优秀人才的杨东升、孙秋野……2018 年，电气自动化研究所入选教育部首批"全国高校黄大年式教师团队"、首批全国高校"双带头人"教师党支部书记工作室。这支团队不断成长壮大，不仅成为光大劳模文化的重要载体，也成为引领东大教师践行劳模精神的重要力量，书写着一个个追求卓越的东大故事。

精诚合作，联手服务国民经济主战场

1992 年，刚刚博士研究生毕业的张化光来到东北工学院，跟随柴天佑教授做博士后研究。到校不久，张化光就承担起清河电厂 1-4 号机组计算机集散控制系统项目执行负责人的重任。清河电厂是当时东北电管局的重大项目，投资 300 多万元，布置 25 面台屏柜，控制四台机组，每一台价值都过亿元。面对这项只能成

功、不能失败的任务，张化光以一种初生牛犊不怕虎的精神，深入现场开始从事理论与实践相结合的科研工作，坚实地迈出了作为科研工作者的第一步。

虽然没有受过电力系统自动化专业的专门训练，但张化光迎难而上，一面深入现场，向现场工作人员请教，一面通宵查找科研资料，认真学习相关知识。在他的带领下，全体课题组人员齐心协力，团结合作，尽职尽责地为这一项目的攻坚贡献力量。1994年5月14日，清河电厂1-4号机组计算机集散控制系统一次并网发电成功。

在清河电厂项目中崭露头角的青年教师张化光，1996年牵头组建了东北大学电气自动化研究所。为打开科研之路，张化光四处出击，寻找科研课题，很快便收到了沈阳电业局"马路湾集控站开发"项目的竞标邀请。面对与清华大学、东北电力大学等知名高校和科研院所的竞争，所里的年轻人感到了压力。

急于用科研项目凝聚人心的张化光志在必得，带领大家精心准备，大胆创新，制定了系统的设计方案，最终一举中标。

初战告捷，士气大振，全所人员都以高度的责任感参与其中。经过一年的努力，张化光团队用削峰填谷的方式，解决了刚性供电不足和柔性电力需求过剩之间矛盾的重大难题，顺利完成了马路湾集控站开发工作。团队凝聚力和向心力大大增强。

敏锐注意到项目应用前景的张化光，带领团队不断深入钻研，取得了一系列原创性的成果，共申请发明专利18项。研发的面向节能的复杂配电网监测控制与实时故障诊断系统已在11个省份的86家集控子站和电厂推广应用，提升了我国在故障诊断、容错和监测控制领域的技术水平和国际地位，年创经济效益过亿元。2010年，该项目获得了国家科学技术进步奖二等奖。

2001年6月，胜利油田慕名找到张化光教授，寻求合作。张化光大胆地与胜利油田新大通科技开发中心签署了研发合同，并立即带领他的研究团队到油田进行实地调研，考察现场，收集资料。通过对现场采集的5万多组数据进行分析，张化光和他的团队发现通过混沌重构建模技术实现的泄漏检测精度要比常规检测方法高出很多。2002 年中，几番改进的样机首次在胜利油田河口采油厂实现了小于管线全长 1% 误差的准确定位。

经过不断的升级换代，工作室发明的输油管线流体泄漏故障诊断与定位系统在执行监控工作时，由于系统报警及时，定位准确，就像能够透视石油管线的千里眼，为及时侦破盗油案件和输油管线安全运行提供了有力保障。目前该系统已广泛应用于中石油和中石化公司的 140 多个输油子站。2007 年，这项成果获得国家技术发明奖二等奖。

过泰山，越大别山，涉长江，渡黄河……这一技术伴着一条条输油管线在广袤的神州大地不断延伸，总长度达已 1.1 万余公里，近三年创造的经济效益超过 13 亿元。

在东北大学信息学馆东南侧，3 个 10 多米高的风车俨然一道亮丽的风景线：两个三叶片风车随风旋转；还有一个特殊的风车，两个十字交叉的圆环状风车叶片，旋转起来像个圆球。这是工作室孙秋野老师主攻的课题"风光互补发电系统实验平台"的一部分。"这是一项卓有意义的研究，成果进入市场后，能为新能源接入国家智能电网提供理论支撑，助推解决未来人类的能源危机问题。"对于此项研究的前景，孙秋野充满了美好的希冀。

工作室杨珺老师的科研项目"分散式风电接入技术及工程示范"，是一种位于负荷中心附近、所产生的电力就近接入当地电网进行消纳的风电项目，这个项目以投资小、灵活机动的优势赢得了中小型城市的青睐。目前，这个项目的成果"分散式风电场集中监控系统"已在锦州电网调度控制中心成功应用，实现了 5 家风电场的集中监控和无功优化，大大提高了风电场的风功率预测精度、风电场并网点电压合格率水平和风电场的年发电量。

追求卓越，用工匠精神雕琢创新人才

有项目才能出成果，才能培养拔尖创新人才。这是张化光教授总结的育人经验；追求卓越，精益求精，用工匠精神雕琢高级应用型、创新型人才，是工作室全体成员始终追求的目标。

在20余年的时间里，他不断挖掘教育教学新理念，探索实践教育教学新模式。在他的积极倡导和参与主持下，电类专业创新实验区在信息学院筹建起来。实验区面向全校承担电气、自动化和电子信息类以及工科非电类专业的电工电子系列基础课程的实验教学任务，每年可为3000多名本科生开设72门各专业课实验课程。2006年12月，东北大学的"电子实验教学中心"被教育部批准为国家级实验教学示范中心。

科研项目堪称拔尖人才培养的绝佳阵地，张化光教授带领工作室的全体成员，充分利用研究所经过激烈竞争获得一个个科研项目，为学生提供实践良机，鼓励学生积极参与科研项目的研发工作，在实践中锻炼成长。

在经过了现场的实践考验后，刘金海迅速成长为团队的主要成员。2007年，刘金海带领课题组成员到中石油武汉原油长输管网项目现场进行设备的布线、安装、调试，并有针对性地对软件进行完善升级。经过3个月的努力，最终顺利完成了各项安装调试工作，使检测系统适应了长输原油输油管网。2015年10月16日，刘金海和团队成员一起，在渤海油田顺利完成了我国自主研制的海底管道漏磁内检测器的海试，取得了完整有效的数据。检测器各项性能参数达到国际同类产品先进水平，标志着我国海底管道结束"洋检测"时代。如今，该项技术已在中海油、中石化等大型能源企业成功应用，创造了显著的经济效益和社会效益。

在张化光的悉心指导下，研究所的每一个毕业生都积累了丰硕的成果，成为就业市场的香饽饽，被国内知名企业和研究机构高薪聘用，就业领域涵盖电气工程师、嵌入式工程师、技术支持、设备维护等多个方面。经过几年的打拼，大都已成为单位里的中坚力量。

2021年11月3日，2020年度国家科学技术奖励大会在北京人民大会堂隆重举行，张化光教授第三次登上了领奖台。他作为第一完成人、东北大学作为唯一单位完成的"分布式动态系统的自学习优化协同控制理论与方法"项目填补了国际国内能源输配领域的空白，获得国家自然科学奖二等奖。至此，张化光教授集齐了国家技术发明奖、国家科学技术进步奖、国家自然科学奖三大国家级奖项，成为国内外自动控制领域的知名专家，多次入选全球"高被引科学家"名单。

浩渺行无极，扬帆但信风。张化光带领团队始终把"心有大我、至诚报国"作为不变的信条，大力弘扬黄大年精神，努力践行"犯其至难而图其至远"，潜心开展原创性引领性科学研究，投身国民经济主战场第一线，着力突破关键核心技术"卡脖子"问题，为服务国家高水平科技自立自强贡献力量。

东北大学卓尔不群的独特性和先进性并行不悖。追溯东大卓尔不群的先进性，在《周易·系辞下》中我们找到了答案——"变通者，趣时者也"，即变通趋时。这里论及的"时"，不能简单地理解为时间的延续，应理解为客观事物发展变化的规律和方向，蕴含着时间的推移、时势的演化、时境的变迁和时机的把握。趋时，是对时势的认识，对时机的把握，对时变的感受，对时行的觉悟。"时"不是死的，是灵活多变的。"趋"同样要灵活，要体现人的主观能动性。"变通"则是在趋时的过程中寻找最佳方案。东北大学卓尔不群所追求的先进性就是对时机的准确把握，做出适合时代需要的判断和选择。

为落实国家关于全面加强基础科学研究的有关精神，根据"高等学校基础研究珠峰计划"，教育部决定在高等学校培育建设一批前沿科学中心。前沿科学中心是以前沿科学问题为牵引，开展前瞻性、战略性、前沿性基础研究的科技创新基地，要建设成为具有国际"领跑者"地位的创新中心和人才摇篮，成为我国在相关基础前沿领域最具代表性的学术高峰，实现前瞻性基础研究、引领性原创成果的重大突破，支撑一批学科率先建成世界一流学科，推动高等教育内涵式发展。截至 2021 年 12 月，共批准了 25 个前沿科学中心，东北大学唐立新院士担任首席科学家的工业智能与系统优化国家级前沿科学中心荣列其中。

打造国家战略科技力量

工业智能与系统优化国家级前沿科学中心（以下简称"前沿科学中心"）是经教育部批准建设的国家级一类科技平台，按照国家战略科技力量的建设要求，依托东北大学控制科学与工程国家"双一流"建设学科，开展前瞻性、战略性、前沿性基础研究，并带动计算机、软件、冶金、材料、机械等相关学科发展，促进学科深度交叉融合，打造新型国家级科技创新基地。

前沿科学中心的战略定位是：立足智能工业应用实际，面向国家重大需求，瞄准国际学科前沿，建设一支长期稳定从事工业智能与系统优化前沿基础和应用基础研究的国家战略科技力量，通过合作和交叉研究的机制创新，打造优势特色工业的引领技术，开拓新兴战略工业的前沿技术，努力建成核心基础理论、关键系统技术、工业软件平台、工业应用转化、学科系统优化的高水平研究机构。

前沿科学中心以建设国家战略科技力量为目标，面向国际学科前沿基础研究和国家"卡脖子"关键技术需求，主攻方向为系统优化与数据解析融合核心理论、制造循环工业的多目标决策优化方法、多尺度产品质量科学与动态优化技术、工业智能的共性系统技术及工业软件。研究内容包括工业大数据科学、数据解析与机器学习、深度学习与进化学习、加强学习与动态优化、凸优化与稀疏优化、整数与组合最优化、计算智能优化等理论方法，智能工业全流程生产与库存计划、生产与物流批调度、生产过程操作优化与最优控制等系统优化技术，过程监测、设备诊断、产品质知等质量解析技术，图像理解、语音识别、可视仿真等工业智能技术，以及在制造、能源和物流系统中的工程应用。

前沿科学中心长期致力于工业智能与系统优化的前沿基础研

究，先后承担国家自然科学基金重大项目、国家自然科学基金创新研究群体项目、国家重点研发计划课题、国家自然科学基金重点项目、国家杰出青年基金项目等 20 余项国家重点课题。负责完成的国家自然科学基金项目被国家自然科学基金委 4 次评为"特优"。

前沿科学中心围绕工业智能与系统优化的基础研究，在 *IEEE Transactions on Evolutionary Computation*，*IEEE Transactions on Cybernetics*，*IEEE Transactions on Control Systems Technology*，*IEEE Transactions on Neural Networks and Learning Systems*，*IEEE Transactions on Power Systems*，*Operations Research*，*Manufacturing & Service Operations Management*，*INFORMS Journal on Computing*，*IISE Transactions*，*Naval Research Logistics* 等国际重要期刊上发表 200 余篇论文。

前沿科学中心获批国家学科创新引智基地。引智基地人员来自美国、加拿大、英国、法国、意大利等 12 个国家和地区的世界著名大学和高水平研究机构，包括美国的卡内基梅隆大学、佐治亚理工学院、佛罗里达大学，英国华威大学，德国汉堡大学，法国昂热大学，意大利博洛尼亚大学等知名大学和高水平研究机构，其中，美国工程院院士 4 名，加拿大院士 3 名，国际质量科学院院士 2 名。主持了国家自然科学基金重点国际合作项目，并与人工智能领域国际领先的卡内基梅隆大学合作承担留学基金委国际合作人才培养项目，为中心开展基础研究和关键技术的实质性国际合作提供了常态化交流平台。

前沿科学中心面向智能工业提质增效的迫切需求，从工业智能化的国家重大战略需求出发，围绕区域经济和老工业基地发展，实现传统基础工业进化升级、新兴战略工业迭代引领、新兴与传统工业循环赋能。在改造升级"老字号"方面，针对传统工业的智能化转型升级，以物联网实现的企业信息-物理融合系统为载体，利用传感器通过网络收集现场感知的数据，根据获得的数据信息，利用数据解析技术对生产、能源、物流过程进行准确理解、计量、诊断和预报，在此基础上进行生产计划、调度优化决策和操作执行（精准控制），实现工厂的智慧能力。在深度开发"原字号"方面，面向制造循环工业系统，将具有供需关系的制造企业通过资源、能源、物流和信息等载体要素进行转换与传递，构成具有立体网状结构特征的制造业集群，实现系统优化，促进制造业高质高效循环。在培育壮大"新字号"方面，面向新兴战略工业，研究以人工智能、大数据、物联网、工业互联网等为代表的新一代信息技术，构建基于5G+工业互联网的大数据平台，开发高效可视仿真技术，为数字工业化提供技术支撑，赋能传统工业结构调整与数字化经济转型。

前沿科学中心基于科教融合的理念，培养了一批具有科研创新能力和工程应用转化能力的综合型创新人才，培养的研究生分别在中国和国际著名大学做博士后或任教，在华为、京东、阿里巴巴、腾讯、百度、顺丰、网易、中兴、字节跳动等著名机构和公司任职，以及在宝钢、国家电网、中国航空发动机研究院、中国银联、美国AT&T、德国PSI公司等大型企业工作，从事工业智能与系统优化的设计、实施和管理工作。

抚今追昔，鉴往知来，在群星璀璨的学术大师中，中国工程院院士、东北大学教授陆钟武不啻为趋时变通、与时俱进、卓尔不群的学者代表。他是我国冶金炉专业和冶金热能工程学科的奠基人，是中国工业生态学的开拓者。1953年，他在东北工学院组建新中国第一个冶金炉专业，首任冶金炉教研室主任。20世纪六七十年代，陆钟武建立了火焰炉热工基本方程式，指导全国几百座加热炉的节能改造，改建后的加热炉热效率达到国际先进水平。20世纪八九十年代，陆钟武把节能视野从冶金炉窑扩大到工序、企业乃至整个钢铁行业，从节约能源扩展到非能源，提出了"载能体"概念，创立了钢铁工业系统节能理论和技术，引领全国钢铁工业的节能工作。系统节能思想被原冶金工业部列为"七五"计划以来我国钢铁工业节能的一贯方针。自20世纪末，陆钟武把研究对象从钢铁行业拓展到工业系统节能、国民经济发展、生态环境保护领域及其相互关系上面，开辟了中国工业生态学新领域。他实现了工业生态学的"中国化"，被誉为"中国工业生态学之父"。

中国工业生态学之父——陆钟武

1946年10月，陆钟武考入南京中央大学，1949年2月，转学到上海大同大学化工系，1950年7月大学毕业。毕业时，正值新中国成立之初，全国人民为新中国的成立而欢呼鼓舞，为建设崭新国家而努力工作，有志青年纷纷争先恐后地投身到祖国的建设中去。大学毕业不到一个月，陆钟武便告别家人和舒适的上海，只身一人去了东北。1953年7月，陆钟武从东北工学院冶金炉专业研究生毕业，留在东北工学院任教。从此，他在这里开启了60余年的学术征程……

勇攀科研高峰，创多个"第一"

陆钟武经历的第一次重要实践是中华人民共和国成立后创建第一个冶金炉专业，成为我国冶金炉学科的主要开创者和奠基人之一。

1953年，东北工学院组建了冶金炉专业和冶金炉教研室，陆钟武担任教研室主任。陆钟武研究的第一个问题是关于炉内热电偶的热点温度，他修正了苏联专家那扎洛夫关于热电偶指示温度的计算式。20世纪五六十年代，陆钟武主编《冶金炉理论基础》《冶金炉热工及构造》《火焰炉》《火焰炉理论（中文版）》等冶金炉学科成立以来主要的专著和教科书，被全国高等工科院校相关专业普遍选用。这些研究成果已经成为冶金炉学科新的理论基础和技术体系，得到了国内外业内人士的普遍认可。他为我国冶金炉专业的从无到有、从小到大、从弱变强作出了重要贡献，是我国冶金炉学科的创始者和领军人。

进入20世纪80年代，陆钟武开启组建冶金热能工程学科、创立系统节能理论的第二次重要实践。

80年代初，陆钟武根据国际上刚刚爆发的能源危机和我国钢铁工业能耗过高的现状，组建了冶金热能工程学科和热能工程系，并出任热能工程系主任。陆钟武创造性地提出了"载能体"概念，将热能工程专业的服务对象和学科视野，从过去的单体设备（冶金炉）及其部件，扩展到生产工序（厂）、联合企业乃至整个冶金工业。

陆钟武的系统节能理论，从建立到应用并非一帆风顺。他的系统节能思想最初不被一些人理解甚至遭到反对，寄给报刊的文章也曾多次受阻，迟迟不予发表。直到80年代末期，冶金工业部把"节能降耗"确定为我国钢铁工业节能的两大任务时，人们才被陆钟武远见卓识的"学术思想"所折服。1987年，全国冶金节能工作会议在吉林省召开，冶金工业部充分肯定了陆钟武教授的研究成果，系统节能理论成为我国"八五""九五"乃至今后更长时期冶金工业节能的指导方针。

1993年，陆钟武的系统节能代表作《系统节能基础》由科学出版社出版，2010年修订后再版。30年来，他主动为本科生开设系统节能课程，多次组织系统节能理论培训班，培养一批系统节能方向的硕士、博士、博士后以及青年学术带头人。陆钟武成为冶金工业系统节能理论及技术的先行者和创建人，为推动我国钢铁工业节能降耗作出历史性贡献。

世纪之交，陆钟武将目光聚焦到工业生态学领域，开启了他的第三次重要实践。

为了研究和处理好工业生产、经济发展与生态环境保护之间的尖锐矛盾，他集中精力投身于工业生态学的研究，把研究视野从工业生产过程拓展到产品加工制造、包装运输、使用，直到产品报废后的回收利用，囊括了产品的整个"生命周期"，实现了学术思想的第二次飞跃。

陆钟武把发达国家在工业化进程中的环境负荷曲线形象地比

喻为一座"环境高山"，发展经济就是一次"翻越环境高山"的实践，并导出了单位 GDP 环境负荷年下降率的临界值公式，以及环境负荷与经济增长"脱钩"的条件公式，绘制了资源消耗、废物排放与经济增长脱钩的曲线图。

回眸陆钟武 60 年的学术生涯，他因工业兴国而始，为工业污染而忧。为了工业生态学的"中国化"和中国工业的"生态化"，他勇敢地坚守着、积淀着、追寻着……

掌握操纵杆，开窗纳江来

1984 年，陆钟武走上东北工学院院长岗位。上任伊始，他就发表了《谈开放办学》一文，提出了"开放办学"思想以及坚持教学和科研"两个中心"、坚持为冶金工业和地方经济"全面服务"等办学方针，他的办学理念落地生根、开花结果。

"向媒体开放""向中学生开放""向企业开放""向国外开放"，一向"深宅大院"的东北大学对外敞开了"四扇"大门。20 世纪80 年代，他提议拆掉东门，划出体育馆以东 6 公顷土地，在三好街建立中国第一个以大学名称命名的科技园——东北大学国家大学科技园。30 年后，东北大学科学园成为沈阳的"中关村"，孵化出东软集团等一批创新企业，年产值 120 多亿元。

为了实行开放式教学，陆钟武在全国高校中率先实行图书馆书库向全校师生开放，体育场馆向全校师生开放。在 20 世纪80 年代师生们还没接触过网球的时候，他主导建造了 7 个网球场，拨款建设健身房，成立东北大学健美协会……

陆钟武坚持为冶金工业和地方经济"全面服务"的办学方针，于 1984 年成立东北工学院辽宁分院，为辽宁地区培养了大批应用型人才。1987 年，陆钟武代表学校领导班子，接手冶金工业部秦皇岛冶金地质职工大学，创办了东北工学院秦皇岛分院。30 多年来，遵照陆钟武"不办则已，要办就办好！"的建校方针，东北大学秦皇岛分校从无到有，从弱到强，如今已发展成为拥有教职工800 多人、在校生万余人的多学科协调发展的特色鲜明的大学。

学生是一校之长关注的焦点。陆钟武发现：现有的阶梯教室容易给考试作弊者提供抄袭的条件，今后考试应在平面教室里进行。考虑学校当时的情况，他决定将冶金学馆的大会场改建成平面考场，并配备了全新的桌椅。

在陆钟武校长的督促下，1987年底，一个能容纳数百名考生的"东北大学中心考场"正式投入使用。"大考场"在全国属于首创，相邻的每一列安排不同年级的学生，左右桌考题不同，自然也没有了作弊可能。

陆钟武是一个亲民的校长，有一年运动会上，陆钟武发现学生们大部分很瘦弱，于是他放出话："男生们都出来，跟我比一比掰腕子，看看谁能掰得过我。"十多个男生前来挑战，除了一名体格健壮的学生，其他人全都败下阵来。此后，陆钟武在全校倡导，每个学生应该掌握1~2项受益终身的体育项目，东大学子跟随"健美校长"掀起运动健身的热潮。

1991年，陆钟武卸任校长职位，那时他已经62岁了。了解他的同事都说："陆钟武教授任校长期间，继往开来，发挥了承前启后的开拓作用，留下了好多可圈可点、可以传承的东西。"只有那些有思想的学问家，才有学术思想可言；只有那些有思想的教育家，才有教育思想可言，才是时代呼唤的教育家。陆钟武不愧是这样一位有学问、有思想的大学校长，做学问和当校长都能达到顶级水平，尤为难得。

陆钟武的墨宝"行止无愧天地"，这刚柔相济、入木三分的6个大字镶挂在他家的客厅里，是刻在他心目中几十年恪守不变的座右铭，更是他学术生涯的写照。

明者因时而变，知者随事而制。大学在自身发展历程中也从义理究辨的"象牙塔"逐渐过渡为关注国计民生的"瞭望塔"。大学自诞生之初就凝聚着人类最具智慧的大脑，而如何将这份智慧与才智惠及大众，威斯康星大学成为全球高校的"示范者"。19世纪80年代，地处美国中西部北端的威斯康星大学通过创办"农民学校"、开设"短期课程"、进行乳业问题研究等形式开始了面向州的实际、适应州的人民要求的服务实践活动。到了 20 世纪初期，他们又通过建立大学推广部、鼓励大学教授参与制定州的多项进步主义法案及到州的行政管理委员会中任职等形式，将大学服务州、服务社会的活动全面铺开并推向高潮。这种以服务社会为核心的思想主张及实践活动，被高度概括为"威斯康星理念"(Wisconsin Idea) 而享誉世界。

"威斯康星理念"的成功使大学服务社会这一职能得以最终定型，使大学职能在教学、科研两种职能基础之上又增加了服务社会这一职能。

与"威斯康星理念"如出一辙，东北大学在建校之初就有相似的办学理念。东北大学第三任校长张学良认为，学习的最终目的是去工作，去实践。为力戒纸上谈兵，东北大学建成工厂，使学生能够在实践中求得真知，巩固所学，并任命留学德国归来的杨毓桢任厂长。东北大学工厂虽然仅有六七年的发展历程，但它对东北大学的教学与科研、对东北民族工业的振兴，都起了不可替代的重要作用。

随着东北大学的发展，服务社会的理念和举措也与时偕行，在推动社会进步、增进人民福祉中不断贡献东大智慧和东大方案。从第一个大学科技园到第一块超级钢，从第一台模拟计算机到第一台国产 CT 机，从校办企业到东软集团，东大人放眼社会和未来，以自己特有的知识和智力优势服务于经济社会发展，谋求与政府、企业的多种有效的合作模式，始终走在推动社会发展的道路上。

"威斯康星理念"之于今天的意义，不仅在于它的外在服务方式，更在于它的内在精神实质。东大智慧和东大方案是有着东北大学特色的服务。随着高等教育的发展，高等教育内部的结构、学校层次、学校承担的任务及各个学校的学术优势等都会有很大的差别，在这种形势下，大学服务社会不能搞一刀切、统一模式。东北大学充分发挥在技术创新、转移和产学研深度融合方面的比较优势，不断完善供需机制，有效激发转化积极性，畅通科技成果转化全链条，打通科技成果从实验室到市场的转化通道，在引领和推动行业产业结构调整和转型升级、支撑振兴东北老工业基地战略、服务经济社会发展等方面作出突出贡献。

东北大学不断提升对社会的
科技辐射和服务能力

在"双一流"建设首轮周期内，东北大学坚持以国家重大需求及区域、行业发展需要为牵引，服务发展水平不断提升。

服务东北全面振兴能力不断提升。实施《服务辽沈发展及东北振兴行动计划》，聚焦金属材料、高端装备制造、人工智能等领域，与地方联合建设"东北大学科技园""朝阳东大矿冶研究院""东北大学－三好街成果转化基地""东北大学沈抚工业技术研究院"等一批中试熟化对接平台和校地成果转化平台，服务东北培育壮大新动能。在辽沈重点产业区域全覆盖组建东大技术转移分中心。建设周期内与东北各类企业签订技术合同1325项，落地东北的成果转化率达60%。围绕东北传统产业转型升级和新兴产业发展需要，以"东大—宝马""东大—东软"等联合培养博士生项目为示范，联合东北地区龙头企业培养工程领军人才，共有近7000名优秀毕业生面向辽宁就业，其中研究生近4000人。建设中组部全国党员教育培训示范基地，为辽沈地区累计培训3万余名社区干部。在国家发展改革委指导下，与中国（海南）改革发展研究院合作成立中国东北振兴研究院，联合东北三省四市连续举办40余次东北振兴论坛、东北振兴大讲堂，为东北地区发展把脉问诊、建言献策，以高水平研究成果和咨政服务为东北经济社会发展决策提供智力支持，多项资政报告得到中央和省部级领导同志圈阅、批示。

科技成果转化体制机制不断完善。统筹专利申请、事前评估、转化过程、股权分配、转化基地和研发中心建设等关键环节，畅通科技成果转化全链条。建设"学院—研究院—产业园"一体化架构，形成"成果产出—整合加速—产业孵化"转化闭环，打通科技成果从实验室到市场的转化通道。出台《科技成果转化管理办法实施细则》系列文件，完善科技成果供需机制，建立转化收益共享机制，规范转化各要素环节流程，有效激发转化积极性。入选全国首批"高等学校科技成果转化和技术转移基地"，建设2个产业化支撑服务平台、3个创新创业基地，培育孵化100余家高新技术和科技中小企业等创新型企业。

支撑行业转型升级能力不断增强。"控制科学与工程"和"冶金工业流程"两个学科群融通发展，构建了以智能绿色为特征的"资源—能源—物流—制造—健康"钢铁工业全生命周期技术链，推动工艺绿色化、生产高效化、装备智能化、产品高质化集成创新。大型岩体工程灾害预测预警新方法攻克岩土安全世界性难题，应用于川藏铁路等国家重大工程。国际首创复杂难选铁矿石悬浮磁化焙烧新理论新技术和成套装备，破解了贫杂铁矿石资源化利用的世界性选矿难题。构建我国独有的钢材热轧氧化控制理论体系，相关技术应用于宝武、鞍钢、河钢等百余条产线。成立国内首家校企合作实体运作的钢铁技术研发平台——河钢东大产业技术研究院，实现重大科技成果5000万元交易转让，合作项目金额突破2亿元。落实习近平总书记在南南铝加工有限公司讲话精神，与南宁市政府共建校地成果转化中心——广西先进铝加工创新中心，推动广西铝精深加工产业发展，助力国家铝产业"二次创业"。建设周期内学校转化的科研成果创效300亿元以上，带动相关领域工业产值3000亿元以上，有效支撑行业企业创新发展，推动产业升级与技术变革。

三、止于至善，不断自我超越，以永不懈怠的状态奋勇前行

止于至善，是《礼记·大学》"三纲领"之中的最高纲领，此篇开篇为"大学之道，在明明德，在亲民，在止于至善。"东汉郑玄注："止，犹自处也。"唐朝孔颖达解释为"在止于至善者，言大学之道，在止处于至善之行。"《大学章句》解释："止者，必至于是而不迁之意"，即达到至善的境界而不再改变。对于至善的解释是，"至善，则事理当然之极也"。何为事理当然，《大

学章句》阐释明德："明德者，人之所以得乎天而虚灵不昧，以具众理而应万事者也。"认为"理"乃"应万事"之物，"事理当然之极"则可以理解为：可"应万事"之物的最高原则。止于至善意为：达到完美的境界而毫不动摇，即不懈探索的发展境界。

如《周易》所载"天行健，君子以自强不息"，强调的是一种不断进取的人生追求。汤之《盘铭》"苟日新，又日新，日日新"，阐释的是一种自我超越的持续提升过程。王之涣曾在诗中写到"欲穷千里目，更上一层楼"，指想要看到无穷无尽的美丽景色，应当更上一层楼的高度，即只有不满足当前所取得的成就，勇于继续奋斗，不断超越自我，才能有所突破，达到更高的境界。鲁迅在《而已集·黄花节的杂感》中说："革命无止境，倘使世上真有什么'止于至善'，这人世间便同时变了凝固的东西了。"可见，止于至善是一种以追求卓越为核心的源源不断的奋发向上、超越自我的永无止境之追求，是一种对完美的境界孜孜不倦追求的崇高精神，是不只满足于较好、更好，而是努力达到最好的状态。

毛泽东在第二次全国工农兵代表大会上曾说："大会以后，我们一定要用切实的办法来改善我们的工作，先进的地方应该更加前进，落后的地方应该赶上先进的地方。"习近平总书记在党的二十大报告中发出号召："党用伟大奋斗创造了百年伟业，也一定能用新的伟大奋斗创造新的伟业。全党全军全国各族人民要紧密团结在党中央周围，牢记空谈误国、实干兴邦，坚定信心、同心同德，埋头苦干、奋勇前进，为全面建设社会主义现代化国家、全面推进中华民族伟大复兴而团结奋斗！"

中华民族对卓越的追求从未曾停止过，对"至善"的追求推动着中国的发展，推动着中国完成一次又一次的华丽转身，载人航天、探月探火、深海深地探测、超级计算机、卫星导航、量子信息、核电技术、新能源技术、大飞机制造、生物医药等取得重大成果，从中国制造到中国创造，一个个奇迹般的工程，无不见证着中国的全方位、开创性的发展。

孙中山曾说："世界潮流，浩浩荡荡，顺之则昌，逆之则亡。"若不紧跟时代步伐，只沉迷于现有的成功而沾沾自喜，那必然会被时代所抛弃，而所取得的成功也终将变为失败。"穷则变，变则通，通则久"，代表了中国人对社会发展规律的认识。中国人认为，没有什么万世不易的祖宗之法，文明的成长、社会的发展都是在"穷变通久"的过程中实现的。无论是一个国家，还是世界，都需要与时俱进，顺应时代发展，才能保持活力。这种理性务实的发展观是支撑中华文明历久弥新、生生不息的内在力量。

"大学应生存在永无止境的精神追求之中。"如同时光永不止步，从东北大学诞生那一天开始，东北大学和一代代东大人在追求卓越的路上从未停止过脚步，不断超越自我，再创辉煌。对卓越无止境的追求，是东北大学经过长期的历史沉淀所形成的理想、信念、追求和动力。

东北大学第一位女博导，将一生献给岩石力学的林韵梅教授，应国家发展需要，毅然从自己喜爱的土木工程系转入了采矿系，毕业后留校任教，承担起培养更多优秀采矿人才的使命，翻译出版了中国第一本岩石力学著作《岩石力学及矿山支架》，提出了任一分类表由三要素组成的概念，发现"三要素制约"规律，将岩石分类工作由经验提升到以数学分析为基础的高度，使我国在这方面的研究处于国际领先地位。

东大第一位女博导，一生献给岩石力学

新中国成立之初，刚刚摆脱战乱的国家满目疮痍，人民生活困苦。出生在上海年仅17岁的林韵梅，由于家庭无法同时供养6个孩子读书，面临失学的困境。此时正逢东北工学院南下招生，承诺减免学费，供吃供住。林韵梅便带着仅有的5元钱，兴高采烈地从上海来到沈阳。

为国转系，翻译中国第一本岩石力学译著

正当林韵梅开始憧憬如何攻读自己喜爱的土木工程系，并畅想美好未来时，学校动员党团员转入采矿系："国家百废待兴，但必须地质、采矿先行，否则其他的什么行业都干不了。"于是，100多个爱祖国胜于爱自己专业的学生，申请转入了这个令他人既

害怕又有些瞧不起的专业，组成了"五四煤"班。林韵梅就是其中的十名女生之一，为了祖国的发展，她果断地放弃了自己喜爱的专业，投入到未知的领域。

作为"五四煤"中的佼佼者，林韵梅毕业后留校任教，承担起培养更多优秀采矿人才的使命。当时正值苏联专家来华支援中国教育。外语很好的林韵梅获得了为苏联 R.P. 邱普隆诺夫专家讲授的《岩石力学及矿山支架》做口译翻译的任务。能够与国际岩石力学大师接触，是林韵梅梦寐以求的事情，她立即投入到紧张的工作之中。林韵梅夜以继日地翻译书稿，160 页的书稿，仅用 6 个月的时间就翻译完成了。

1955 年，《岩石力学及矿山支架》由东北工学院编译室出版，新华书店内部发行 2000 本。完成这项任务的林韵梅自己也没有想到，她做的居然是一件有历史意义的开创性工作。经定居美国的著名岩石力学专家石根华教授认真考证：该书是中国第一本岩石力学著作，对中国岩石力学界产生了深远影响。

1956 年，林韵梅又翻译出版了 150 页的《井巷特殊掘进法》。"这两本书开阔了我的视野，为我后来的科研工作奠定了坚实的基础，许多本有关的著作中都有这两本书的影子。"林韵梅说。

勇于创新，提出"围岩稳定性的动态分级法"

参加工作就受到学校重用的林韵梅成绩显著，很快就成为岩石力学领域小有名气的专家。她并没有因此而飘飘然，而是更加珍惜时间，刻苦钻研学问。工作中，她始终不渝地奉行一条做学问的座右铭："认真是科研工作者必备的美德。"在她看来，科研工作来不得半点虚假，作为高危险职业的井下采矿科研工作者，就更需要加倍的认真。

"当时，我年轻，精力充沛，经常到全国各地的矿山进行实地科研。每次下到井下，接触各种岩石，我就感觉很兴奋。由于长期近距离观察岩石，能够从围岩的种种表现预知事故发生的可能性。"科研来源于实践，科研用于指导实践。林韵梅用自己的科研成果为众多的矿山安全提供保护，取得了无法估量的经济效益和社会效益。

1985 年，林韵梅获得博士生导师资格，成为东北工学院第一位女博导。新职务带来了更大的压力，也激发起她更大的动力。同年，林韵梅申报的科研项目"围岩稳定性的动态分级法"获得了冶金工业部的支持，冶金工业部决定每年给予 3 万元的经费支持。有了科研经费，林韵梅开始跑矿山，寻求企业的研究支持。能够与业内的知名专家合作，对很多偏远的小矿来说是求之不得的好事。很快，林韵梅就得到了十多家矿山的支持，开始进行岩石分级的研究工作。

往返奔波于不同的矿山之间，与工人们一起深入矿下，在几百米深的井下用超声波检测岩石动态，用罗盘测量岩石倾角，用各种工具测量矿石厚度和岩石间各种离层的厚度，并一项一项认真记录数据；然后对岩石取样，带回实验室测量岩石强度和点荷载强度。这些检测渐渐成为林韵梅及她的助手和学生的工作常态。

经过几年的辛苦研究，林韵梅提出了任一分类表由三要素组成的概念，发现"三要素制约"规律，将岩石分类工作由经验提升到以数学分析为基础的高度，使我国在这方面研究处于国际领先地位。

由林韵梅完成的各矿矿山岩石的分级工作，为不同岩质矿山的安全开采提供了依据和保证，研究成果很快得到了相关部门的认可。原水电部、解放军、原交通部、原铁道部等与岩石开采相关的部门也开始重视岩石的分级研究，一个国家级岩石分级研究小组应运而生。林韵梅成为团队重要的科研专家。经过几年的实地研究，林韵梅与全国岩石力学专家共同合作，将她的数学分类方法系统移植到我国乃至国际上第一部"工程岩体分级"强制性国家标准中，取代了新中国成立初期流行使用的苏联普氏公式。

老有所为，著书立说传授治矿之道

已经进入耄耋之年的林韵梅教授业余生活丰富多彩。爱好文艺的林韵梅教授每天科学地安排时间，有计划地规划生活，先后出版了《从911到SARS的跨国恋》《八十老太三亚游记》《赴美生存必读》等书。

为了帮助不会用拼音打字的老年人学会使用计算机，林韵梅还研究发明了188汉字输入法，并在离退休中心传授输入法的用法，深受老年人的喜爱。林韵梅还把188汉字输入法上传到网络共享使用，让更多的老年人免费使用。

林韵梅的晚年生活井井有条，她每天都关注专业新闻。每当从新闻媒体中看到有矿难发生，老人都有一种说不出的痛。作为专业科研人员，她感觉有一种不可推卸的责任，必须站出来，发出专业的声音。

为了给矿山的管理者做示范，2015年，林韵梅编著出版了《石嘴子铜矿井巷地压调查研究论文集》，详细介绍了矿山的维护方法。在书的前言中，林韵梅写道：我们在矿山一待5年，最后岩石成了自己的老朋友。记得有一次我们采矿系的关绍宗主任去检查我的工作，狠狠批评了我说："你成天领着大家到采空区跑，还要不要命了！"我感谢主任的关心，没有反驳，只是在心中暗暗说："正因为成天泡采空区，我才熟悉井下的情况，哪里会冒，哪里不会冒，它们会通知我的。我还从老师傅那里学会了敲帮问顶，所以我不怕。"

林韵梅教授就是这样，把自己的一生全部奉献给她所热爱的岩石力学专业，并与同事一起创建了东北大学的国家重点学科——采矿学科。"我相信，通过一代又一代的传承，每个人练出一手绝活，必能使东北大学的资土人领先于全国。"林韵梅说。

在《论语》中，孔子和冉求有这样一段对话。冉求曰："非不说子之道，力不足也。"子曰："力不足者，中道而废，今女画。"孔子的意思是，当明晰了"至善"之所在，就要向着目标出发，努力实现，而不能从主观上就开始否定自己。东北大学始终以引领时代发展为己任，不为不做找理由，只为做成找办法，不断超越自我，不只做时代的跟随者与见证者，更是努力争做时代的引领者和开创者。1923 年，第一个喊出了"不受外人侵略，兴办大学教育"；1956 年，第一台模拟电子计算机在东北工学院诞生；2011 年，中国首个流程工业综合自动化国家重点实验室在东北大学揭牌，彰显了东北大学在新型工业化进程中的引领作用；进入新时代，东北大学紧密对接国家创新驱动发展的需求，积极引导产业平台向国家发展战略、地方经济和社会实际发展需求靠拢。

作为其中一员，中国科学院院士、东北大学教授闻邦椿，从一名机械系的学生成长为中国科学院院士，创建了振动学与机械学相结合的"振动利用工程"新学科，发展了"工程非线性振动"学科，构建了以非线性动力学为基础的深层次产品广义动态设计理论的新体系，并将这种方法应用于工程中。至今，闻邦椿前进的速度从不曾变慢，他在不断地超越自我，甚至进入古稀之年还孜孜不倦地发挥余热，谱写了 70 岁以后比 70 岁以前完成的工作还要多的神话。

闻邦椿：70 岁以后做的工作比 70 岁以前还多

2018 年教师节前夕，一张照片在东大人的朋友圈广为流传：一位老人在火车站候车大厅里，把笔记本电脑放在自己的腿上，专注地工作着……

这位老人就是中国科学院院士、东北大学教授闻邦椿。1957 年，闻邦椿以研究生毕业考试五门全优的优异成绩留校任教。与共和国同行，与祖国的机械事业同步，闻邦椿院士用一生践行着"机械工业报国"的使命。

不忘初心，与时俱进，不断攀登机械学科高峰

1987 年，在比利时布鲁塞尔国际发明博览会上，闻邦椿因在惯性共振式概率筛研究上的杰出成就荣获"尤里卡"金奖，还获得了个人发明"骑士"勋章一枚。2005 年，闻邦椿课题组的大型

科研项目"大型旋转机械和振动机械重大振动故障治理与非线性动力学设计技术"获得国家科学技术进步奖二等奖；2006年，闻邦椿获中国工程院颁发的特别奖——光华工程科技奖，这是工程院最高级别的奖项。2008年，闻邦椿团队潜心研究的"振动利用与控制工程的若干关键理论、技术及应用"项目，获得了国家科学技术进步奖二等奖，2010年，"大型乙烯装置用裂解气压缩机关键技术及装备"项目，又一次获得了国家科学技术进步奖二等奖。

在66年的岁月中，闻邦椿创建振动利用新学科，开设工程非线性振动等近20门课程，培养研究生247人，撰写著作160余部，发表署名第一作者的论文180余篇……

为科学真理立说，为莘莘学子解惑。在半个多世纪的时光中，闻邦椿在振动机械、工程机械领域内矢志不渝地创新、实践，先后研制10多种新型机械装备，使振动这一现象变害为利、造福社会，创造了巨大的社会效益和经济效益。他用常人难以想象的勤奋和创新精神，成就了硕果满枝的学术人生。

晚年的闻邦椿，并没有过上含饴弄孙的悠闲生活。回顾几十年的工作，他开始了对科研和教学的总结，并与时俱进推动机械学科与人工智能深度结合。2004年，他受聘为东北大学"重大机械装备设计与制造关键共性理论与技术""985工程"创新平台的首席教授。以平台为依托，他带领团队经过系统研究，提出了三段设计模型，即7D总体规划模型、1+3+X综合设计新模型和产品设计质量检验与评估模型，建立了一套完整的现代产品设计方法体系。

2010年，闻邦椿教授主编六卷本《机械设计手册》时，将上述设计方法体系融入手册内容中。该手册后来成为行业经典，2018年再版为七卷本著作，被誉为"工程师手边书"，为我国上万家制造类企业制定上千条行业标准，引入工业机器人生产标准等内容，获得了第三届中国出版政府奖提名。

不改本色，甘为人梯，潜心培育栋梁之材

虽已是著作等身，一代大家，然而在众多的社会角色中，闻邦椿最看重的身份就是教师。在他看来，每一个学生都是一块璞玉，都要因材施教、精心雕琢。"勤奋、刻苦、创新、开拓"是闻邦椿行事品格的完美注脚，更是他留给学生最宝贵的精神财富。

"还记得闻老师给我们研究生上非线性振动课时，已经70多岁，但是他一上就是4个小时，中间从不间断，看着整黑板的公式推导和老师汗湿衣襟的背影，我受到了极大的震撼。"机械工程与自动化学院李小彭教授回忆道。闻邦椿院士的学生马辉教授也感慨道："闻老师的包总是鼓鼓囊囊的，背着书啊、笔记本啊，火车、飞机……都是他的办公地点。"

闻邦椿对培养学生严谨的学风特别看重。一次，闻邦椿出差，在报纸上看到一篇揭露博士抄袭别人论文的文章，就把这张报纸带回学校。"闻老师把这篇文章复印了发给每一个博士和硕士研究生，我们不约而同地把这篇文章放在案头用来警示自己。"博士生张居乾说。

言传身教，以身作则。在闻邦椿教授看来，培养学生的一个独家秘籍就是要以自己的实际行动去影响他们。"我其实就是这样，我不弄虚作假，我勤奋刻苦，我在工作中坚持不懈地努力，他们看到老师这样做，自己也愿意这样做。"闻邦椿教授说。

闻邦椿的博士生顾大卫回忆起自己刚读博时遇到困难的情景，至今记忆犹新："刚接触到振动利用这门学科时，我被烦琐的公式搞得头昏眼花，想打退堂鼓。闻老师告诉我，他曾经花了一个多月的时间，推导一个机械系统的动力学公式，桌子上的稿纸都快堆成小山啦！"动之以情，循循善诱，闻邦椿总是耐心地为学生排忧解惑。

在闻邦椿的办公室，一块镌刻着"德才兼备的科学家、学生爱戴的教育家、聪明睿智的思想家——闻邦椿教授全体学生"几行字的金色牌匾，仿佛在向这位丹心育人、负重前行的老教授默

默致敬。

老当益壮，笔耕不辍，把科学方法论融入高校思政课

闻邦椿曾在多个场合强调，实践和创新是通向成功的必由之路，实践是实现创造的核心和前提，创新则体现在完成每一件事的过程中。在他心中，大学不仅能够锤炼学生正确的世界观、人生观、价值观，更要有具体实践和操作的抓手。抓住了这两个核心要素，再掌握了科学的方法论和正确的工作方法，就一定会在人生之路上走得更快更远。

正是基于这样的教育思想，21世纪以来，闻邦椿积淀一生所学，深入系统地提出面向大众的科学方法论体系，帮助企业、政府、学生获取成功高效做事的"金钥匙"。他还先后义务为全国40余所大学、中小学，以及20多个企事业单位作报告，宣传和指导科学思维、科学创新、科学创业的先进理念。

"我78岁的时候开始整理自传《奋斗的人生》，就在撰写这本书的过程中，我通过我的家族历史和个人经历，总结了提高处事成功概率的一些经验和教训，我想这些对每一个人都是有用的，可以帮助年轻人科学高效做事，少走弯路。"谈及研究科学方法论的初心时，闻邦椿这样说道。

2020年，闻邦椿就实现了撰写100部书的目标，创造了理工科学者中"撰写百部著作"的纪录，用实际行动生动诠释了"世上无难事，只要肯登攀"这句话的深刻内涵。

据机械工程与自动化学院执行院长于天彪教授介绍，闻邦椿教授的人生哲学与科学方法论课已经在机械学院本科生中全面推开，涵盖18个班级的近500名本科生，每学期16学时，未来还将进入研究生课堂。与此同时，闻邦椿教授的科学方法论还推广到宁夏理工学院，并在该校的思政课中全面推开，以提高学生的学习做事效率。

"'工欲善其事，必先利其器'，我们为中华民族伟大复兴培养创新型人才，不仅要培养他们正确的世界观、人生观、价值观，

更要让他们学会科学的方法去高效、正确做事。创新不是凭空臆想的东西，掌握了科学的工作方法，同学们就能用敏锐的眼光去发现事物的内在矛盾，找出其发展规律，提出解决问题最理想的方法，就会有助于我们的学生进入良性循环的发展快车道。"谈到将科学方法论融入高校思政课的意义，闻邦椿教授语重心长地说。

本科生刘书业在"人生哲学方法论"这门课上感触颇深："第一次看到有'人生哲学方法论'这门课的时候，我一头雾水。在真正学习了闻老师的方法论之后，我领悟到，想要成功并非只有付出努力那么简单，而是要用科学的精神和方法去探讨科学，才能取得事半功倍的效果。"

教书育人，书写甘之如饴的奉献；追求卓越，绘就永不落幕的精彩。已是耄耋之年的闻邦椿教授每天仍不知疲倦地按时到办公室工作，目前所撰写的专著已经有150余部，将他的人生经验介绍给更多的人。

"创新是永无止境的，育人永远只有进行时。"闻邦椿说。这段话，像一粒饱满的种子，虽历经风雨寒暑，但最终扎根沃土，华盖参天。

东北大学始终保持奋勇向前的状态、不断超越的奋进心态，孜孜不倦地追求卓越。不因已取得的成就沾沾自喜、停滞不前，奋力追求至善之所在。止于至善不只是结果，更是一种过程，是一种不懈探索的境界，是对比完美更完美一点的追求。

毕业于东北工学院钢铁冶金系冶金炉专业的干勇院士在谈到自己所取得的成绩时曾说，他印象中的东大人"就像生命力顽强的山楂树一样，春来花白叶茂，秋去红果满枝，根深何求沃土，酸甜自在心底"。东北大学带给了一代代东大人品尝知识芬芳的沃土，更带给了东大人精神的力量，东北大学就是一代代东大人追求卓越之路上的引航明灯、心灵驿站。正如干勇院士所说，东北大学始终屹立于白山黑水之间，培养东大人的奋斗精神和吃苦耐劳的作风，使东大人不断战胜困难，不断进步。

把光和热奉献给中国钢铁核心技术

2021 年 11 月 3 日上午，2020 年度国家科学技术奖励大会在北京人民大会堂隆重举行，东北大学轧制技术及连轧自动化国家重点实验室刘振宇教授团队完成的"钢材热轧过程氧化行为控制技术开发及应用"项目获国家科学技术进步奖二等奖。截至目前，项目成果已应用于 19 家企业的 45 条生产线，并输出至韩国浦项和现代制铁，为我国全面提升钢材表面质量起到了引领和示范作用，并为我国钢铁产品进入国际高端市场树立了品牌效应。

需求导向，攻克钢铁关键技术

我国钢材年产量超过世界的 1/2，是支撑国家建设的重要工业食粮。目前，表面质量已成为与钢材尺寸和性能并列的核心指标，用户甚至提出"表面不过关，性能达标也不用"的要求。

"70% 以上钢材表面缺陷因热轧氧化控制不当引起，每年此类钢材近 7000 万吨，损失巨大且严重制约着钢材整体质量的提升。项目之前，我国在此方面缺少理论研究，技术落后，产品常被高端用户拒绝，表面质量问题已成为我国制造业转型升级的原材料瓶颈。"刘振宇教授介绍说。

为了摆脱这样的困境，刘振宇教授带领团队通过构建热轧氧化理论体系，开发了具有自主知识产权的成套技术，并率先实现了由经验试错向智能化控制的转型。采用了刘振宇教授团队开发的相关技术，我国钢铁行业形成了"免酸洗钢"和"易酸洗钢"两个品牌，生产出的工程机械用钢因表面优异，成为日资企业专供产品，不但打破了国外垄断的状况，而且在数量和质量方面都实现了反超；高牌号电工钢，因表面质量提升而有效提高了能源转换效率；高强船板达到了 D 级表面"零缺陷"，满足了我国海洋重大工程的严苛要求。

执着坚守，32 载倾情钢铁"智造"

刘振宇教授从 1989 年开始师从中国工程院院士王国栋，是王国栋院士门下的第一位博士生。从涉足热轧过程钢材组织性能演变预测与优化这一前沿课题开始，刘振宇已在钢铁显微组织智能化调控的道路上探寻了 32 年。

这是一条披荆斩棘、攻城拔寨的奋斗之路。"一生能涉足这样一个方向，承担这样一个课题，是我们的幸运，我们把握住了这个机遇！"刘振宇说。

钢材热轧过程中组织性能演变预测与优化，是一个很前沿的课题。它的目标是基于物理冶金学原理，建立一系列数学模型描述热轧过程中钢材的组织演变行为。这实际上就是 21 世纪以来国际上的热点——材料集成计算工程研究的一部分。

刘振宇，坐得住冷板凳、钻研得进去，他非常喜欢这个课题。从硕士到博士，刘振宇研究生期间一做就是 6 年，其中一个亮点，就是他与当时信息科学与工程学院的研究生王殿辉合作，利用人工神经元网络预测钢材的力学性能，文章发表在《钢铁》杂志上，这是信息学科和冶金学科交叉结出的硕果，是一次颇有意义的尝试！经检索确认，这是国际上首次利用人工神经元网络模型进行材料研究，具有重要的开创性意义。

2004 年，刘振宇留学归来到学校任教。他做的第一件事就是将组织性能预测研究的结果应用到生产实践中去。

作为流程化、批量化大宗生产的钢铁产品，如何精准满足客户的"订制化"生产需求？为解决这一关键技术难题，刘振宇教授团队基于多年来在钢铁组织性能预测技术与应用领域的理论积淀和实践，与钢铁企业通力合作，从轧钢生产实际出发，开发出热连轧工业大数据的分析和处理方法，建立起基于大数据分析与优化的智能化物理冶金学模型，开发出了以组织性能预测与优化为核心的钢铁智能化制造技术。这项技术，让人工智能助力钢铁个性化生产，可以利用一种化学成分的钢材，生产不同强度级别，甚至不同钢种，实现"一钢多能"的目标，简化炼钢和连铸工艺，优化炼钢—连铸—轧制生产，提高生产效率和产品成材率。

在鞍钢 2150 热连轧生产线，刘振宇团队开发出焊瓶用钢屈强比波动控制技术，解决了焊瓶钢屈强比窄幅（0.735～0.785）控制这一轧钢领域的世界性难题。从 2004 年开始，刘振宇带领研究生与宝钢梅钢合作，开发出热轧板带集约化生产技术。在梅钢 1422 和 1780 热连轧生产线，通过组织性能预测与工艺优化，钢种牌号已减少 60% 以上，实现了热轧的集约化、绿色化生产，大大促进了企业的节能减排；同时，针对厚度规格为 2.5 mm 的汽车车轮用钢，通过组织性能预测与工艺优化，使钢中锰含量降低一半，吨钢节约材料成本约 50 元，有效解决了当前钢铁企业规模化生产和用户个性化需求之间的矛盾。

"实验室'咬定青山不放松'，由擅长组织—性能调控的刘振宇老师牵头，开发热轧过程组织性能预测技术，建立我国自己的钢材组织控制'北斗导航系统'。"中国工程院院士王国栋回忆起学科方向凝练的过程，感到十分欣慰。刘振宇带领团队教师和研究生深入鞍钢、承钢等企业，探索利用 AI/ 大数据对数学模型进行优化，实现了钢材组织性能的离线高精度预测。"利用 AI/ 大数据建立的高精度数学模型，实际上就是今天信息物理系统中'数字孪生'的核心。这些工作的进展，预示着我们向钢铁生产技术的最前沿发起总攻的'冲锋号'已经吹响。"王国栋表示。

2019 年，河钢集团、华为集团、东北大学合作，以工业互联网为载体，建设"工业互联网赋能钢铁智能制造联合创新中心"，在河钢邯钢的 2250 热连轧生产线上，开发涵盖钢铁生产全流程的数字孪生和信息物理系统，实现钢铁行业的智能制造。

"河钢集团、宝钢梅钢、涟钢、首钢这些企业是我们创新的'福地'，在解决受制于人的重大瓶颈问题上担当作为，努力实现更多'从 0 到 1'的突破，我们就一定能抢占科技竞争制高点，打造钢材未来发展新优势。"刘振宇说。

丹心育人，与学生携手开拓钢铁行业未来

"要做到'钢铁振兴，匹夫有责'，更重要的是肩上的担当和心中的责任。"30多年躬耕于钢铁科研一线，刘振宇教授在勇攀科技高峰的同时，更注重青年人才的培养。

刘振宇最经常强调的就是科研方法的重要性，他十分注重在基础理论上实现突破，反复叮嘱学生们在科研上要设计小而精的实验。有一次，为了解决钢材热轧过程氧化铁皮动态软测量的问题，学生们查阅了大量的文献资料，但是未能找到合理的解决方案。刘振宇和同学们深入探讨之后，指出大家不能一味地从传统角度去分析解决问题，要开拓思路、大胆创新。

功夫不负有心人。运用刘振宇教授提出的利用机器学习和人工智能的方法，团队终于有效地解决了问题。"刘老师经常会在指导我们的时候说，'这个我先琢磨一下，明天再继续讨论。''你修改一下再发给我'……他认真对待教学和科研的态度、敏锐的科学洞察力、开阔的学术思维，值得我们终身学习。"曹光明说。

上海大学材料科学与工程学院青年教师吴思炜，提起自己的博士生导师刘振宇教授，回忆起许多美好的往事。"刘老师对学生的科研极度关心，作为国家重点实验室的副主任，他平时工作很忙，但是他对我们每个学生的科研进展怎样、课题的创新点在哪里都记得很清楚。在我刚接触工业大数据建模的研究工作时，曾遇到一个有关模型规律性的难题无法解决，导致课题一度停滞不前。刘老师只要不出差就会叫我去办公室交流，在他的小白板上书写问题难点，对我的课题进展进行剖析，指出我当前研究的不足，并给我讲解下一步方案，这样的交流频繁时甚至一天两次、三次，即使他出差在外仍然会打电话询问模型的计算结果，这个状态持续了一个多月，在刘老师的悉心指导下，我终于攻克了难关，解决了模型规律性的问题。"

只要不出差，刘振宇晚上7点—9点都会在办公室，他特别喜欢在给学生讲问题时在办公室的小白板上画图，重要的图会一放

好多天，直到问题解决才擦掉。

内蒙古科技大学材料成型及控制工程系李志峰老师回忆起 6 年的求学过程中，每当迷茫找不到方向或遇到困扰很久的难题时，刘振宇教授都会将李志峰叫到他的面前，讨论合理的研究方向和实验方案，系统梳理容易忽略的细节。在刘振宇教授的谆谆教诲下，李志峰攻克了本领域一个又一个科研难点，6 年中以第一作者发表高水平论文 8 篇，授权发明专利 7 项，并主持了国家自然基金青年基金项目和中国博士后科学基金项目各 1 项。"刘老师既是严师也是恩师，他在传授科研本领的同时，还时常告诫我在生活中要谦虚谨慎，在工作中要胜不骄、败不馁，他的言传身教使我受益终身。"提起刘老师，李志锋的感恩之情溢于言表。

刘振宇教授，这位把光和热奉献给中国钢铁工业的东大人，怀着更高远的钢铁强国梦想，带领着团队不忘初心，执着前行。

繁育百年，英华卓绝。东北大学在百年历程中始终以科技强国、培育英才、服务社会、创新文化为己任，与国家发展和民族振兴同向同行，在不断追求卓越的过程中，为人类文明的进步和发展作出了非凡的贡献。

建设世界一流大学和一流学科是党中央国务院作出的重大战略决策，对于提升我国教育发展水平、增强国家核心竞争力、奠定长远发展基础具有十分重要的意义。习近平总书记在党的二十大报告中指出："教育、科技、人才是全面建设社会主义现代化国家的基础性、战略性支撑。必须坚持科技是第一生产力、人才是第一资源、创新是第一动力，深入实施科教兴国战略、人才强国战略、创新驱动发展战略，开辟发展新领域新赛道，不断塑造发展新动能新优势。""加强基础学科、新兴学科、交叉学科建设，加快建设中国特色、世界一流的大学和优势学科。"东北大学时刻保持清醒头脑、坚定战略自信，秉承学术立校的理念，狠抓任务落实，着力推进人才培养模式改革、人事制度改革、科研体制机制改革、资源募集配置和保障体系改革等关键环节的突破，全力推进一流大学建设。

风劲帆满海天远，鼓角争鸣踏征程

东北大学坚持以习近平新时代中国特色社会主义思想为指导，在首轮"双一流"建设基础上，瞄准第二轮"双一流"建设，突出"培养一流人才、服务国家战略需求、争创世界一流"的目标导向，结合学校发展实际，制定《"双一流"建设高校整体建设方案》。

到 2025 年，发展核心指标取得突破性进展，更好为我国高等教育内涵式发展发挥引领作用。3~4 个学科进入世界一流行列，育人能力显著提升，人才培养质量明显提高，汇聚一批战略科学家和领军人才，在国际科技前沿领域取得重要突破，产生一批具有国际影响的原创性标志性成果。在工业智能、低碳冶金、深地工程等领域成为国家战略科技力量，为建设世界重要人才中心和创新高地提供有力支撑，基本建成"在中国新型工业化进程中起引领作用的中国特色世界一流大学"。

到 2035 年，学校办学高度国际化，整体实力、人才培养能力、核心竞争力、国际声誉达到世界一流大学水平，构建起完善高效的现代大学治理体系，成为"在中国新型工业化进程中起引领作用的中国特色世界一流大学"。"控制科学与工程""冶金工程"两个学科进入世界一流前列，4~5 个学科在工业智能、低碳冶金、深地工程、新材料、新一代信息技术等领域进入世界一流行列，形成基础稳固、特色鲜明、协调发展的学科布局。拥有一批享誉世界的战略科学家和学术大师，培养出一大批在国内外具有重大影响的杰出人才，在国际科技前沿领域取得多项重要突破，产生一批具有国际影响的标志性原创性成果，成为引领行业技术进步与转型升级的重要支柱，以及服务国家重大需求和振兴东北老工业基地战略的典范，有效服务国家高水平科技自立自强。

到 2050 年，学校整体实力和影响力保持世界一流水平。5~6个学科进入世界一流前列或行列。广泛汇聚国际知名学术英才，拥有一批世界公认的学术大师，培养出一批在国际上有重要影响力的著名科学家和学术领军人物。若干科学研究成果解决人类生存发展关键问题，在部分领域形成"东大学派"，成为国际科技创新的重要力量、东北地区创新中心和高层次创新人才培养的主要基地。

面向未来，学校坚持社会主义办学方向，坚持中国特色社会主义教育发展道路，坚守为党育人、为国育才的使命担当，牢牢把握、贯彻落实立德树人根本任务，聚焦国家战略需求，瞄准科技前沿和关键领域，坚持问题导向、成果导向，打造高水平师资队伍，推进科教产教融合、协同创新，产出原始自主创新成果，突破关键核心"卡脖子"理论和技术问题，不断提高国际竞争力，有力服务支撑国家重大需求和经济社会发展，为建设教育强国、为以中国式现代化全面推进中华民族伟大复兴作出新的更大贡献。

后记

"什么是东大文化?"这是走过近百年办学历程的东北大学和广大师生校友共同关切的问题。

2016 年,学校启动东北大学文化表述语凝练工作。在学校党委的领导和统筹下,党委宣传部面向全校广大师生征集表述语词汇数百条,充分凝聚广大师生的智慧和力量,先后组织专家学者召开 10 余次论证会、研讨会,梳理筛选了文化表述语核心词汇 110 条,面向全校教职工和各学院(部)的本科生、硕士研究生、博士研究生开展问卷调查,统计出聚合维度和高频词汇。经过反复融合、推敲、修改,凝练出备选方案 3 套,同时面向广大师生开展第二次问卷调查,经过进一步斟酌、审定,形成初步方案——"实干、报国、创新、卓越"。方案经过东北大学第十四次党代会与会代表广泛深入的讨论后,正式写入党代会报告。提炼和阐释东北大学文化是对东北大学自身价值的思考和定位,是对东北大学精神风貌的提纯和升华;是东北大学提升文化自觉、培养文化自信、走向文化自强的重要标志;是提高全体东大人的文化认同感和归属感,增强学校精神内驱力的力量源泉。

本书编写过程中,王光、任鹏、张志元、张雷等多次参加讨论,对文化表述语调查征集方法、归纳汇总等原则提出了很多建设性意见,做了大量的工作。卜宪勇、任鹏、李丹、陈欢、武建军、季长生、赵彩清、郝建山、郝树满、姜宇飞、韩斌等对本书初稿进行了细致审阅,并提出了宝贵的修改意见和建议。在此,对在东北大学文化表述语征集凝练过程中付出辛苦和努力的广大师生表示衷心的感谢。

本书是站在建校百年的历史节点,对 2018 年版《实干 报国 创新 卓越——东北大学文化探析》的更新再版，增删了部分案例，并通过严谨的论述赋予"实干、报国、创新、卓越"的东大文化更为丰富的时代内涵。本书前言与后记由丁义浩、闫研、史鉴、霍佳锐撰写，第一章由李晨、黄丽红撰写，第二章由吕静、王钰慧、迟美琪撰写，第三章由张广宏、刘剑、刘宇豪撰写，第四章由杨明、张蕾撰写，第五章由王刚、段亚巍、孙晶、管珊珊撰写。本书由熊晓梅、张国臣、王玉琦、丁义浩、闫研统稿。在编写过程中，编者查阅了大量文献，在此对各位文献作者表示崇高的敬意和真诚的感谢。由于编者水平所限，本书中难免存在不足与疏漏，恳请广大读者批评指正。

东大文化，历久弥新。建校百年来，一代代东大人在接续奋斗中书写了坚守初心使命、矢志育才报国的奋斗史诗，谱写了与国家同呼吸、与民族共命运、与时代相偕行的壮丽篇章。这些积淀传承的光荣传统、绵延赓续的精神血脉共同铸就了"实干、报国、创新、卓越"的文化根骨，这是东北大学宝贵的精神财富。

历史不会止步，东北大学的文化传承与创新永无止境。

编　者

2023 年 5 月